职业教育城市轨道交通专业系列教材

城市轨道交通运用与管理

主　编　阳　东　甄东生
副主编　卢大民　阳　艳
参　编　仇玉庄　张　芳
　　　　李爱学　金　环
主　审　冯　跃　杨兴山

机械工业出版社

本书紧扣职业教育的特点，从项目式教学的角度出发，对城市轨道交通运用与管理工作进行了详尽的阐述。

本书针对城市轨道交通运用与管理的相关规章与工作标准建立了9个项目，包含37个任务，通过知识要点、任务目标、任务准备、相关理论知识、任务实施和实践与训练等模块的学习与实践，掌握各个任务的内容、操作要求及相关规章制度。本书主要内容有城市轨道交通车辆运用管理规则、城市轨道交通系统设施、城市轨道交通行车组织、城市轨道交通车辆通信信息系统的操作、城市轨道交通信号系统、电客车驾驶员乘务作业、电客车调车作业、城市轨道交通车辆运用中常见故障的应急处理、城市轨道交通综合仿真培训系统。

本书既可作为高等及中等职业院校城市轨道交通车辆驾驶与运用管理专业的教材或教学参考书，也可作为城市轨道交通管理及相关专业人员的培训教材，还可供城市轨道交通企业运用与管理人员学习参考。

为方便教学，凡选用本书作为授课教材的教师可登录 www.cmpedu.com 免费注册下载电子课件。编辑联系电话 010-88379375。

图书在版编目（CIP）数据

城市轨道交通运用与管理/阳东，甄东生主编．—北京：机械工业出版社，2012.5（2023.8 重印）

职业教育城市轨道交通专业系列教材

ISBN 978-7-111-37612-5

Ⅰ.①城…　Ⅱ.①阳…②甄…　Ⅲ.①城市铁路—交通运输管理—职业教育—教材　Ⅳ.①U239.5

中国版本图书馆 CIP 数据核字（2012）第 034028 号

机械工业出版社（北京市百万庄大街 22 号　邮政编码 100037）
策划编辑：曹新宇　责任编辑：曹新宇
版式设计：刘　岚　责任校对：赵　蕊
封面设计：马精明　责任印制：李　昂
北京捷迅佳彩印刷有限公司印刷
2023 年 8 月第 1 版第 9 次印刷
184mm×260mm · 16.5 印张 · 406 千字
标准书号：ISBN 978-7-111-37612-5
定价：42.90 元

电话服务	网络服务
客服电话：010-88361066	机　工　官　网：www.cmpbook.com
010-88379833	机　工　官　博：weibo.com/cmp1952
010-68326294	金　书　网：www.golden-book.com
封底无防伪标均为盗版	机工教育服务网：www.cmpedu.com

出版说明

目前我国正在经历着有史以来规模最大的城市轨道交通建设。城市轨道交通的高速发展，带来了对城市轨道交通专业人才的巨大需求，巨大的城市轨道交通人才需求为职业教育城市轨道交通专业的发展带来了良好契机。目前国内开设城市轨道交通专业的院校正逐年增多，但是适合于职业教育的教材却很少，特别是专门为职业教育量身设计的、注重实际操作技能及管理技能的教材几乎没有。机械工业出版社根据教育部大力发展职业教育的要求，为促进职业教育城市轨道交通专业教学的交流与推广，推动职业教育城市轨道交通教材建设，培养符合企业实际需求的应用型、综合性人才，特组织国内开设城市轨道交通专业院校的优秀教师编写此套教材。

为了做好教材的编写工作，机械工业出版社特别成立了由著名专家组成的教材编写委员会。这些专家对城市轨道交通专业教学作了深入细致的调查研究，对教材编写提出许多建设性意见，并慎重地对每一本教材一审再审，确保教材本身的高质量水平，并对教材的教学思想和方法的先进性、科学性严格把关。希望职业院校师生在使用教材后及时反馈意见和建议，使我们能更好地为教学改革服务。编辑邮箱 cxyspring@126.com。机工社轨道教材交流QQ 群：73242168。

机械工业出版社

前　言

随着我国城市轨道交通事业的迅猛发展，越来越多的大城市把轨道交通纳入到城市规划中。城市轨道交通具有大容量、高速度、低污染的优势，是解决城市交通问题的主要手段之一。随着城市人口的不断增加和城市道路交通状况的日益恶化，大容量和高密度的城市轨道交通已成为各大城市居民的首选交通工具。城市轨道交通车辆运行速度虽然不高（通常低于80km/h），但其运行间隔很短（可以达到2min以下），只有拥有一支技术精良、作风过硬、管理有序的专业队伍，才能将现代化、自动化的轨道交通设备运用好、管理好，才能保证城市轨道交通车辆运行安全和提高行车效率。

鉴于上述现状，我们组建了一支团队，深入到轨道交通的主要生产企业及各主要城市的轨道交通运营单位，围绕城市轨道交通运用与管理进行调研，以北京、上海、天津等城市的轨道交通为例，注重实践，将理论知识与实际操作紧密结合，编写出这本具有实用性、专业性的教材，供城市轨道交通相关专业的教学与培训使用。

本书紧扣职业教育的特点，采用项目式编写方式，每个项目里包含着若干个任务，从项目式教学的角度出发，对城市轨道交通运用与管理工作进行了详尽的阐述。

本书共分为9个项目，包含37个任务，通过知识要点、任务目标、相关理论知识、任务实施和实践与训练等模块的学习与实践，掌握各个任务的内容、操作要求及相关规章制度。主要内容有城市轨道交通车辆运用管理规则、城市轨道交通系统设施、城市轨道交通行车组织、城市轨道交通车辆通信信息系统的操作、城市轨道交通信号系统、电客车驾驶员乘务作业、电客车调车作业、城市轨道交通车辆运用中常见故障的应急处理、城市轨道交通综合仿真培训系统等内容。全书内容系统完整，既全面又简洁。

本书由阳东、甄东生主编。编写人员分工如下：阳东编写项目一、项目八，甄东生编写项目六、项目七，卢大民编写项目四、项目九，李爱学编写项目二，仇玉庄编写项目三，金环编写项目五，北京铁路局天津车辆段阳艳、丰台车辆段张芳分别参加了项目一、项目七的编写及全书的统稿工作。天津地下铁道运营有限公司车辆中心经理冯跃、北京城建设计研究总院副总工程师杨兴山对全书进行了审阅、修改和校对。

本书在编写过程中，得到了上海地铁、北京地铁、南京地铁、天津地铁等公司的大力支持，在此表示衷心的感谢。本书还参考引用了一些国内外专家、学者的有关城市轨道交通的文献，部分城市轨道交通企业的资料，在此谨向有关专家及部门致以衷心的谢意。

由于我国城市轨道交通车辆设备发展日新月异，书中的资料和数据与实际情况难免存在个别差异，仅供参考。鉴于编者水平所限，书中存在的不妥之处，敬请读者多提宝贵意见。

编　者

目　录

目 录

项目一　城市轨道交通车辆运用管理规则

任务一　城市轨道交通车辆的运用管理体制

【知识要点】

1. 熟知城市轨道交通车辆运用单位（部门）的工作范围。

2. 熟知城市轨道交通车辆运用工作的管理模式。

3. 掌握城市轨道交通车辆运用的基本工作标准及工作程序。

【任务目标】

1. 通过模拟训练掌握城市轨道交通车辆运用工作的管理模式。

2. 深入城市轨道交通车辆运用单位实习，了解城市轨道交通车辆运用的基本工作标准，掌握工作程序。

【任务准备】

1. 所需设备

城市轨道交通车辆模拟驾驶装置。

2. 所需物品

《行车组织规则》、《运行管理规则》、《行车事故处理规则》。

【相关理论知识】

城市轨道交通车辆的运用工作是城市轨道交通系统的重要组成部分。随着城市轨道交通的发展，城市轨道交通网络的逐步形成，必须建立适应城市轨道交通网络要求的运用管理体制，以实现城市轨道交通设备资源、人力资源的统一管理，保证车辆运用效率及安全。

一、城市轨道交通车辆运用单位（部门）的工作范围

运营公司根据客流情况，统筹公司车辆配属及车辆检修计划，根据实际情况制定旅客运输方案、计划及电客车运行图，并确定电客车运行的运用计划。

1）城市轨道交通车辆运用单位（部门）掌握所配属车辆的运用情况，根据电客车运行图合理调度、运用电客车，并安排、确定电客车驾驶员，进行每日的电客车运营。

2）城市轨道交通车辆运用单位（部门）应安排电客车驾驶员配合车辆检修单位进行车辆的动态调试工作。

3）当正在使用的电客车在途中发生故障时，若故障在电客车驾驶员处理范围之内，并经电客车驾驶员处理后恢复运用状态的电客车，可继续运行或维持运行，尽量避免救援；若

电客车驾驶员不能处理故障时，应尽快组织救援，以保证运营线路的畅通。

二、城市轨道交通车辆的运用工作流程

运营公司根据客流情况，并统筹考虑公司车辆配属量及车辆检修需求，制定乘客运输计划，确定电客车运行图和电客车需用计划，如图 1-1 所示。

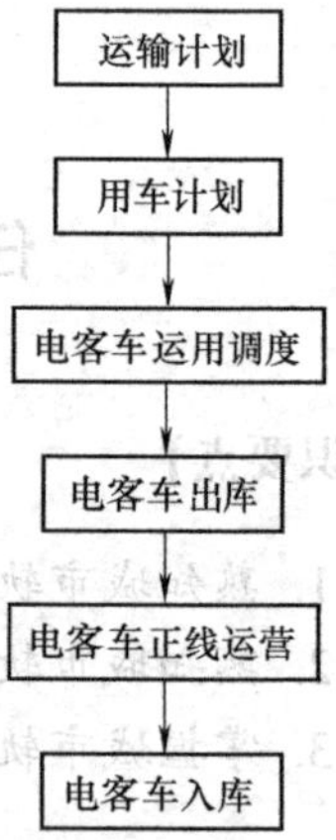

图 1-1 城市轨道交通车辆的运用工作流程

三、城市轨道交通车辆的运用工作管理模式

目前，城市轨道交通车辆的检修、运用工作的管理模式有两种：一种是车辆的检修和运用工作由车辆部门统一管理；一种是车辆的检修工作由车辆部门管理，车辆的运用工作由客运部门管理。

1. 第一种模式

每个运营线路的车辆管理单位是车辆段，下设检修车间、运用车间、辅助车间及职能部门。

车辆段承担配属车辆的检修和运用工作。车辆段根据电客车的需用计划向运营线路提供运用状态良好的电客车，并对电客车的运用和检修进行统一管理。

该管理模式的特点：

1）对电客车的运用和检修进行统一管理、集中安排，管理效率较高。

2）便于制定与车辆技术有关的电客车运用规章制度、操作规程及故障处理办法等。

3）能对电客车运行情况进行及时反馈并妥善处理。

4）能积极进行电客车运用与检修后的调试工作。

5）便于进行电客车驾驶员岗位的各种适应性培训。

2. 第二种模式

每条运营线路成立独立的客运公司，车辆运用以及线路服务性设备（如自动售检票闸机等）由客运公司统一管理。而车辆的检修工作则由车辆部门管理。

该管理模式的特点：

1）便于协调发生的运营特殊情况，处理突发事件的效率高。

2）运用部门除保证车辆的正常运行外，还必须配合做好车辆检修所需调车工作，以及车辆检修后的调试工作。

3）车辆段负责及时完成车辆检修任务，保证向运营线路提供良好运用状态的电客车。

【任务实施】

一、城市轨道交通车辆运用的基本工作标准

城市轨道交通车辆是城市轨道交通运载乘客的最直接设备，电客车驾驶员在整个车辆运行过程中起着重要作用。

1. 电客车驾驶员的基本要求

1）掌握电客车（车辆）的基本构造、性能，及时、准确地排除故障。

2）熟悉地铁线路和站场等基本设施情况，包括必须明确担任驾驶区段、站场线路纵断面情况。

3）掌握相关的业务能力并具有一定的应变能力。懂得救援的过程和方法，懂得消防灭火的要求，学会扑灭初起火灾的方法，熟悉灭火器的使用等。

4）必须经过考试合格，并取得“电动列车驾驶证”后方准独立驾驶电客车。

5）脱离驾驶岗位6个月以上，如再需驾驶电客车时，必须对业务知识和安全运行知识等进行再培训与考核并且合格后方可上岗。

6）对纪律性、身体状况和心理状况，要有相关管理部门以及有关领导作出的合格鉴定。

2. 电客车驾驶员作业标准

（1）出勤和接班　出勤和接班前应充分休息，出勤前8h及当班中禁止饮酒。出勤时应穿地铁职业识别服，应携带驾驶证、计时工具、工号牌及劳动防护用品。

1）出勤。

① 按时到指定地点向值班员报到。

② 认真听取或阅读值班员传达的各项通知，并做好记录。

③ 领取电客车钥匙、故障单、报单。

2）接班。对口交接，并查阅报单内容。

① 报单内容包括：车辆技术状况、运行情况及注意事项。

② 口头交接的内容包括：车辆是否有故障，故障的现象及注意事项，继续有效的行车命令及内容。

（2）接班后在车库内的车辆检查

1）电客车外部检查。电客车出库前的车辆检查，驾驶员须下车巡视，目视检查电客车外部下述各部件：

① 车体外壳检查。车体外壳、安全门、车门、车窗无损坏且关闭良好，外部文字完整、清晰、标记无损坏，外部照明、指示灯与灯罩齐全良好。

② 车体下部检查。目测检查车体下部各部件：转向架构架、抗侧滚扭杆、空气弹簧、阀门、垂直减振器、人字形橡胶簧等，应无机械损坏，车钩状态良好无损坏，气动设备阀阀门无损坏且阀门位置准确、无泄漏，各设备箱锁闭良好。

2）电客车内部检查。检查电客车内部以下各项物件：

① 客室内检查。各装饰件清洁、完好无机械性损坏，车顶通风格栅完好，内部照明无损坏，灯管良好，乘客座椅清洁无损坏，门窗玻璃及嵌条无损坏，锁闭器件完好，安全疏散门安全销锁闭、无损坏，应急设备无缺失（灭火器、脚踏泵等）。

② 客室设备柜检查。客室设备柜各个部件齐全完好，各断路器、开关位置正确。

③ 驾驶室设备检查。驾驶室设备柜内各部件齐全完好，各开关位置正确，如有铅封的开关其铅封应齐全。

（3）电客车起动及静态试验

1）将电客车控制保护开关扳至合位，检查蓄电池电压表，确认蓄电池电压在规定范围。如果蓄电池电压小于规定值，则按逆变器紧急起动按钮进行充电。

2）检查风缸压力大于升弓压力。如果主风缸压力小于升弓压力，则按人工升弓方式升弓。

3）把钥匙插入主控制器，扳至工作位，使主控制器工作，观察操纵台有关显示灯状况，落弓灯、停车制动灯、左侧右侧关门灯、高速开关分灯、故障显示复原灯应亮。

4）按升弓按钮，将电客车所有受电弓升起，升弓按钮指示灯亮，电客车上逆变器及空压机开始工作，检查触网电压应在工作范围内。

5）检查总风管压力，压力应在规定范围内。

6）打开客室照明开关，客室照明灯应全亮。

7）检查通信、广播系统状态应良好，并进行功能试验。

① 将无线电台设置所需信道，并注册进行通信试验。

② 检查驾驶室、客室广播、报站器状态应良好，并进行功能试验。

8）进行汽笛功能试验，刮水器功能试验，状态必须良好。

9）进行头尾灯功能试验，状态必须良好。

10）进行故障显示屏及驾驶室指示灯功能试验，所有指示灯必须良好，蜂鸣器鸣响。

11）进行全列车车门功能试验，状态必须良好。

12）电客车进行气制动试验。

(4) 电客车动态试验

1）停车制动试验。

2）常用制动试验。

3）紧急制动试验。

4）警惕按钮功能试验。

5）电客车出库时进行牵引、制动试验。

(5) 出库及出场

1）出库前确认出库信号开放，库门开启良好。

2）起动车前将手柄拉至常用制动位，建立慢速前行方式，并确认慢速前进指示灯亮。

3）库门口一度停车确认电客车条件具备，平交道上无人员后起动电客车。

4）场内行驶要做到瞭望不间断，严守限速要求。

5）电客车在出场信号前一度停车。

6）电客车发车时要确认出场信号机开放。

7）在进入正线前的信号机外方规定地点一度停车，确认车次号注册良好，信号机信号开放，速度码具备，进路良好后，以ATP方式驶入车站，至规定位置停车。

8）在车站调车时，电客车要控制好速度，严禁越出阻挡信号。停车后及时进行换向作业。换向后须确认调车信号开放，进路正确，速度码具备后方可起动电客车。

(6) 正线运行

1）准确平稳操纵，按图运行，严守速度要求，加强信号、线路、道岔的瞭望确认。当发现线路异常时，应对电客车采取紧急制动。

2）进站时要注意站内情况，必要时及时采取措施，保证运营安全。

3）正确操纵电客车的开、关门。在车辆零速、停稳，并停靠在停车线时才能开门；关门时注意避免夹人夹物。

4）ATC运行方式。按ATC方式规定驾驶。

5）ATP手动运行方式。按ATP方式规定，根据电客车收到的码速度手动驾驶。

6）ATP切除人工驾驶方式。按ATP切除方式完全人工驾驶，驾驶时注意电客车运行速度和停车信号。

（7）退勤

1）在厂内到运转室退勤，在正线至规定地点退勤。

2）退勤内容包括：车辆技术状况，有无遗留故障，电客车运行中的安全情况。

3）与值班员办理交接手续，交驾驶员报单及电客车钥匙，做好当班行驶情况小结，交值班员鉴定。

4）对电客车运行晚点和运行中发生故障以及值班员认为有必要的事情，驾驶员回厂后应写出书面材料交运转室。

3. 电客车救援的基本要求

1）救援准则。在线电客车发生故障需要救援时，应竭力遵循正向救援的准则，以确保其他在线电客车正常运行秩序。

2）电客车救援连挂作业标准。电客车在区间或车站因故障被迫停车，不能继续运行时，故障电客车驾驶员应采取有效的制动措施，并及时用电客车无线电话或轨旁电话，将故障情况报告行车调度员，已请求救援的电客车不得移动（故障排除并经调度员准许后除外）。

3）故障车驾驶员请求救援的要求。在运行过程中，如果出现故障情况，电客车无法继续运行需要救援时，驾驶员应及时向行车调度员报告。

4）故障车驾驶员请求救援时的汇报内容包括以下各项：

① 电客车车次、车号。

② 请求救援事由。

③ 迫停时间、地点（以百米标为准）。

④ 是否妨碍邻线。

⑤ 其他必须说明的事项。

5）行车调度员接到驾驶员的救援请求后，应立即向有关车站发布救援命令，封锁救援区间，派出救援列车，并向故障车驾驶员说明救援列车开来方向。向封闭区间开行救援列车，不办理行车闭塞手续，以行车调度员的命令作为进入封闭区间的许可，凭手信号发车。

6）救援列车接到救援命令后在就近站清客。

7）故障车在站台清客，如在区间不能清客时，则救援后至就近站清客。

8）故障车驾驶员救援准备工作包括以下各项：

① 清客时或在区间停车，用列车广播向乘客说明清客及停车的原因。

② 打开救援列车开来方向的头灯进行防护。

③ 如电客车不可缓解，故障车驾驶员迅速关闭车辆制动供气阀门（作用是缓解并旁路车辆制动），然后检查连挂端车钩状态。

9）救援列车驾驶员得到救援命令并在就近站清客后，以ATP限速进入封闭区间（注意百米标），当收到0码后以“慢速前进”方式行车，距故障车30m时一度停车，根据故障电客车驾驶员的信号与故障车连挂，连挂速度不超过3km/h。

10）故障电客车驾驶员请求连挂信号以头灯忽明忽暗的灯光反复两次，救援列车驾驶员鸣笛一长声回复，随后连挂。如要求救援列车驾驶员采取紧急停车，则故障电客车驾驶员鸣笛连续短声，连挂后再用电客车驾驶室联络广播通知救援列车驾驶员。

11）故障电客车连挂后，故障电客车驾驶员缓解停车制动并试验无线对讲状态良好后，通知救援列车驾驶员试拉，并负责前方进路和停车位置的确认。

12）救援列车推进运行时，前方进路和停车位置由被救援列车驾驶员负责，推进速度不超过30km/h。牵引电客车运行时，前方进路和停车位置由救援列车驾驶员负责，牵引速度不超过40km/h，进站及侧向过道岔限速为30km/h。

13）故障和救援车的摘挂调车作业，其基本要求如下：

① 调车作业必须按照行车调度员下达的救援命令和有关道岔防护信号机及手信号的显示要求进行，没有救援命令（或信号）不准动车，信号辨认不清立即停车。

② 在进行手信号动车调车时，调车指挥员为故障电客车的驾驶员。

③ 调车作业时，调车指挥员必须正确及时地显示信号，驾驶员要确认信号，并鸣笛回示。

④ 故障和救援车驾驶员（或有关集中站行车值班员）在接受救援命令时要复诵核对，确认正确无误后再开始救援调车作业。

14）故障和救援车调车进路的确认。

① 救援列车单列运行或救援列车牵挂故障电客车运行时，前方进路的确认由救援列车驾驶员负责。

② 救援列车推进故障电客车运行时，前方进路的确认由故障电客车驾驶员负责，并由故障车驾驶员用无线电话经常及时告知救援列车驾驶员。遇有危及安全的险情，故障列车驾驶员应立即告知救援列车驾驶员停车。

15）故障和救援车调车速度的确定。

① 在正线上，应严格按照线路道岔的允许速度运行；在瞭望条件不良时，应适当降低速度。

② 调动载有乘客的电客车时，限速15km/h。

③ 遇天气不良等情况时，应适当降低速度。

二、电客车驾驶员工作程序

1. 指导原则

1）正常情况下，车辆段、停车场运转值班员根据信号楼值班员下达的“电客车日运用计划”安排电客车驾驶员进行乘务作业。

2）非正常情况下，车辆段、停车场运转值班员根据运营控制中心下达的计划，及时安排电客车驾驶员乘务作业。

2. 作业前提

1）每天22：00之前，运转值班员将第二天电客车驾驶员出乘计划表传给信号楼值班员。在收到第二天电客车日运用计划及列车日志后安排电客车驾驶员出乘作业。

2）运转值班员应确认以下内容：

① 日运用计划表与运行图核对正确。

② 日志应注明车号、停放股道、三轨供电情况及出库、出段时分。

③ 确认乘务包内备品齐全，性能良好。

3）向收乘的电客车驾驶员下达第二天的出乘计划。

3. 电客车驾驶员出乘作业

1）电客车驾驶员按出乘时间提前一小时，穿着规定着装到运转值班室办理出勤手续。

2）电客车驾驶员领取行车日志、行车计划和乘务包，并确认日志明确无误，乘务包内备品齐全，性能良好。

3）电客车驾驶员对所驾驶的电客车进行车下检查。

4）车下检查无误后，电客车驾驶员向运转乘务长申请送电，并在停送电日志上签字。

5）确认三轨送电后，电客车驾驶员按照起车静调程序对电客车进行静态调试，并确认状态。

6）如果电客车有故障，电客车驾驶员应在第一时间向段、场信号楼报告并通知运转室，按照段、场信号楼值班员的统一安排配合维修及换车，并在行车日志上认真填写故障原因。电客车驾驶员应根据运转乘务长指示配合维修或换车。

7）出段前15min电客车驾驶员用无线电台与段、场信号楼值班员进行通信测试。电客车整备后电客车驾驶员将不得离开驾驶室。

8）电客车驾驶员随时根据地面信号的显示，通过观察及鸣笛的方式确认库门内外有无侵入行车线路的人员及物品，库门开启正常后起动电客车，以规定的速度将电客车驶到转换轨（正常情况提前3min到达转换轨）。

9）在转换轨与行车调度员进行通信测试。驾驶员确认出段信号开放时，起动电客车进入正线。

10）备用电客车驾驶员应与第一列出段（场）的驾驶员同时出勤。在没有备用车的情况，每天早晨最后一个出段（场）的驾驶员担任临时备用。

4. 电客车的收乘作业

1）正常运行电客车入段（场）回库停稳后，电客车驾驶员应关闭电客车负载，断开蓄电池，锁好车门，签署断电记录，然后到运转乘务长处办理退勤手续，同时交回电客车日志与乘务包。

2）故障电客车或维修人员有特别要求的电客车，入段回库停稳后，电客车驾驶员应等维修人员上车并与之交接清楚后，方可到运转乘务长处办理退勤。

3）电客车驾驶员在办理退勤手续时，如电客车在运行中曾出现过故障，电客车应将故障现象填写在电客车日志上，并向乘务长及维修人员交代清楚后方可正式退勤。

4）中途返段（场）的电客车作业，一律按收乘作业程序办理。

三、轨道车驾驶员在区间救援作业程序

1. 城市轨道交通车辆因故在区间被迫停车请求救援

1）尽量将城市轨道交通车辆停在平直道上。

2）城市轨道交通车辆制动后采取防溜措施。

3）应开启城市轨道交通车辆头灯防护。

4）利用广播对乘客进行安抚。

5）车辆请求救援后，禁止驾驶员擅自动车。

6）及时利用车载无线电话或手持无线电话向行车调度员报告，报告内容包括：

① 车次。

② 车组号。

③ 城市轨道交通车辆所在区间及具体位置。

④ 城市轨道交通车辆故障内容。

⑤ 是否妨碍邻线运行。

2. 轨道车驾驶员接到调度命令担当救援任务

1）凭值班员手信号进入封锁区间，限速30km/h（按照行规规定车站值班员应随车到达现场）。

2）距离故障电客车10m时一度停车，凭值班员发出的接近信号，以限速3km/h接近故障车辆。

3）距离3m时一度停车，确认待挂车钩状态。如需下路轨调整车钩位置必须得到行车调度员授权。

4）下路轨人员应做到以下内容：

① 必须穿着防护服、绝缘鞋等防护用品。

② 下路轨时只能到达无三轨区域。

③ 注意邻线运行电客车及区间内其他行车设备。

5）与故障电客车驾驶员确认被救援列车已处于制动状态。

6）凭值班员连挂信号，以限速3km/h进行连挂作业。

7）进行试拉确认车钩连挂正常。

8）电客车连挂后救援列车驾驶员与故障电客车驾驶员应确认通信方式，保证通信正常。

9）根据调度命令的内容，牵引或推进故障车回段、场，限速30km/h。

10）推进运行时前车驾驶员应不间断瞭望。

11）运行中前车与后车驾驶员应保持联络，遇有意外情况时紧急停车。

【实践与训练】

学习工作单

工作单	城市轨道交通车辆的运用管理体制		
任　　务	1. 熟知城市轨道交通车辆运用单位（部门）的工作范围。 2. 熟知城市轨道交通车辆运用工作的管理模式。 3. 掌握城市轨道交通车辆运用的基本工作标准及工作程序。		
班　　级		姓　　名	
学习小组		工作时间	

知识认知

1. 简述城市轨道交通车辆运用工作的管理模式。
2. 比较不同岗位工作标准的异同。

能力训练

1. 分组进行电客车驾驶员工作程序的演练。

2. 分组进行轨道车驾驶员工作程序的演练。

任务学习其他说明或建议：

指导老师评语：

任务完成人签字：　　　　　　　　　　　　日期：　年　月　日

指导老师签字：　　　　　　　　　　　　　日期：　年　月　日

任务二　城市轨道交通车辆的运用管理制度

【知识要点】

1. 熟知城市轨道交通车辆运用单位（部门）有关人员的岗位职责。
2. 熟知城市轨道交通车辆运用单位（部门）有关人员的安全职责。
3. 掌握城市轨道交通车辆运用的相关管理制度。

【任务目标】

1. 通过模拟训练，掌握城市轨道交通车辆运用单位（部门）有关人员的岗位职责及安全职责。

2. 深入城市轨道交通车辆运用单位实习，了解城市轨道交通车辆运用的相关管理制度。

【任务准备】

1. 所需设备

城市轨道交通车辆模拟驾驶装置。

2. 所需物品

《安全管理细则》、《技术管理规程》、《行车组织规则》、《运行管理规则》、《行车事故处理规则》。

【相关理论知识】

一、城市轨道交通车辆运用单位（部门）有关人员的岗位职责

1. 电客车驾驶员岗位职责

1）在乘务长及运转值班员领导下，负责电客车的驾驶工作。
2）熟知各种行车规章、文本、作业程序。
3）熟知行车区域的线路情况及各种行车设备位置。
4）能熟练驾驶电客车完成各种行车任务及调车作业。
5）独立完成电客车的各项整备工作。
6）安全行车，文明驾驶，注意仪容仪表。
7）具备应对各种突发事件的能力。
8）积极配合各种行车事故的调查、取证工作，并提供真实报告。

2. 乘务长岗位职责

1）在乘务主任的领导下，负责正线电客车的安全运营工作，完成运营生产任务。
2）负责正线电客车驾驶员的操纵指导、检查、监督工作。
3）随时掌握电客车运行状况及驾驶员情况，并对电客车运行中出现的异常现象给予及时的技术指导。

4）负责具体实施乘务室工作计划，定期组织驾驶员的学习、培训及考核工作。

5）负责做好与行车相关部门的衔接及沟通工作。

6）参与行车事故的调查，完成事故报告，提出整改意见。

7）负责电客车驾驶员的日常考核工作。

8）负责行车经验的收集、整理、维护工作，并及时向乘务主任反馈信息。

3. 运转值班员岗位职责

1）在乘务长的领导下，根据运营生产计划负责具体编制乘务计划，并负责实施。

2）负责各种行车物资的准备及保管工作。

3）负责电客车驾驶员出、退勤管理及确认驾驶员状态工作。

4）做好乘务室行车数据、资料的收集、统计工作。

5）及时传达、传阅上级有关的行车命令。

6）随时掌握人员动态，负责签署电客车驾驶员倒休申请。

7）乘务工作标准化。

二、城市轨道交通车辆运用部门有关人员的安全职责

1. 电客车驾驶员安全职责

1）认真学习和遵守各项规章制度、劳动纪律，积极参加各项安全生产活动。

2）严格执行呼唤应答制度，执行速度规定，对安全运行负责。

3）做好交接班记录，对通知的安全工作安排进行特别交接。

4）爱护使用各种劳保用品，并确保在职责范围内做好安全工作。

5）出乘前认真听取安全注意事项，正确分析、判断后并提出安全控制点，把风险降到最低；发生事故后应如实上报，做好防护，做好记录。

6）按规定着装上岗，正确使用防护用品。

7）不得违章作业，有权拒绝违章指挥、强令冒险作业。

2. 乘务长安全职责

1）协助乘务主任搞好安全工作，组织人员学习有关安全文件并做好记录。

2）督促乘务人员严格执行各项安全规章制度，督促乘务人员正确使用劳保用品、作业工具，爱护安全设备。

3）每周负责检查安全装置、消防器材、防护器具的状态，发现问题及时上报，确保设备状态良好。

4）经常督促乘务人员做好安全保护，确保各自范围内的安全。

5）参与本室各项安全规章管理制度的制定。

6）经常检查乘务员安全规章的落实情况，纠正违章作业，发现问题及时上报。

7）每班出乘前，对乘务员进行安全教育并做好记录，对出现的不同情况提出解决办法。

8）发生事故及时报告并协助有关人员进行调查分析。

9）协助乘务主任对新员工进行安全教育。

10）组织开展各项安全教育活动。

【任务实施】

一、电客车驾驶员值乘期间的安全管理规定

1）驾驶员必须接受安全培训，经考试合格后持证上岗。

2）严禁带电触及高压部件，牢记“没电当有电处理”的作业原则。

3）严禁超越限界或到临线作业。

4）横跨线路时严禁从车下钻过。

5）不得盲目下车或背手下车。

6）当规定二人作业时，应相互监督，严禁单人作业。

7）严格执行各种规章制度。

8）行车中遇有紧急情况应立即采取措施，并报告行车调度员，按行车调度员指示执行。

9）坚守岗位，严禁脱岗。

10）时刻保持警惕，提高自我保护意识。

11）驾驶电客车时，注意观察行车限界有无侵入行车线路的物品。遇有危及行车安全的情况时，立即采取停车措施。

二、城市轨道车辆安全驾驶的基本规定

1. 驾驶员出勤的安全规定

1）出勤前必须充分休息，班前 8h 严禁饮酒，身体状况必须符合工作要求。

2）出勤时必须按照运转行车计划表，提前到达指定地点接受运转值班员的点名、询问与检查。

3）要按规定穿戴规定的识别制服、标志。

4）在运行途中交接班时必须交接清楚电客车的运行技术状态，并填写在驾驶员报单上，内容包括制动性能、故障情况、线路情况、调令接受情况以及其他必须交接的情况。

5）点名出勤时应抄录有关的运行、安全注意事项，了解值乘电客车（车辆）的技术状况与故障记录，对于临修后的电客车要认真验收确认。

2. 电客车整备作业安全规定

1）驾驶员对电客车进行各种性能试验和部件检查后，对发现的问题要及时报告运转值班员，由运转值班员通知检修部门派人进行处理，驾驶员要在规定的范围内进行配合，并且对维修后的车辆状况进行验收和试验，确认故障或问题已经排除或解决。电客车发生严重故障或影响运行的故障时，如“ATP”故障、通信故障、制动故障、电客车重要照明故障、走行部无法确定原因的异常等，严禁出库投入运营。

2）驾驶员在对电客车进行动态试验、制动试验、升弓试验以及可能影响其他作业人员安全的试验时，应该确认电客车左右、前后、上下的状况，确定安全无碍后方能进行。

3）加强自我保护和自我防范措施，防止发生工伤事故，驾驶员在车库内进行作业时必须禁止下列行为：

① 跳越地沟。

② 紧靠运动中的车辆行走。

③ 横跨线路时从停留的车辆下部钻越或从电客车顶部翻越。

④ 在运动的车辆前抢越。

⑤ 飞乘、飞降以及未抓稳、扶牢即上车和下车。

⑥ 横越线路和行走时脚踏道岔尖轨与道岔转动部分。

3. 电客车出库及出场运行的安全规定

(1) 电客车出库　电客车出库时的安全规定如下：

1) 电客车驾驶员必须掌握该列车的出库时间，保证按照规定正点出库。

2) 电客车出库时，驾驶员必须在出库命令到达后电客车出库前认真确认车库大门定位开放、信号或者命令正确；确认与电客车相关的其他作业已经停止，并且撤离动态限界等，确认电客车周围安全情况与状态，确认内容包括在电客车驾驶室内无闲杂人员和与运行无关的人员停留。

3) 电客车出库时，驾驶员应使电客车头部越出车库大门时一度停车，确认电客车四周以及停车库门前平交道口的安全情况，然后以5km/h速度行驶出库。

(2) 电客车出场　电客车出场运行时的安全规定如下：

1) 电客车在站场内动车时必须严格按信号显示要求进行。

2) 电客车出场运行，应在规定的位置一度停车，进行相关的准备后进站，在车站规定站台停车牌处停车。

3) 电客车出场时严禁冒进信号进入车站或正线。

4. 电客车正线运行安全规定

(1) 电客车驾驶员的一般要求　电客车驾驶员的一般要求如下：

1) 电客车在运行过程中担任操纵的驾驶员不得离开驾驶位置。当有新驾驶员或实习人员跟车学习、练习操纵时，电客车安全由值乘驾驶员负责。

2) 电客车在运行时，值乘驾驶员包括实习人员不得做与行车工作无关的事情，认真瞭望，密切关注与确认区间及车站站台的情况、动态，随时准备应付突发事件。

3) 运行时必须平稳操作、规范操作、认真瞭望、按图运行，对发现有危害行车安全和人身安全的情况要反应准确、措施及时。

4) 驾驶过程中必须遵守和执行行车相关的各种限速规定、线路标志规定、信号规定，保证电客车正常的运行秩序。

5) 禁止电客车驾驶员擅自改变运行方式，确保行车安全。

6) 电客车在运行中遭遇紧急情况时，驾驶员要立刻采取紧急停车措施，报告行车调度员。

7) 电客车在区间内运行时，在遇到道岔防护信号时，必须按信号显示的要求进行，同时还必须确认该道岔防护信号机与该电客车的运行进路是否符合，防止由于信号系统失误或其他因素造成的不良后果。

8) 电客车运行时，若遇到“ATC”设备故障或多种因素形成的自动控制失常现象，要保持冷静，立刻与行车调度员取得联系，并严格按行车调度员指示的行车模式进行。当切除“ATP”以人工驾驶方式运行时，要加倍集中精力，谨慎驾驶，严格按照限速规定行车。

(2) 运行中对电客车驾驶员的“特殊”规定　电客车运行中对电客车驾驶员的“特

殊”规定如下：

1）电客车在运行过程中遇到大雾、大雨、烟雾、大雪等瞭望视线不佳的情况时，应该加强瞭望。“ATP”人工驾驶时要适当减速、鸣笛，“ATO”方式运行时在进站时应鸣笛示警，发现险情立即采取停车措施。

2）电客车在行驶中因越过显示红色灯光的信号机或越过显示红色灯光的道岔防护信号而发生挤岔事故时要就地停车，严禁擅自移动电客车，并立即报告行车调度员。在有关人员到现场后，驾驶员应根据允许动车的手信号驾车越过或退回该架信号机，并减速运行至规定位置。

3）电客车在正线运行时产生故障，驾驶员应立刻采取处理措施并报告行车调度员。驾驶员要根据车辆故障情况快速判断，如果确定已无法恢复车辆正常运行状态或者经处理短时间内无法恢复车辆正常运行状态，驾驶员应及时请求救援并作好故障救援的准备（已请求“救援”的电客车不得擅自移动）。

4）电客车在正线区间运行，发生人员伤亡事故或者发现运行线路有伤亡人员时，驾驶员必须立即停车并向行车调度员报告情况，准确地记录下时间、地点，在停车后及时抢救伤员，配合有关部门进行救助。处理过程中，只能根据有关规定移动电客车，电客车若要重新投入运营必须有行车调度员的命令。

5）电客车在运行中发生其他恶性事故（事件），驾驶员必须立刻报告行车调度员，并且组织乘客自救与疏散，最大限度地努力防止事故（事件）的扩大和升级，等待有关部门的救援。

6）驾驶员报告情况时必须讲清事由、地点、时间、状况，内容要清楚、明了，在得到行车调度员的回答后才能停止通话、关闭通话器。

7）电客车救援运行时，救援列车驾驶员负责操纵电客车，被救援电客车驾驶员负责瞭望线路，前后部驾驶员保持不间断联系，及时、准确通报信息，发现异常立即采取措施。

5. 电客车到发时的安全规定

（1）电客车发车

1）电客车停站后应认真监护乘客的上下乘降情况，见到乘客上下车基本完毕，发车表示器开始闪光，关闭车门。

2）关闭车门后，应确认电客车客室车门关闭情况良好，确认车门未夹人、夹物。

3）确认进入区间的凭证正确，符合要求，电客车发车。

（2）电客车到达

1）运行中的电客车在接近车站时要做好客室的广播工作，进行监听与确认，防止漏播和错播，并及时更正客室广播的失误。

2）电客车进站时，驾驶员必须加强瞭望，密切注意车站站台乘客以及线路，如果发现异常情况，驾驶员必须立即采取制动措施，确保人身安全和行车安全。

3）电客车进站，按规定停车位置处停车。电客车停站后，驾驶员应立即开启客室车门并下车监视，确保乘客及时上下车。

6. 电客车运行速度的规定

1）“ATP人工驾驶”状态时电客车进站速度为45km/h；终端车站时电客车进站速度为30km/h，但不得大于ATP指示速度。

2）“ATO驾驶”状态时电客车进站速度按“ATP”速度码指示的要求运行。

3）电客车进站，但未到停车牌停车前，驾驶员可以按3km/h的速度移动对位至停车牌，然后停车进行正常的开关门作业。

4）电客车进站越过停车位置，并且影响乘客上下车时，电客车驾驶员应报告行车调度员，提出“某次电客车请求退行对位”，驾驶员根据行车调度员的准许退位命令以3km/h速度退行对位至停车牌。

5）电客车反方向运行时若有速度码，则应按要求运行；若无速度码时，区间运行速度不大于60km/h，进站运行速度不大于30km/h。

7. 电客车入场及回库运行安全规定

（1）电客车入场

1）电客车驶离车站进入车场，必须认真确认站场入场信号机的显示，确认站场内的进路以及调车信号机的显示状态。

2）电客车入场运行中，禁止驾驶员驾车越过显示红色灯光的入场信号机与站场内调车信号机。

（2）电客车回库

1）电客车至停车库前平交道10m处一度停车，确认停车库大门开启、安全销定位良好，库内无异物侵入限界等周围安全情况。

2）电客车以5km/h速度入库，在规定的位置停车。电客车接近停车位置时应严格控制速度，防止发生意外。

8. 退勤的安全规定

1）电客车在进库停妥后，驾驶员要全面巡检电客车，并且按规定“收车”。

2）回库退勤时要注意以下事项：

① 驾驶员要将电客车运行中发生的技术异常情况、安全异常情况向运转值班员汇报，并将驾驶员报单、电客车钥匙交运转值班员存放。

② 在运行中发生事故或电客车晚点10min以上时，驾驶员应写出书面材料或说明，交运转值班室值班员。

③ 在正线运行的途中退勤时，驾驶员还必须向接班驾驶员明确该电客车的技术状态、运行状态以及其他有必要交接的项目和内容。

④ 电客车驾驶员在运行过程中发生有关运行事件、行车事故等，有关安全职能部门、行车运转管理部门认为有必要令其退勤时，驾驶员应按规定立即退勤到规定处所报到，配合有关部门做好事件（事故）的分析、调查、处理工作。

【实践与训练】

学习工作单

工 作 单	城市轨道交通车辆的运用管理制度		
任　　务	1. 熟知城市轨道交通车辆运用单位（部门）有关人员的岗位职责。 2. 熟知城市轨道交通车辆运用单位（部门）有关人员的安全职责。 3. 掌握城市轨道交通车辆运用的相关管理制度。		
班　　级		姓　　名	
学习小组		工作时间	

知识认知

1. 叙述城市轨道交通车辆运用单位（部门）有关人员的岗位职责及安全职责。
2. 叙述城市轨道交通车辆运用的相关管理制度。

能力训练

深入城市轨道交通车辆运用单位（部门），了解各种规章制度的具体要求。

任务学习其他说明或建议：

指导老师评语：

任务完成人签字：　　　　　　　　日期：　年　月　日

指导老师签字：　　　　　　　　日期：　年　月　日

任务三　城市轨道交通车辆运用中非正常情况处理规则

【知识要点】

1. 熟知城市轨道交通车辆运用中非正常情况的组织。
2. 掌握城市轨道交通车辆运用中各种非正常情况下的应急预案。

【任务目标】

1. 通过深入城市轨道交通车辆运用单位实习，了解车辆运用中非正常情况的组织。
2. 通过模拟演练，掌握车辆运用中各种非正常情况下的应急预案的实施过程。

【任务准备】

1. 所需设备

城市轨道交通车辆模拟驾驶装置。

2. 所需物品

《行车组织规则》、《运行管理规则》、《行车事故处理规则》。

【相关理论知识】

一、城市轨道交通车辆运用遇恶劣天气的组织

1. 相关天气标准

1）雾天。仅指能见度低于100m时的浓雾天。

2）雪天。仅指下雪持续时间过长以致影响正常行车时。

3）霜天。仅指轨面结冰厚度已经影响正常行车时。

4）雨天。仅指因下雨以致影响正常行车时。

2. 相关组织原则

1）各班乘务长应根据天气变化负责组织、指挥本班行车工作。

2）驾驶员应在乘务长的统一组织下严格执行行车调度员、信号楼的命令。

3）行车调度员、信号楼如发布命令错误，驾驶员有权拒绝执行。

3. 具体执行规定

（1）雾天

1）驾驶员在雾天驾驶过程中应时刻与行车调度员保持联系，报告当前的情况，以保证安全运行。

2）在保证正点的前提下，注意行车速度，以不高于规定速度运行。

3）从高架站、地面站出站时，应合理使用牵引手柄平稳起动，以免造成车轮打滑。进站时，应时刻注意站前200m标所在位置，当看到200m标时，应采取制动措施，当电客车到车站尾端墙时，车速应控制在36km/h以内，以防冒进信号事故的发生。

4）在通过高架线部分线路上的岔区时，应提前减速并观察信号显示灯光、道岔位置是

否正确。

5）电客车在进行折返作业时，驾驶员应将电客车速度严格控制在 20km/h 以下。当确认信号、道岔位置正确，驾驶员经呼唤应答后方可动车。

6）电客车到站后回段，停于试车一轨，驾驶员换端操纵后，应与车辆段信号楼联系，确认进路是否正确、电客车到达列检库停放位置，驾驶员经呼唤应答并确认信号、道岔位置正确后方可动车。

7）各班乘务长应密切注意运转室 ATS 显示的车辆所在位置，并通过车载无线电话、手持无线电话时刻与各车驾驶员保持联系，以保证安全、正点地完成运营任务。

8）当电客车回段、回场时，乘务长通过 ATS 显示，若发现进路不正确时，应立刻通知驾驶员停车，经确认无误后方可通知驾驶员重新动车。

9）车辆如出现故障，驾驶员应在行车调度员、乘务长的指挥下将电客车维持到终点车站进行换车。如需要救援，也应将电客车尽量维持到就近车站等待救援。

10）高架线车站关门作业时，驾驶员应与车站站务员保持联系，防止夹人、夹物现象的发生。

11）驾驶员、学习驾驶员应通过呼唤应答确认线路情况，保证机车正常运行。

（2）雪天

1）驾驶员在雪天操纵电客车时，应时刻观察线路情况并保持与行车调度员联系，发现影响行车时应立即上报，不得贸然行车。

2）列检库出车时，驾驶员在确认降雪高度不超过三轨但超过走行轨时，应立即与段、场信号楼联系，待轨面出清后方可动车。若降雪高度超过第三轨时，应立即向控制中心汇报，并禁止动车。

3）高架线行车时驾驶员应时刻注意轨道情况，如有危及行车时应立即停车，不能贸然行车并严格服从行车调度员的指挥。

4）驾驶员在使用牵引手柄时，当出现打滑情况应立即将手柄回到零位，待 TIMS 显示速度正常时再重新使用牵引手柄，严禁将牵引手柄放在牵引位。在使用制动手柄时，应时刻注意打滑的出现，当出现打滑现象时，不应使用紧急制动按钮，应使用常用制动手柄将速度控制好，并保证机车平稳准确地停于站内停车标处。

5）因雪大影响视线时，驾驶员应通过呼唤应答确认线路情况，保证机车正常运行。

6）停车场列检库出车时，如在转换轨停车后重新起动而因车轮打滑影响机车正常上线时，应在当班乘务长的统一指挥下通过与信号楼联系，直接由列检库出库上正线。

7）在接近上坡时，应使车速提到规定速度以使电客车能够正常行驶。在接近下坡时，应提前制动，防止打滑的出现。

8）电客车在通过高架线部分线路上的岔区时，应提前减速并观察信号显示灯光、道岔位置是否正确。

9）车辆如出现故障，驾驶员应在行车调度员、乘务长的指挥下将电客车维持到终点车站进行换车。如需要救援，也应将电客车尽量维持到就近车站等待救援。

（3）霜天

1）轨面结霜时，高架线部分行车驾驶员应参照雪天行车办法并根据霜天的特点注意防止打滑、冒进的发生，合理使用牵引手柄、制动手柄。

2）当出现车轮打滑时，驾驶员应通过感觉、观察提前采取牵引、制动措施，防止车轮擦轮现象的发生。

3）驾驶员在霜天驾驶过程中应时刻与行车调度员保持联系，报告当前的情况，以保证安全运行。在保证正点的前提下，注意行车速度，以不高于规定速度运行。

4）各班乘务长应密切注意运转室 ATS 显示的车辆所在位置，并通过车载无线电话、手持无线电话时刻与各车驾驶员保持联系，以保证安全、正点地完成运营任务。

5）驾驶员在霜天操纵电客车时，应时刻观察线路情况并保持与行车调度员联系，发现影响行车时应立即上报，不得贸然行车。

6）车辆若出现故障，驾驶员应在行车调度员、乘务长的指挥下将电客车维持到终点车站进行换车。需要救援也应将电客车尽量维持到就近车站等待救援。

7）在通过高架线部分线路上的岔区时，应提前减速并观察信号显示灯光、道岔位置是否正确。

8）驾驶员、学习驾驶员应通过呼唤应答确认线路情况，保证机车正常运行。

（4）雨天

1）驾驶员在雨天操纵电客车时，应时刻观察线路情况并保持与行车调度员联系，发现影响行车应立即上报不应贸然行车。

2）高架线行车时驾驶员应时刻注意轨道情况，如有危及行车时应立即停车不能贸然行车，并严格服从行车调度员指挥。

3）驾驶员在使用牵引手柄时，若出现打滑时应立即将牵引手柄回到零位，待 TIMS 显示速度正常时再重新使用牵引手柄，严禁将牵引手柄放在牵引位。在使用制动手柄时，应时刻注意打滑的出现，当打滑现象出现时不应使用紧急制动按钮，应使用常用制动手柄将速度控制好并保证机车平稳准确地停于站内停车标处。

4）当雨大影响视线时，驾驶员应通过呼唤应答确认线路情况，保证机车正常运行。

5）停车场列检库出车时，若转换轨停车后重新起动，车轮打滑影响机车正常上线，应在当班乘务长的统一指挥下通过与信号楼联系直接由列检库出库上正线。

6）下行发车电客车，出站后应使车速提至规定速度，以使电客车能够正常驶上高架线。在接近下坡时应提前制动防止打滑的出现。

7）在通过高架线部分线路上的岔区时应提前减速并观察信号显示灯光、道岔位置是否正确。

8）车辆若出现故障，驾驶员应在行车调度员、乘务长的指挥下将电客车维持到终点车站进行换车，若需要救援，也应将电客车尽量维持到就近车站等待救援。

二、城市轨道交通车辆运用中紧急逃生的组织

1. 组织原则

按照“统一指挥，快速反应，各司其职，配合协同，以人为本，减少危害”的原则，进行紧急逃生。

2. 信息流程

信息传递应遵循迅速准确、有序高效、对口汇报的原则。

3. 信息报告内容

1）事件发生地点、时间、汇报人姓名、职务。

2）事件影响程度（乘客伤亡情况等）、设备损坏程度、事件概况等。

4. 处置方案

（1）乘务室主任应做到

1）接到事件报告后，立即启动应急预案，给予技术支持，必要时赶赴现场，并向部门领导汇报情况。

2）根据行车调度命令，组织备用人员或调整运营。

（2）运转值班员及当班乘务长应做到

1）运转值班员及时通知当班乘务长及乘务室主任。

2）关注事件发展情况，必要时给予当事驾驶员技术支持，通过应急网络做好人员准备工作。

（3）电客车驾驶员应做到

1）用车载无线电话与行车调度员保持联系，服从行车调度员指挥，执行相关突发事件的预案。

2）通过列车监控，查看车厢情况，如发现有可疑物品及人员，应立即向行车调度员报告。

3）利用列车广播系统安抚乘客。

4）按行车调度员命令在区间或车站进行疏散。

5）如必须在区间停车，应尽量将电客车停在平直道上。

6）区间疏散时，及时打开驾驶室前端逃生门，确认三轨断电后进行疏散。疏散过程中时刻保持与行车调度员联系，报告疏散进度及现场情况。

7）乘客疏散完毕，确定电客车停车妥当，得到行车调度员授权后方可离开现场。

8）如有必要，请求乘客中的地铁员工、党员、解放军、警察协助维持秩序、疏散乘客。

9）做好自身防护。

5. 处置要求

1）发生事故、事件时，各班组按信息报告流程及时向行车调度汇报。对尚不明确的重大信息，须按照“先挂号、后续报”的原则汇报。根据行车调度员的指令，乘务室迅速作出反应，确定救援及运营调整方案。

2）驾驶员服从行车调度员指挥，积极配合。

【任务实施】

一、突发火灾应急预案

1. 到站电客车发生火灾

1）迅速打开站台侧车门，利用车厢广播引导乘客往站台上疏散。

2）疏散乘客的同时，赶赴车厢着火点，利用车厢自带的灭火器进行初期灭火。

3）利用车载无线电话，迅速向行车调度员汇报情况，内容包括：

① 车次。

② 车组号。

③ 城市轨道交通车辆所在车站。

④ 是否有人员伤亡。

⑤ 设备损坏情况。

⑥ 是否妨碍邻线运营。

⑦ 是否请求救援。

⑧ 驾驶员认为其他有必要说明的内容。

4）乘客疏散完毕后根据行车调度员指示进行下一步作业。

2. 电客车在隧道内发生火灾事件

1）在设备允许的前提下驾驶员应尽量维持运行至前方车站。

2）如果被迫在区间停车，驾驶员组织乘客远离火灾地点，使用车厢内灭火器灭火。

3）利用车载无线电话或手持无线电话迅速向行车调度员汇报情况，具体内容包括：

① 车次。

② 车组号。

③ 城市轨道交通车辆所在区间。

④ 是否有人员伤亡。

⑤ 设备损坏情况。

⑥ 是否影响邻线运营。

⑦ 是否请求救援。

⑧ 驾驶员认为其他有必要说明的内容。

4）若得到行车调度员疏散乘客的命令后，可执行以下操作：

① 驾驶员需通过仪表显示确认三轨断电。

② 开启电客车头灯做好防护。

③ 采取防溜措施。

④ 打开紧急逃生门，组织乘客疏散至最近车站。

5）乘客疏散完毕后根据行车调度员指示进行下一步作业。

二、路外伤亡应急预案

城市轨道交通车辆运行中发生路外伤亡时，驾驶员应立即停车，同时用车载无线电话或手持无线电话报告控制中心，报告内容包括：

1）车次。

2）车组号。

3）城市轨道交通车辆所在区域。

4）路外人员伤亡情况。

5）驾驶员认为有必要说明的其他内容。

6）驾驶员应及时用城市轨道交通车辆广播安抚乘客。

7）如果需要驾驶员下路轨查看现场时，经行车调度员授权，在确认三轨断电，并对车辆采取防溜措施、开启头灯进行防护后，驾驶员方可下车巡视。

8）如需要，可进行人工抢救。

9）驾驶员有责任保护事发现场直至救援人员到达。

10）驾驶员应将事件及时通知运转值班室。

三、城市轨道交通车辆脱轨应急预案

1）当值驾驶员发现城市轨道交通车辆脱轨时，应紧急制动停车并采取防溜措施，打开头灯做好城市轨道交通车辆防护。

2）驾驶员使用手持无线电话报告控制中心（城市轨道交通车辆在段、场脱轨时应向段、场信号楼报告），报告内容包括：

① 城市轨道交通车辆车次。

② 车组号。

③ 驾驶员姓名。

④ 脱轨区域（城市轨道交通车辆是否在岔区、坡道、曲线）。

⑤ 是否有人员伤亡。

⑥ 车辆受损情况。

⑦ 是否需要立即断电处理。

⑧ 是否影响邻线行车。

⑨ 是否有波及行车区以外的情况产生。

⑩ 驾驶员认为有必要向控制中心报告的内容。

3）运营的城市轨道交通车辆在区间脱轨时，驾驶员应使用城市轨道交通车辆广播安抚乘客。驾驶员接到行车调度员发出的可以疏散乘客的命令后，先确认三轨已经断电，再组织乘客向最近车站疏散。

4）当值乘务长应及时通报上级领导，安排备用驾驶员换下脱轨车的当值驾驶员，并尽快到达事故现场。

5）驾驶员在确认已具备复轨条件后，经控制中心授权，协助其他部门进行复轨作业。

6）当值乘务长负责调配好司乘人员，为恢复正常的运营做好准备。

四、突发大客流应急预案

1. 可预见性大客流

可预见性大客流可以参照节假日行车组织预案程序进行办理。驾驶员应及时向控制中心报告车次、车号、客流满载率等情况，请求站台安排人员给予支持。

2. 不可预见性大客流

1）当运行中突发大客流时，驾驶员应尽快与控制中心取得联系，报告当前客流的情况，报告内容包括：车组号、车次、车站、当前客流的情况、满载率、是否需要延长站停时间。

2）通过列车广播引导乘客上下车，保证乘客顺利乘降。

3）驾驶员报告运转情况，乘务室应联系控制中心，尽快组织备用驾驶员随时作好上线准备。

4）正线其他城市轨道交通车辆需随时听从控制中心指挥，以备车辆的调配使用。

5）运转部门做好相关人员的调整，以保证正线的运营。

五、爆炸事件应急预案

1. 到站的城市轨道交通车辆发生爆炸事件

1）驾驶员应迅速打开站台侧车门，利用列车广播引导乘客往站台上疏散。

2）驾驶员应立即前往爆炸发生现场组织乘客疏散，有必要时使用车厢内灭火器灭火。

3）驾驶员应利用车载无线电话或手持无线电话迅速向行车调度员汇报情况，具体内容包括：

① 车次。

② 车组号。

③ 城市轨道交通车辆所在车站。

④ 是否有人员伤亡。

⑤ 设备损坏情况。

⑥ 是否影响邻线运营。

⑦ 是否请求救援。

⑧ 驾驶员认为其他有必要说明的内容。

4）乘客疏散完毕后根据行车调度员指示进行下一步作业。

2. 城市轨道交通车辆在隧道内发生爆炸事件

1）驾驶员应立即停车前往爆炸发生现场查明情况。

2）在设备允许前提下，驾驶员应尽量维持运行至前方车站。

3）如果被迫在区间停车，驾驶员组织乘客远离爆炸地点，有必要时使用车厢内灭火器灭火。

4）利用车载无线电话或手持无线电话迅速向行车调度员汇报情况，具体内容包括：

① 车次。

② 车组号。

③ 城市轨道交通车辆所在区间。

④ 是否有人员伤亡。

⑤ 设备损坏情况。

⑥ 是否影响邻线运营。

⑦ 是否请求救援。

⑧ 驾驶员认为其他有必要说明的内容。

5）如得到行车调度员疏散乘客的命令后，驾驶员应做如下工作：

① 驾驶员需通过仪表显示确认三轨断电。

② 开启城市轨道交通车辆头灯做好防护。

③ 采取防溜措施。

④ 打开紧急逃生门，组织乘客疏散至最近车站。

6）乘客疏散完毕后根据行车调度员指示进行下一步作业。

六、隧道内输水管道爆裂应急预案

城市轨道交通车辆在运行中发现输水管道破裂影响运营时，驾驶员应立即停车并报告行车调度员，报告内容包括：

① 车次。

② 车组号。

③ 城市轨道交通车辆所在区间。

④ 设备故障发生的具体地点。

⑤ 城市轨道交通车辆受损情况。

⑥ 是否妨碍邻线运营。

⑦ 驾驶员认为有必要说明的其他内容.

⑧ 驾驶员用车辆广播安抚乘客，并将事件通知运转值班室。

⑨ 根据行车调度员命令进行下一步作业。

七、高温天气应急预案

1）遇有高温天气控制中心发布黄色、橙色预警时，当值乘务长应做到以下几点：

① 关注驾驶员精神状态，是否有中暑情况发生。

② 合理安排驾驶员值乘时间，避免疲劳驾驶。

③ 迅速调配防暑降温用品，并及时发放到驾驶员手中。

2）遇有高温天气控制中心发布黄色、橙色预警时，驾驶员应做到以下几点：

① 随时关注电客车空调状况及车厢内温度，当车辆空调故障不能有效制冷时，应及时上报中央控制室。

② 及时补充水分和防暑降温用品。

③ 驾驶员遇有身体不适情况时，应及时通知运转值班室。

八、城市轨道交通车辆内发生投毒应急预案

1. 到站的城市轨道交通车辆发生投毒事件

1）应迅速打开站台侧车门，利用车辆广播引导乘客往站台上疏散。

2）立即前往投毒发生现场组织乘客疏散，必要时使用乘务包内的防毒口罩。

3）驾驶员用车载无线电话或手持无线电话向行车调度员报告，内容包括：

① 城市轨道交通车辆车次。

② 车组号。

③ 城市轨道交通车辆所在车站。

④ 是否有人员伤亡。

4）乘客疏散完毕后根据行车调度员指示进行下一步作业。

2. 电客车在区间内发生投毒事件

1）在设备允许条件下，驾驶员应尽量维持车辆运行至前方车站。

2）如果被迫在区间停车，驾驶员用手持无线电话立即向行车调度员报告，内容包括：

① 车次。

② 车组号。

③ 驾驶员姓名。

④ 城市轨道交通车辆所在区间。

⑤ 是否有人员伤亡。

3）得到行车调度员疏散乘客的命令后，驾驶员应执行以下操作：

① 通过仪表显示确认三轨断电。

② 开启车辆头灯做好防护。

③ 采取防滑措施。

④ 打开紧急逃生门，组织乘客疏散至最近车站。

4）乘客疏散完毕后根据行车调度员指示进行下一步作业。

九、发生地震应急预案

1）城市轨道交通车辆在运行过程中发现异常剧烈抖动时，驾驶员应立即停车，查明原因，判明发生地震后，及时上报控制中心，报告内容包括：

① 车次。

② 车组号。

③ 城市轨道交通车辆所在区间。

④ 是否有人员伤亡。

⑤ 设备损坏情况。

⑥ 驾驶员认为其他有必要说明的内容。

2）得到行车调度员疏散乘客的命令后，驾驶员应执行以下操作：

① 通过仪表显示确认三轨断电。

② 开启车辆头灯做好防护。

③ 采取防滑措施。

④ 打开紧急逃生门，组织乘客疏散至最近车站。

3）乘客疏散完毕后根据行车调度员指示进行下一步作业。

4）如果无法与行车调度员取得联系，驾驶员就是事发现场的负责人，此时驾驶员应做到：

① 利用车辆广播安抚乘客。

② 开启电客车头灯做好防护。

③ 采取防滑措施。

④ 进入车厢了解是否有人员伤亡。

⑤ 了解设备受损情况。

⑥ 开启应急通风，等待救援。

⑦ 紧急情况下驾驶员应组织乘客疏散。

⑧ 通过仪表显示以确认三轨断电（如三轨未断电，应设法使三轨接地）。

⑨ 打开紧急逃生门，组织乘客疏散至最近车站或安全区域。

十、节日期间应急预案

1. 行车人员的组织管理与协调

1）驾驶员在正线行车时必须着工装、穿戴整齐，打领带，穿防砸鞋。

2）库内整备作业时必须戴安全帽、穿防砸鞋，确认是否送电，发现问题及时与运转值班员联系。

3）驾驶员正线行车时必须严格执行公司、部门关于行车的各项规章制度及规定。

4）单人值乘的驾驶员在进行折返作业时必须双人完成转线作业。

5）乘务长应加强对正线进行巡视和监控，发现问题应及时解决。

6）乘务长应对正线驾驶员给予技术支持，当正线出现车辆故障时，乘务长应尽量赶到故障电客车，以确保故障电客车安全下线。

7）运转室值班乘务长合理安排驾驶员出乘；备用驾驶员应确保在需要上线时，于10min之内安全正点地投入正线运营。

8）正线行车如果发生车辆故障，必须在规定时间内上报行车调度员、运转，驾驶员必须无条件地执行行车调度员命令。

9）正线行车如果发生行车事件，驾驶员必须严格按照事件报告程序进行报告。

10）如遇恶劣天气，驾驶员必须严格按照恶劣天气行车办法行车。

11）如遇突发大客流，驾驶员必须严格按照突发大客流应急预案行车。

12）乘务室全体人员必须保证手机24h开机，以便随时联系，以确保人员的调配，顺利地完成行车任务。

13）全体驾驶员必须一切行动听指挥，必须无条件听从乘务室运转的安排。

14）全体驾驶员必须做到行车中起动和停车的平稳舒适，对标准确。

15）正线行车时如遇发现危险品，驾驶员应立即报告并听从行车调度员指挥，在保证车辆及人员安全的前提下配合其他部门人员进行处理。

16）正线行车如遇路外人员伤亡，驾驶员应立即停车报告行车调度员，保护好现场，确认目击证人并做好笔录，配合现场人员处理好现场。

17）乘务室在各站、场增加一组备用人员，以备急需时使用，保证正线行车。

18）当客流量增大时，驾驶员可根据现场情况相应延长站停时间，通过车辆广播引导乘客上下车，保证乘客乘降，并报告控制中心请求站台安排人员给予支持。

19）全体乘务员确保驾驶室卫生的维持，物品摆放合理，保证充分休息，以最佳的精神状态投入到运营工作中去。

20）节假日期间严禁驾驶员倒班，加强管理，不出现驾驶员因人为原因而造成出务迟延、漏乘等现象。

21）节假日期间严禁各部门出现空岗、睡岗以及通信联系不接听等现象的产生。

2. 行车物资准备与管理

1）乘务室应保障所有安全行车物资的齐全。

2）增加备用的行车物资及乘务包。

3）当班乘务长在驾驶员出车前应确认手持无线电话、备用电池、手电充满电。

4）驾驶员出乘前必须对以上物品确认齐全、使用良好。

5）为确保物资齐全、使用合理，乘务室及主管行车的物资部门应给予支持。

【实践与训练】

学习工作单

工 作 单	城市轨道交通车辆运用中非正常情况的处理		
任　　务	1. 熟知城市轨道交通车辆运用中非正常情况的组织。 2. 掌握城市轨道交通车辆运用中各种非正常情况下的应急预案。		
班　　级		姓　　名	
学习小组		工作时间	

知识认知

1. 简述城市轨道交通车辆运用中非正常情况的组织情况。
2. 叙述城市轨道交通车辆运用中各种非正常情况下的应急预案。

能力训练

分组模拟突发火灾、突发大客流、节日期间、车辆脱轨等情况下，运用部门如何制定应急处理方案，并演习具体处理过程。

任务学习其他说明或建议：

指导老师评语：

任务完成人签字：　　　　　　　　　　日期：　年　月　日

指导老师签字：　　　　　　　　　　日期：　年　月　日

项目二　城市轨道交通系统设施

任务一　线路与轨道的认识

【知识要点】

1. 熟知线路基本知识。
2. 熟知线路走向与路由以及线路敷设方式。
3. 熟知轨道的相关知识。

【任务目标】

1. 通过对线路的学习，让学生掌握线路的相关知识。
2. 通过对线路规划的学习，让学生掌握线路走向与路由以及线路敷设方式的相关知识。
3. 通过对线路的学习，让学生掌握线路平面位置的相关内容。

【相关理论知识】

城市轨道交通系统由一系列相关设施组成，这些设施包括车站、线路、电客车、控制以及通信信号系统等，它们的协同工作便是为用户提供满意服务的保证。

一、线路

（一）正线

正线是指供载客车辆运行的线路，包括区间正线、支线、车站正线及站线。

城市轨道交通正线是独立运行的线路，按双线设计，采用右侧行车制。大多数线路为全封闭；与其他交通线路相交处，采用立体交叉，但在特殊条件下（如运营初期），两条线路或交通方式的运量均较小时，在通过能力满足要求的条件下，也可考虑采用平面交叉。

（二）辅助线

辅助线是为空载车辆提供折返、停放、检查、转线及出入段作业所需的线路，包括折返线、存车线、渡线、车辆段出入线、联络线等。

1. 折返线

城市轨道交通线路一般都比较长，全线的客流分布可能会不太均匀，这时可组织区段运营。区段运营是指电客车根据运行交路的要求，在端点站与中间车站或中间站与中间站之间进行电客车折返。因此，在这些提供折返作业的中间站上，需要为电客车设置折返线。折返线的形式要能满足折返能力的要求。

2. 存车线及渡线

城市轨道交通线路由于运输量大，电客车运行间隔较密，在运营过程中，在线运营电客车还可能出现各种故障，造成线路不能正常运行。为不影响后续列车运行，使故障电客车及时退出运营正线，一般在轨道交通线路沿线每隔 3～5 个车站的站端加设渡线或存车线。渡线的作用是使离开车辆段的故障电客车能及时调头返回车辆段，存车线的作用则是专门用于列车停放或临时停放事故电客车。

3. 车辆段出入线

为保证运行电客车的停放和检修，在轨道交通沿线适当的位置应设置车辆段，车辆段与正线连接的线路为车辆段出入线。出入线可以设计为双线或单线，与城市道路或其他交通线路的交叉处可采用平面交叉或立体交叉，具体方案要根据远期线路通过能力需要量来确定。

4. 联络线

在整个城市轨道交通路网中，要使同种制式的线路可以实现列车过轨运行。这种过渡一般需要通过线与线之间的联络线来实现。

二、轨道

轨道是城市轨道交通车辆远行的基础。它直接承受车辆荷载，并引导车辆运行。

轨道结构是城市轨道交通系统的重要组成部分。一般由钢轨、扣件、轨枕、道床、道岔及其他附属设备组成。根据城市轨道交通所采取地面、地下、高架等不同的轨下基础，轨道结构也将采取不同的形式。

（一）土质路基的轨道结构

轨道交通在土质路基上一般采用混凝土枕碎石道床，敷设无缝钢轨线路。

1. 钢轨

钢轨不仅直接承受车辆载荷，也是引导车辆运行的装置。车辆运行过程中，钢轨将承受的载荷传递到扣件、轨枕、道床及路基，并依靠钢轨头部内侧与车辆轮缘的相互作用，引导车辆前进。

目前使用的钢轨形式有三种：第一种是槽形钢轨；第二种是双头钢轨，这种钢轨在英国还能见到；第三种是目前广泛采用的平底钢轨，如图 2-1 所示。

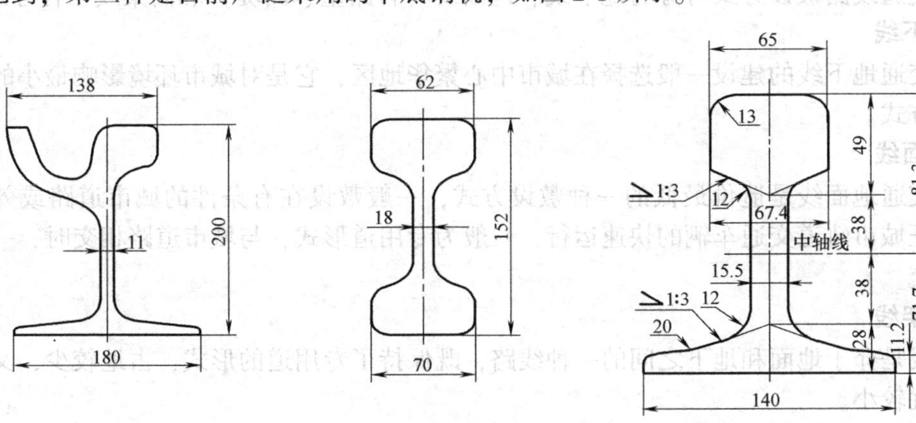

图 2-1　三种不同形式的钢轨

a）槽形钢轨　b）双头钢轨　c）平底钢轨

我国使用的主要是43kg/m、50kg/m与60kg/m的平底钢轨。

一般地，现行轨道交通系统的钢轨选型标准是根据“年通过总质量在15～30Mt时，采用50kg/m钢轨；在30～60Mt时，采用60kg/m钢轨”的原则来选用钢轨类型。

综上所述，城市轨道交通在经济条件允许的情况下，无论地面线、地下线或高架线，运营正线宜选用重型钢轨。对车场线来说，其主要是供空车运行，速度又低，考虑到经济性，选用50kg/m或43kg/m钢轨均是可行的。

2. 轨枕及扣件

轨枕是轨道的基础部件，其功能是支承钢轨，并将钢轨压力传递到道床。轨枕的种类按构造分为横向轨枕、纵向轨枕、短轨枕和宽轨枕四种；按铺设部位分为适用于区间线路的普通轨枕、道岔区的岔枕和碴桥上的桥枕；按制造材料可分为木枕、混凝土枕及钢枕三种。一般情况下，碎石道床的轨枕应尽可能采用常规铁路所使用的预应力混凝土枕。对采用第三轨受电方式的系统，在安装三轨托架的地方还需使用特殊加长的混凝土枕。

扣件是联结钢轨与轨枕间的零件，其作用是将钢轨固定在轨枕上，保持轨距并阻止钢轨的横向和纵向移动。

3. 道床

道床是指路基之上、轨枕之下的部分，一般分为碎石道床和整体道床两大类。土质路基一般采用碎石道床。碎石道床结构简单，容易施工，减振、减噪性能较好，造价低；不足之处是轨道建筑高度较高，轨道维护作业量大，一般只在地面线上使用碎石道床。

（二）高架桥上的轨道结构

高架桥上通常采用承轨台式轨道结构，分有枕和无枕两种形式。无枕式承轨台是一种整体灌注式的钢筋混凝土结构；有枕式承轨台是一种沿纵向铺设在钢轨下面的条形钢筋混凝土结构，系二次灌注的混凝土结构。

【任务实施】

一、线路敷设方式

轨道交通线路敷设方式可分为地下线、地面线（含路堑、路堤）和高架线三种方式。

1. 地下线

轨道交通地下线的建设一般选择在城市中心繁华地区，它是对城市环境影响最小的一种线路敷设方式。

2. 地面线

轨道交通地面线是造价最低的一种敷设方式，一般敷设在有条件的城市道路或郊区野外。为保证城市轨道交通车辆的快速运行，一般为专用道形式，与城市道路相交时，一般应设置为立交。

3. 高架线

高架线是介于地面和地下之间的一种线路，既保持了专用道的形式，占地较少，又对城市交通干扰较小。

二、线路的平面位置

根据线路敷设方式的不同，线路平面位置可以有以下几种选择。

1. 地下线

根据与城市道路的关系，线路一般可分为三种位置，如图 2-2 所示。

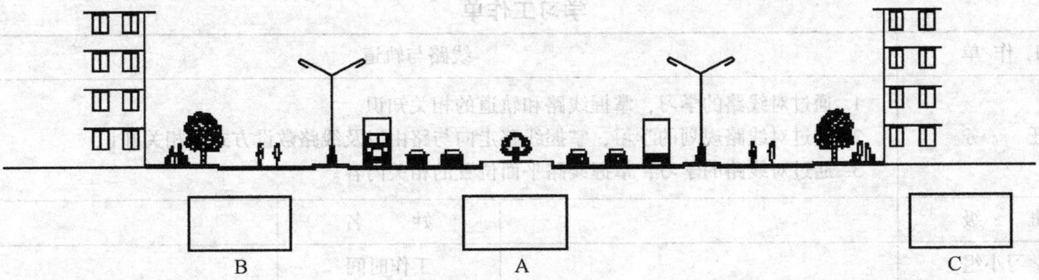

图 2-2　地下线路

（1）A 位　线路位于道路中心，它对周围建筑物干扰较小，施工相对容易，是较为普遍采用的一种线路位置。

（2）B 位　线路位于规划的慢车道和人行道下方，施工时能减少对城市交通的干扰和对机动车路面的破坏。

（3）C 位　线路位于道路规划红线以外，是在特殊情况下采用的一种线路位置，如果线路上方建筑物较多，施工时需采用特殊的处理方法或带来较大的拆迁量。

2. 高架线

高架线在城市中穿越时一般沿道路设置。一般应结合规划道路的横断面考虑，设于车行道分隔带上，如图 2-3 所示。

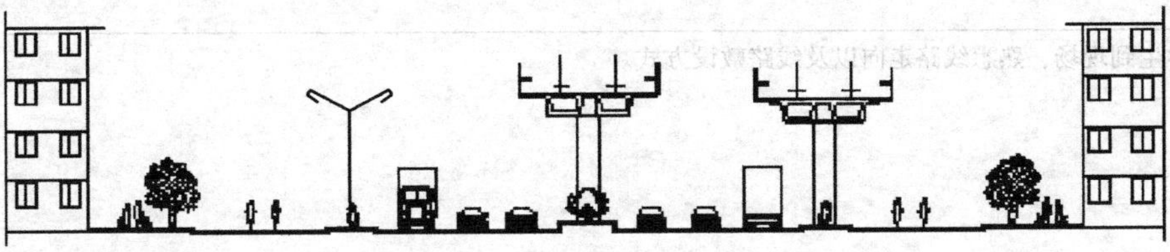

图 2-3　高架线路

3. 地面线

地面线是在穿越城区中较少采用的一种线路位置，它通常用在沿铁路、河流或城市绿地带的线路上。在城市街区若道路条件允许也可采用，但必须保证线路运行的安全。

【实践与训练】

学习工作单

工 作 单	线路与轨道		
任 务	1. 通过对线路的学习，掌握线路和轨道的相关知识。 2. 通过对线路规划的学习，掌握线路走向与路由以及线路敷设方式的相关知识。 3. 通过对线路的学习，掌握线路平面位置的相关内容。		
班 级		姓 名	
学习小组		工作时间	

知识认知

1. 线路和轨道的基本知识。
2. 线路走向与路由以及线路敷设方式。
3. 线路平面位置设计与敷设方式。

能力训练

1. 带领学生到现场，熟悉线路与轨道相关基础知识。

2. 带领学生到现场，熟悉线路走向以及线路敷设方式。

任务学习其他说明或建议：

指导老师评语：

任务完成人签字： 日期： 年 月 日

指导老师签字： 日期： 年 月 日

任务二 车辆段与车站的设置

【知识要点】

1. 熟知车辆段与车站的基本知识。
2. 熟知车辆段设计原则。
3. 熟知车站主要技术设备。

【任务目标】

1. 通过对车辆段与车站的学习，掌握相关基础知识。
2. 通过对车辆段与车站的学习，掌握车辆段的设计原则。
3. 通过对车辆段与车站的学习，掌握车站主要技术设备。

【相关理论知识】

一、车辆段

车辆段是指城市轨道交通系统中对城市轨道交通车辆进行运营管理、停放及维修保养的场所。一般地，1 条线路可设 1 个车辆段；线路长度超过 20km 时，可以考虑设 1 个车辆段和 1 个停车场。车辆段主要承担的任务是列车的运营及定期检修作业。

二、车站

城市轨道交通车站是旅客乘降的场所，通常在市区车站间距应在 1km 左右，在郊区车站间距不宜大于 2km。

1）车站按其运营功能，可分为中间站、换乘站和终点站。

2）车站按其设备容量，可分为特等站、一等站和二等站。

3）车站按站台形式，可分为岛式站台、侧式站台和岛侧混合式站台，如图 2-4 所示。

① 岛式站台——站台位于上、下行行车线路之间，这种站台布置形式称为岛式站台。具有岛式站台的车站称为岛式站台车站（简称岛式车站）。

② 侧式站台——站台位于上、下行车线路的两侧，这种站台布置形式称为侧式站台。具有侧式站台的车站称为侧式站台车站（简称侧式车站）。

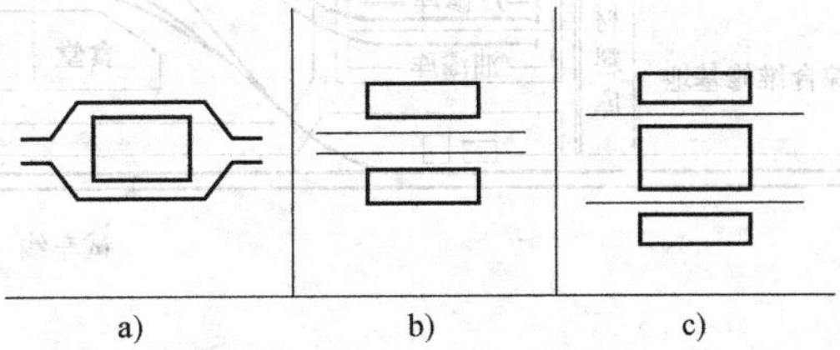

图 2-4 岛式站台、侧式站台和岛侧混合式站台
a）岛式站台 b）侧式站台 c）岛侧混合式站台

③ 岛侧混合式站台——岛侧混合式站台是将岛式站台及侧式站台同设在一个车站内，具有这种站台形式的车站称为岛侧混合式站台车站（简称岛侧混合式车站）。

4）车站按其结构形式，可分为地面站、高架站和地下站。

【任务实施】

一、车辆段的设置

车辆段设置原则一般包括以下三方面。

1）收发车顺畅。

2）停车检修分区合理。

3）用地布置紧凑。

城市轨道交通系统一般建在市区。由于土地资源稀缺，且价格昂贵，车辆段一般可布置成贯通式或尽端式。贯通式车辆段两端均可以收发电客车，运行能力较大，停车列检库每股道可以停3列车，如图2-5所示。尽端式车辆段运行能力稍低，停车列检库每股道一般可以停2列车，如图2-6所示。

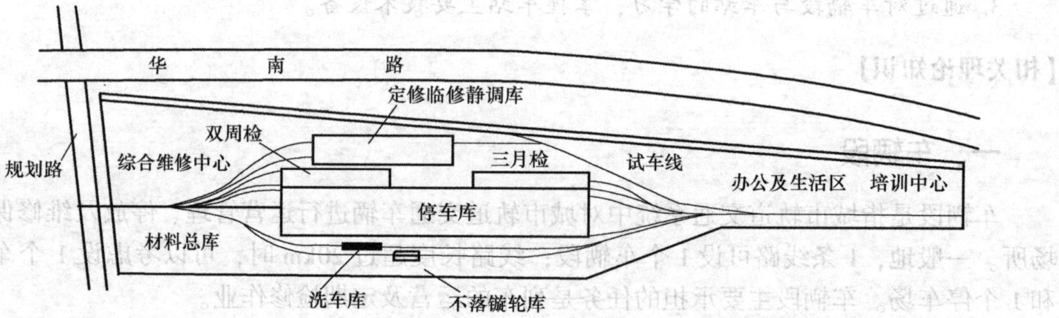

图2-5 贯通式车辆段

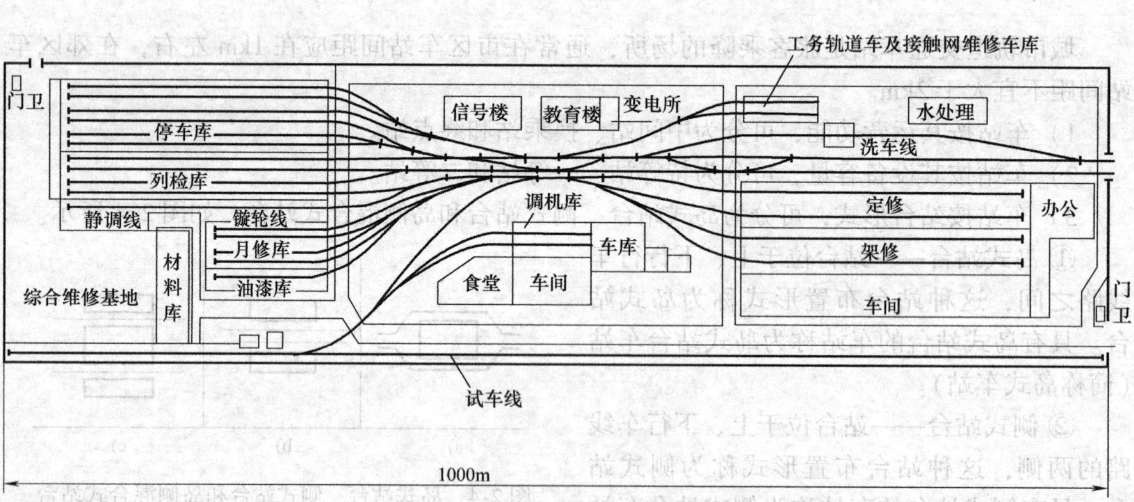

图2-6 尽端式车辆段

二、车站的设置

车站规模可以按全日运量或高峰小时运量的大小来确定，一般可以分为小型站、中型站、大型站和特大型站。轨道交通的站间距在市内繁华区，一般可控制在1km左右；在市区边缘或城市组团之间，一般可到1.5～2.0km；有特殊原因时，也可增大到2km以上。轻轨车站的站间距一般在1km左右，郊区站间距可以略大些，市中心区则可以更短一些。

1. 车站的分布

一般地，轨道交通车站分布应满足以下原则：

1）尽可能靠近大型客流集散点，为乘客提供方便的乘车条件。

2）与城市道路网及公共交通网密切结合，为乘客创造良好的换乘条件。

3）应与城市建设密切结合，与旧城房屋改造和新区土地开发相结合。

4）尽量避开地质不良地段，尽可能减少对周围环境的干扰。

5）兼顾各车站间距离的均匀性。

2. 车站位置

根据线路和城市道路的关系，车站设置大致可分为以下三种情况：

（1）跨路口站位　跨路口站位如图2-7所示。这种站位便于各个方向的乘客进入车站，减少了路口人流与车流的交叉干扰，而且与地面公交线路具有良好的衔接。

（2）偏路口站位　偏路口站位如图2-8所示。这种站位偏向路口的一侧设置，一般在高架线或路口施工难度较大时采用。

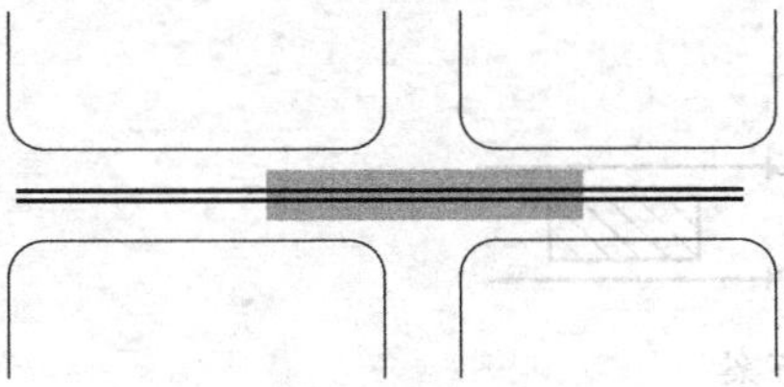

图2-7　跨路口站位

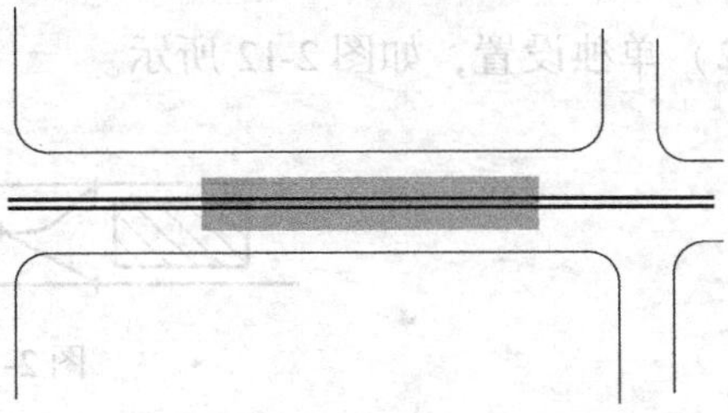

图2-8　偏路口站位

（3）道路红线以外站位　车站位于道路红线以外时，可以有各种各样的站位设置，典型的有：设于火车站站前广场或站房下，以利客流换乘；与城市其他建筑同步实施，和新开发建筑物相结合，结合城市交通规划，建设城市综合交通枢纽等。

3. 辅助线的设置

根据线路使用功能的不同，辅助线大致可分为以下三种类型：

（1）折返线和临时折返线　折返线是在城市轨道交通车辆正常运行中折返掉头时使用的。它的基本要求是要满足城市轨道交通车辆折返运行能力的需要。临时折返线一般用于故障车掉头或调整车辆运行。折返线可分为站前折返线和站后折返线，如图2-9、图2-10所示。

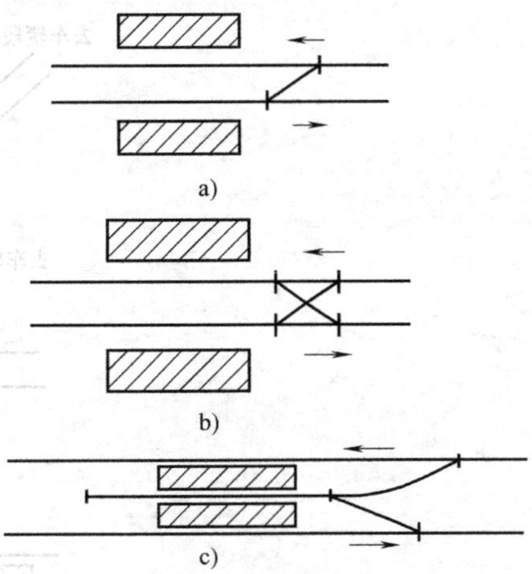

图2-9　站前折返线布局

a）单渡线　b）交叉渡线

c）二线双岛站前折返线

（2）存车线　典型的存车线形式一般有以下

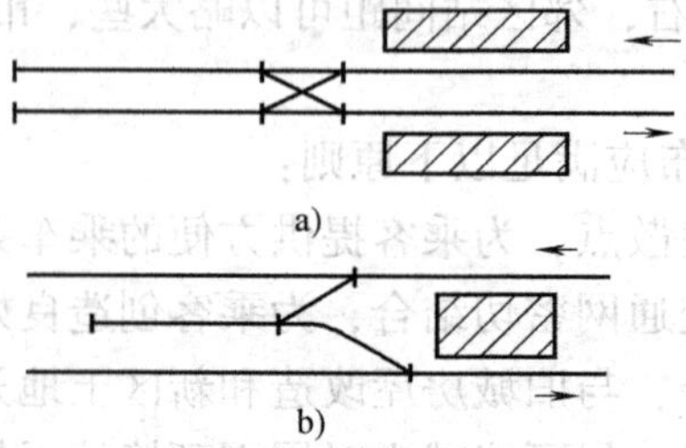

图 2-10　站后折返线布局

a）侧式车站站后折返线　b）岛式车站站后折返线

两种方案：

1）与折返线结合设置，如图 2-11 所示。

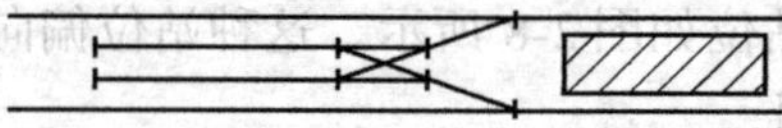

图 2-11　与折返线结合设置方案

2）单独设置，如图 2-12 所示。

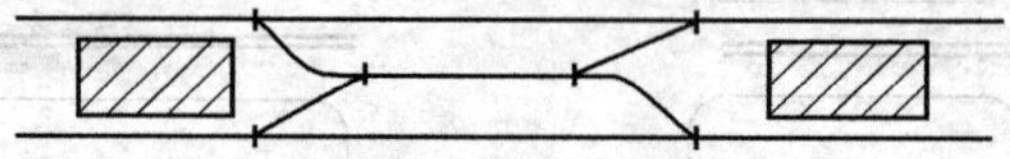

图 2-12　单独设置方案

（3）车场出入线　车场出入线是为城市轨道交通车辆进出车场而设置的线路，它一般靠近车站出口，以减少对正线运营的干扰。典型的车场出入线布置方案如图 2-13 所示。

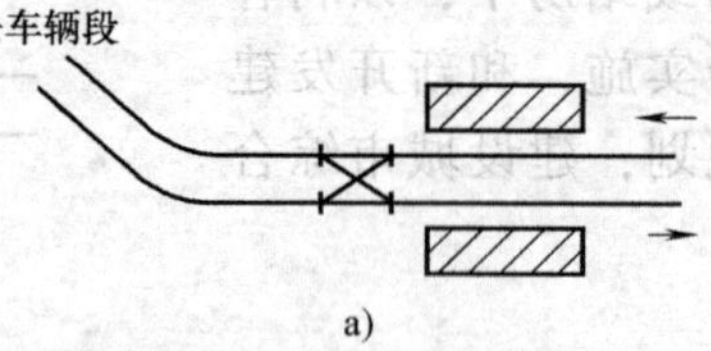

图 2-13　典型的车场出入线布置方案

【实践与训练】

学习工作单

工 作 单	车辆段与车站的设置		
任　　务	了解车辆段与车站相关基础知识，掌握车辆段设计原则、车站主要技术设备。		
班　　级		姓　　名	
学习小组		工作时间	

知识认知

1. 车辆段与车站的基本知识。
2. 车辆段设计原则。
3. 车站主要技术设备。

能力训练

1. 学生到现场参观车辆段与车站，了解相关基础知识。

2. 学生到现场熟悉车辆段设计情况、车站主要技术设备。

任务学习其他说明或建议：

指导老师评语：

任务完成人签字：　　　　　　　　　　　　　　　　　日期：　年　月　日

指导老师签字：　　　　　　　　　　　　　　　　　　日期：　年　月　日

任务三 北京轨道交通系统

【知识要点】

1. 熟知北京轨道交通系统总体情况。
2. 熟知北京地铁1号线、机场线线路范围及走向。
3. 熟知北京地铁1号线、机场线线路轨道结构主要参数。
4. 熟知北京地铁1号线、机场线线路轨道结构设计原则。

【任务目标】

1. 通过对北京地铁1号线、机场线线路的学习，了解其线路总体概况。
2. 通过对北京地铁1号线、机场线线路及轨道主要技术标准参数。

【相关理论知识】

一、北京地铁简介

北京地铁始建于1965年7月1日，1969年10月1日第一条地铁线路建成通车，使北京成为我国第一个拥有地铁的城市。

北京地铁一期工程于1965年7月1日开工建设，其线路沿长安街与北京城墙南缘自西向东贯穿北京市区，连接西山的卫戍部队驻地和北京站，采用明挖回埋法施工。全长23.6km，设17座车站和1座车辆段（古城车辆段）。1971年1月15日公主坟至北京站段开始试运行，1971年8月5日延长为玉泉路至北京站，1971年11月7日延长为古城至北京站，1973年4月23日延长为苹果园至北京站。

北京地铁二期工程始于1969年，其线路沿北京内城城墙自建国门至复兴门，呈倒U字形，设12座车站及太平湖车辆段，线路长度为17.2km。

北京地铁复八线于1992年6月24日开工建设，1999年9月28日通车试运营，2000年6月28日与一线全线贯通。

北京地铁13号线于2002年9月起分段开通，将霍营、回龙观和北苑等城北住宅区和上地信息产业基地与中心城区联系起来。八通线（BT线）于2003年开通，对改善通州交通环境起重要作用。

2007年10月7日，北京地铁5号线正式开通试运营，是第一条北京市南北轨道交通大动脉。5号线全长27.3km，设太平庄停车场和宋家庄车辆段，也是北京地铁第一条加装屏蔽门的路线。

2008年7月19日，在北京奥运会召开前夕，北京地铁10号线一期、奥运支线（北京地铁8号线一期）和机场线三条轨道新线正式通车。至此，北京轨道交通运营里程已达到200km，运营线路已达到8条，北京轨道交通的网络效应已经初步显现。

2009年9月28日，随着地铁4号线的开通，北京地铁开通运营的线路包括1号线，2号线，4号线，5号线，8号线，10号线，13号线，机场线，八通线，运营总里程达到

228km，预计2015年将达到561km。

2010年12月30日，北京地铁开通亦庄线、大兴线、房山线（苏庄至大葆台）、15号线（顺义线，一期首开段望京西到后沙峪）和昌平线（一期西二旗到南邵），北京地铁总长度达到336km。

2011年年底，原先没有安装屏蔽门的线路（1号线、2号线、13号线、BT线）将安装安全门。安装安全门首先从13号线和八通线开始。年底8号线二期北段（森林公园南门到回龙观东大街），9号线南段（郭公庄到北京西站），15号线一期东段（后沙峪到俸伯），房山线大葆台到郭公庄段将开通。

二、地铁设施

1. 电客车

北京地铁1号线、2号线、5号线、10号线、奥运支线、13号线、八通线使用北京地铁车辆厂和长春轨道客车股份有限公司制造的电客车，目前采用的车型有BD2型、DK24型（VVVF）等，采用第三轨供电方式编组，为4节或6节车厢。车长19.5m，宽2.6m，设计最高时速为80km，运营时速为60km左右。

2. 供电方式

常规地铁线路均采用第三轨上部受流方式。

3. 地铁车站

单线车站：13号线西直门站。

特式车站：13号线望京西站（同台换乘）、10号线巴沟站（同台换乘）、10号线安贞门站（8号线联络线+多余车道）。

地面/高架站：1号线四惠、四惠东站，八通线全线、13号线除东直门站外其余、5号线大屯路东站及其以北、4号线安河桥北站。

地下站：1号线除四惠、四惠东站外其余，2号线全线、13号线东直门站、5号线惠新西桥站及其以南、8号线1期全线、10号线全线。

4. 地铁站台

纯岛式站台：2号线全线，1号线八宝山至四惠，5号线樱花园到刘家窑，10号线知春里到北土城、芍药居到农业展览馆、双井、劲松，8号线1期全线。

纯侧式站台：1号线苹果园至八角游乐园、四惠东，5号线惠新西桥及其以北、宋家庄，13号线除回龙观、西直门和望京西，10号线苏州街、海淀黄庄、樱花园。

分离岛式站台：10号线团结湖至国贸、13号线回龙观、八通线全线。

5. 车辆段

1号线设有古城和四惠车辆段，2号线设有太平湖车辆段，5号线设有太平庄车辆段，10号线设有万柳车辆段，13号线设有霍营车辆段，八通线设有土桥车辆段，L1线（机场线）设有天竺车辆段。

6. 线路设备

北京地铁线路，采用50kg/m或60kg/m的长钢轨，即每节由若干12.5m的标准轨焊接而成，长度从200~400m不等，轨距与地面铁路一样，采用1435mm的标准轨距。洞内敷设的均为9号道岔，使用了弹性扣件，采用了预埋钢筋混凝土短轨枕式混凝土整体刚性道床。

三、北京轨道交通发展前景

按照新近制定的《北京市城市轨道交通线网调整规划》，在2020年前，北京市将轨道交通规划总里程增加到1000km，届时，四通八达的交通线路将保证市民在五环路以内的出行不超过20min就能到达目的地，二环路内从任何地点出发，5min就能找到一个地铁站，即使从最远的郊区密云县到达城区也会不超过1h，基本建成功能较为合理的现代化城市运输体系。

北京轨道交通规划如图2-14所示。

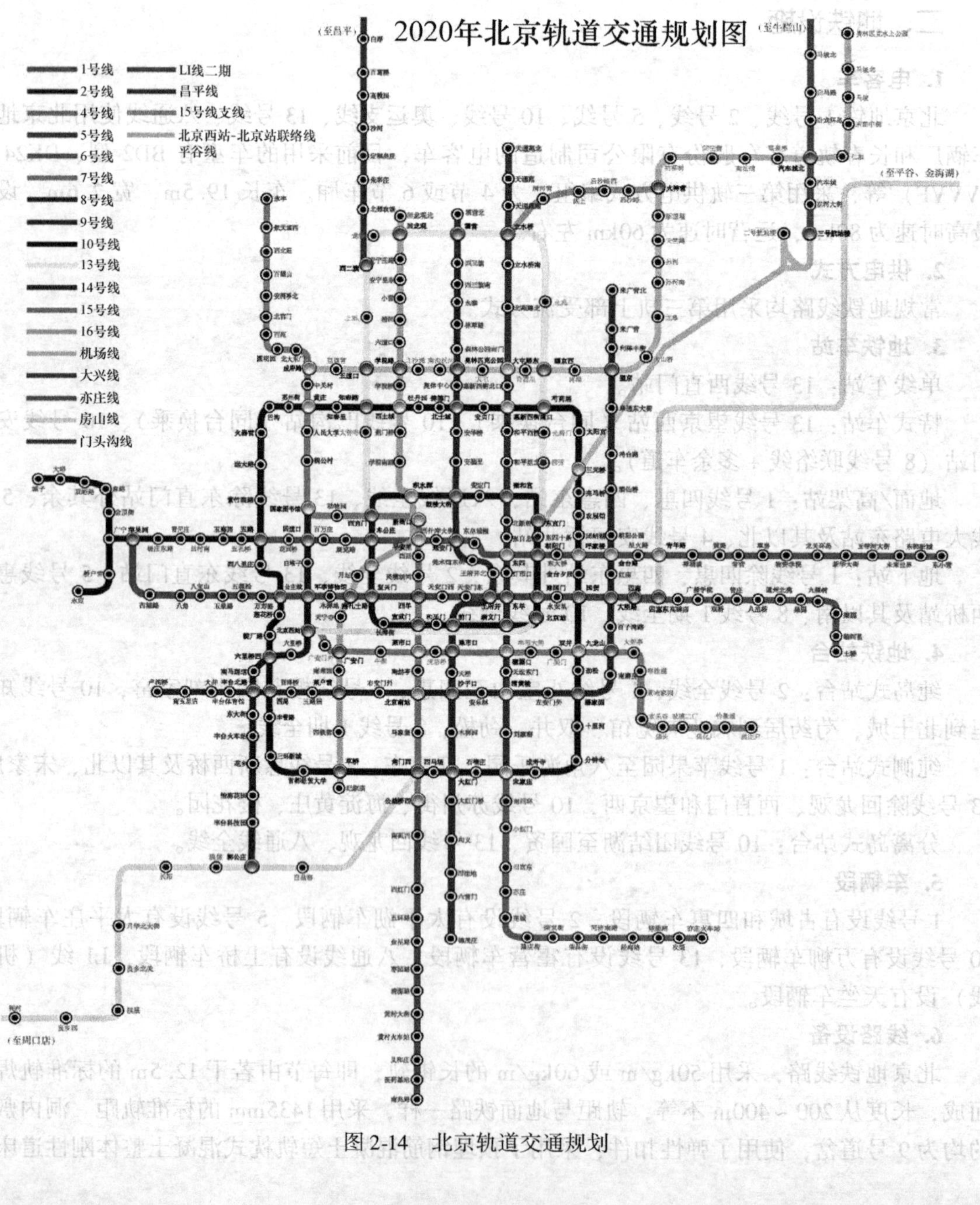

图2-14 北京轨道交通规划

【任务实施】

一、北京地铁 1 号线

1. 线路走向

北京地铁 1 号线，又称北京地铁一线，全长 30.44km，是中国第一条地铁，西起苹果园，东至四惠东，与八通线相连，途经古城、八角游乐园、八宝山、玉泉路、五棵松、万寿路、公主坟、军事博物馆、木樨地、南礼士路、复兴门、西单、天安门西、天安门东、王府井、东单、建国门、永安里、国贸、大望路、四惠、四惠东，另外还有高井和福寿岭在内共 25 座车站。

地铁 1 号线和地铁八通线顺利贯通后，将成为世界上最长的城市铁道。

2. 地铁 1 号线线路布置

地铁 1 号线线路布置如图 2-15 所示。

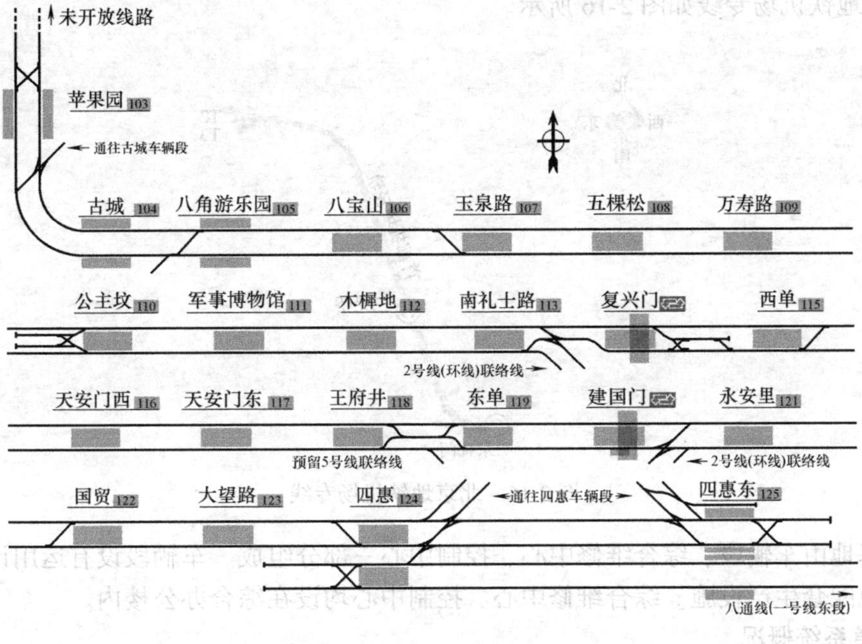

图 2-15　北京地铁 1 号线线路布置

3. 换乘车站

复兴门站：与地铁 2 号线换乘。

建国门站：与地铁 2 号线换乘。

东单站：与地铁 5 号线换乘。

国贸站：与地铁 10 号线换乘。

四惠站、四惠东站：为地面站，与八通线换乘。

二、北京地铁机场线

1. 线路走向

机场线线路起自东直门外大街道路北侧，沿规划的东华广场东侧转向东外斜街，穿过三元桥，在京顺路北侧绿化带设三元桥站，出站后线路下穿京顺路后在京顺路与机场高速绿化带间出洞，并沿京顺路南侧布置高架桥，至五元桥线路转入地下，穿越机场高速路后到达其南侧，在北小河前出洞，沿机场辅路北侧绿化空档设置高架桥，过温榆河后沿李天路向东，线路分为两支，一支前往T3航站楼即T3支线（全部高架），另一支沿岗山村、岗山路、首都机场1号路至T2航站楼即T2支线（在机场专机楼前由高架线转入地下线至T2站）。T2、T3支线间设联络线。线路正线长约为28.154km，其中地下线长9.3km，U形槽地段长1.255km，地面线长2.399km，高架线长15.2km。其中东直门—T3站左线线路长21.384km，右线线路长21.484km。T2支线左线线路长5.479km，右线线路长5.707km。双线线间距一般为3.6m，最小曲线半径为200m，最大线路纵坡为35‰。全线共设车站四座，即东直门站、三元桥站、T2站、T3站。其中高架桥双线部分长约16km，单线部分长约2km。北京地铁机场专线如图2-16所示。

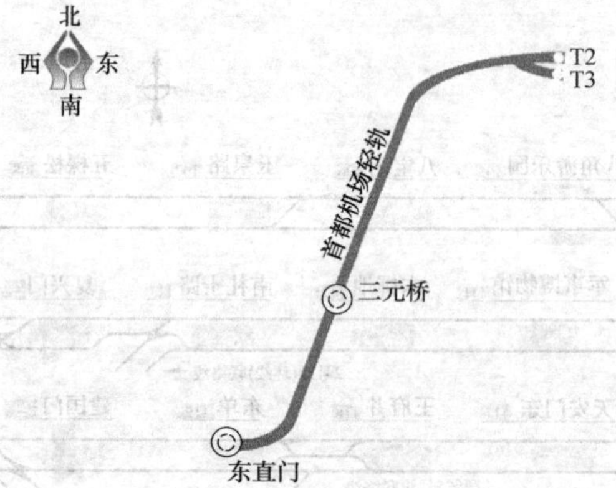

图2-16 北京地铁机场专线

车辆基地由车辆段、综合维修中心、控制中心三部分组成。车辆段设有运用设施、检修设施、其他配套生产设施。综合维修中心、控制中心均设在综合办公楼内。

2. 轨道系统概况

全线、正线及其辅助线（停车线、渡线）、车场线（含出入段线、试车线）的轨道系统如下：

1）全线设一处车辆基地（含车辆段及控制中心），正线包括东直门到T3航站楼。

2）全线的正线及其辅助线的铺轨线路总长为54.636单线公里、全部采用60kg/m钢轨，其中无缝线路长53.58单线公里（含地下线20.57单线公里、地面线4.737单线公里、高架线28.273单线公里），道岔区占用1.056单线公里（含60kg/m钢轨18号可动心轨单开道岔2组、60kg/m钢轨9号可动心轨单开道岔13组、60kg/m钢轨9号固定型单开道岔2组、60kg/m钢轨9号固定型道岔5m间距交叉渡线1组）。

3）车辆基地的走行轨线路铺轨总长约5.846单线公里，其中60kg/m轨0.778单线公里、50、60 异型轨 25 单线延米，其余均为 50kg/m 钢轨 5 号单开道岔 24 组。

3. 主要技术参数

（1）线路及车辆 线路及车辆的主要技术参数如下：

1）最小曲线半径。正线地下段 200m、高架段 400m、车场线 65m。

2）线路纵断面最大坡度。正线 35‰、车场线路 2‰。

3）轨距。标准轨距 1435mm，是否加宽及加宽标准，需根据车辆要求而定。

4）曲线超高。正线曲线最大超高值 150mm，正线辅助线及车场线曲线不设超高。超高设置：地下线采取外轨抬高超高值一半，内轨降低超高值一半；地面线及高架线采用外轨抬高全部超高值。曲线超高值在缓和曲线内递减顺接，无缓和曲线时在圆曲线两端的直线段内递减顺接。

5）轨底坡。正线、联络线、停车线、车场出入线、车场库内线及试车线设置 1/40 轨底坡、道岔区及车场库外线不设轨底坡，道岔间不足 50m 的地段不设轨底坡。但 18 号道岔设 1/40 轨底坡。不同轨底坡之间需过渡。

6）钢轨动态下沉控制值。为确保直线电动机与感应板之间的气隙高度，必须控制钢轨的动态下沉控制值，本线标准为 2mm。

7）车辆采用庞巴迪直流电动机，径向转向架，静态最大轴重 110kN，4 节编组，平均车辆轴重不大于 13t，列车最高运行速度 110km/h。

8）本线采用移动闭塞信号，直流电动机驱动系统，供电方式为接触轨下部受流。

（2）轨道结构及轨道设备 轨道结构及轨道设备的主要技术参数如下：

1）钢轨。正线、辅助线及车辆段出入线高架段采用材质为 U75V 的 60kg/m 钢轨，车辆段及出入线地面段采用材质为 U71Mn 的 50kg/m 钢轨。

2）扣件。全线均采用无螺栓 e 型弹条弹性分开式扣件，弹条类型全线统一。其中正线、辅助线及车辆段出入线高架段均采用 DTⅥ2-2 型扣件，该扣件是在地铁专用 DTⅥ2 型扣件基础上改进而成；车辆段库外线碎石道床地段采用 DTⅣ4 型扣件；车辆段库内线整体道床采用 DJK5-2 型扣件。

3）道岔。

① 正线道岔：正线一般地段处采用 60kg/m 钢轨 9 号可动心轨辙叉单开道岔；机场线 T2、T3 站折返线及车辆段出入线与正线连接处均采用 4.8m 的单渡线；正线东直门站前折返线采用 9 号道岔 5.0m 间距交叉渡线，该渡线的单开辙叉采用固定型，采用与 9 号可动心轨单开道岔一致的转辙器；线路分叉点及联络线采用 60kg/m 钢轨 18 号可动心轨单开道岔。

② 车辆段采用 50kg/m 钢轨 5 号单开道岔及 7m 间距交叉渡线。

③ 道岔扣件：正线 60kg/m 钢轨 9 号可动心轨辙叉或固定辙叉及 18 号可动心轨辙叉单开道岔一般部位均采用弹性分开式无螺栓扣件。转辙器滑床板、护轨垫板设有弹片扣压基本轨。轨下基础采用混凝土短轨枕整体道床。

车场线 50kg/m 钢轨 5 号单开道岔一般部位采用弹性分开式无螺栓扣件。转辙器滑床板外侧设有可调轨撑、内侧设台板，护轨内侧设可调轨撑，台板扣压相应的基本轨。轨下基础为木枕碎石道床。

【实践与训练】

学习工作单

工作单	北京轨道交通系统		
任　　务	1. 北京轨道交通系统总体布局。 2. 北京地铁1号线、机场线线路总体概况。 3. 北京地铁1号线、机场线线路走向及主要技术标准参数。		
班　级		姓　　名	
学习小组		工作时间	

知识认知

1. 北京轨道交通系统总体情况。
2. 北京地铁1号线、机场线线路范围及走向。
3. 北京地铁1号线、机场线线路主要技术标准参数。

能力训练

1. 组织学生到现场，熟悉北京地铁1号线、机场地铁线路范围及走向。

2. 组织学生到现场，熟悉北京地铁1号线、机场地铁线路主要技术标准参数。

任务学习其他说明或建议：

指导老师评语：

任务完成人签字：　　　　　　　　　　　　　　日期：　年　月　日

指导老师签字：　　　　　　　　　　　　　　　日期：　年　月　日

任务四　天津轨道交通系统

【知识要点】

1. 熟知天津轨道交通系统总体。
2. 熟知天津地铁1号线、5号线线路范围及走向。
3. 熟知天津地铁1号线、5号线线路轨道结构主要参数。

【任务目标】

1. 通过对天津轨道交通系统的学习，掌握天津轨道交通系统的总体概况。
2. 通过对天津地铁1号线、5号线线路系统的学习，掌握线路范围及走向。
3. 通过对天津地铁1号线、5号线线路系统的学习，掌握线路轨道结构主要参数。

【相关理论知识】

一、天津地铁概述

天津是继北京后中国第二个建设城市轨道交通系统的城市。天津地铁是服务于中心城区及滨海新区的城市轨道交通系统。

天津地铁始建于1970年4月7日。但由于我国当时地铁工程实行的“停、缓、建”政策，再加上资金限制而被迫停建。1981年重新启动，于1984年12月28日建成通车（最初一段于1976年开通），2001年10月9日停止运营，进行既有线改造，改造工程于2002年11月21日正式开工，并于2005年12月28日建成通车。截至2011年5月，天津地铁已经开通1号线及9号线（部分）两条线路。其中1号线全长26.188km，设22座运营车站，在长江道设临时检修场，二纬路设调度中心，西南角设35kV变电站。

二、天津地铁规划

天津地铁规划确定中心城区轨道交通线网规划方案为环放式结构，由9条轨道交通线路组成，其中有5条放射线、2条半环线（组成一条封闭的环线）、2条外围半环线，线网总长235km，设车站180座，换乘站30处，核心区线网密度0.938km/km²，中心城区线网密度0.536km/km²。天津地铁1号线、2号线和3号线为轨道交通骨干线，天津地铁4号线、5号线和6号线为轨道交通填充线，7号线和8号线为轨道交通外围线，9号线为津滨轻轨线的延长线。

天津城市轨道交通线网规划如图2-17所示。

【任务实施】

一、天津地铁1号线

1. 线路范围及走向

天津地铁1号线是天津市南北交通主干线，途径北辰区、红桥区、南开区、和平区、

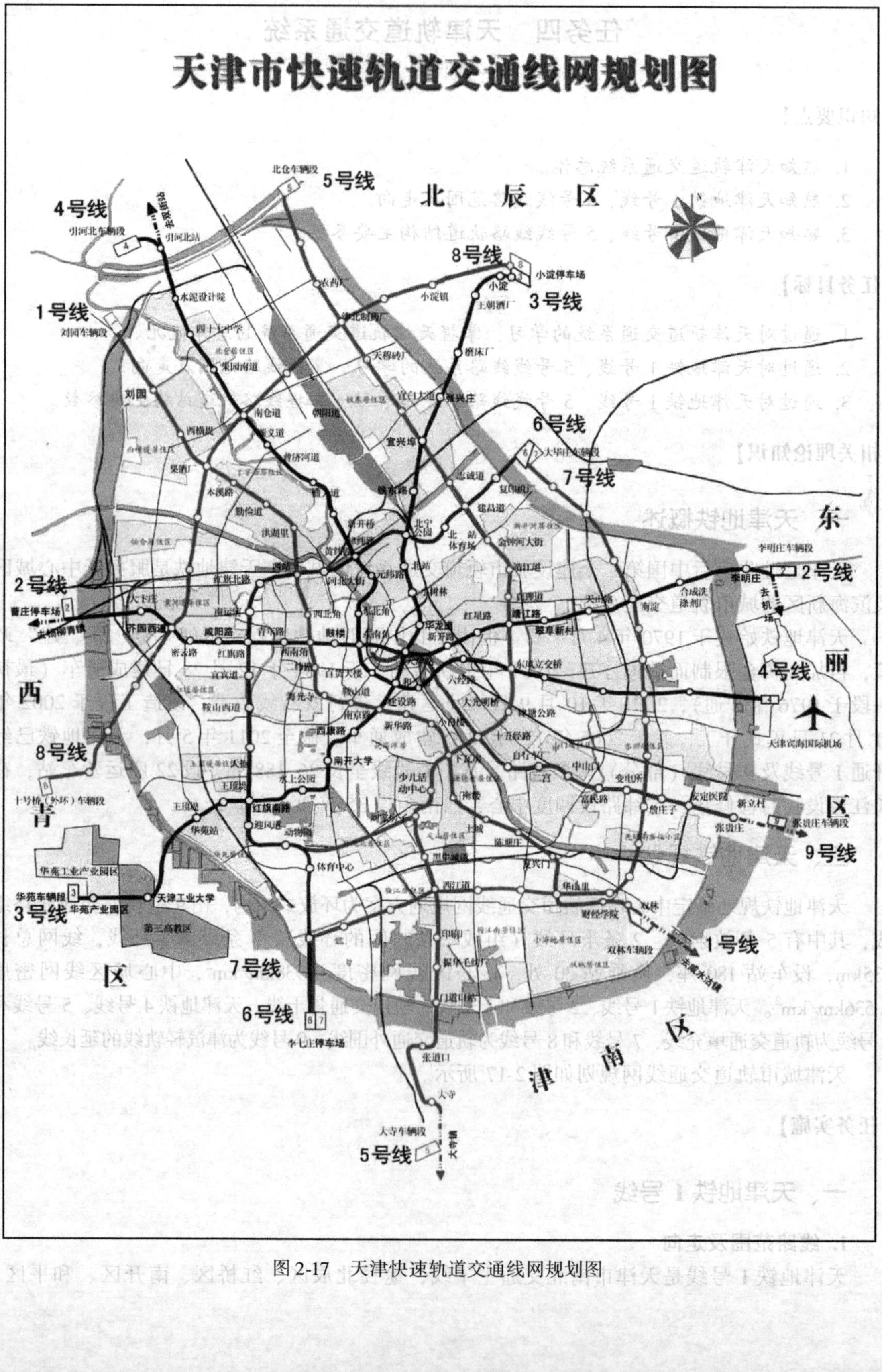

图 2-17 天津快速轨道交通线网规划图

河西区、津南区六个行政区划。

1 号线北起刘园高架站，沿辰昌路、丁字沽三号路，在本溪路与咸阳北路间由高架转入地下，过勤俭道折向南，下钻子牙河、铁路天津西站与原地铁天津西站接轨，沿地铁既有线经大丰路、西马路、南开三马路、南京路在既有新华路站与新建线南段接轨，继续沿南京路、大沽南路、解放南路、洪泽路口后由地下转为高架，沿珠江道过财经学院站后，由高架转向地面至双林站。全线长 26. 188km，其中高架线 8. 743km，过渡段 0. 558km，地下线 15. 378km，地面线 1. 509km。设 22 座车站，分别是：刘园、西横堤、果酒厂、本溪路（以前为高架站，以后为地下站）、勤俭道、洪湖里、西站、西北角、西南角、二纬路、海光寺、鞍山道、营口道、小白楼、下瓦房、南楼（以前为地下站，以后为高架站）、土城、陈塘庄、复兴门、华山里、财经学院、双林（地面站）。其中：西站、西南角、营口道、下瓦房站为换乘站。刘园设停车场，双林设车辆段，海光寺设调度中心。既有线所设的新华路站被永久关闭，成为中国内地第一个永久关闭的地铁站。

天津地铁 1 号线线路图及典型地铁站分布如图 2-18 所示。

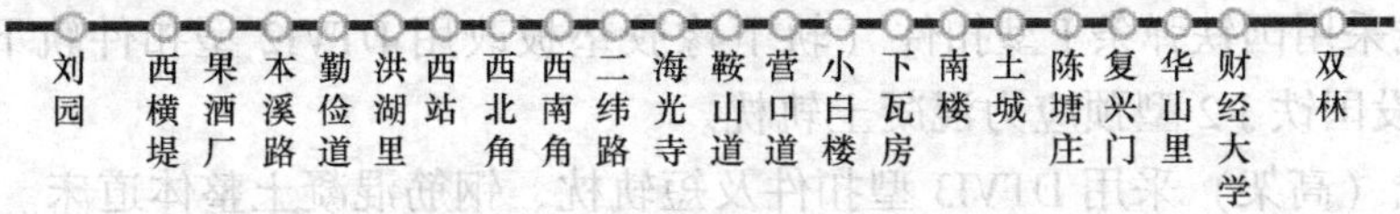

图 2-18　天津地铁 1 号线线路图

2. 轨道结构主要参数

（1）标准轨距　轨距是指钢轨顶面下 16mm 范围内两股作用边之间的最小距离。天津地铁 1 号线的标准轨距为 1435mm。

（2）正线数目　天津地铁 1 号线的正线为双线。

（3）轨底坡　轨底坡是指轨底与轨道平面之间应形成的一个横向坡度。天津地铁 1 号线的轨底坡为 1/40。

（4）最小线间距　线间距是指双线中心线之间的距离。天津地铁 1 号线的最小线间距为 3. 6m。

（5）最小曲线半径　天津地铁 1 号线的最小曲线半径为 295m。

（6）最大超高设计值　天津地铁 1 号线的最大超高设计值为 120mm。

（7）线路坡度

1）正线。最大坡度为 30‰。

2）辅助线。最大坡度为 40‰。

3）地下线路。最小坡度为 3‰。

（8）最小曲线半径

1）正线。正线最小曲率半径为 300m。

2）辅助线。一般地段为 200m，特殊地段为 150m。

（9）最高行车速度　天津地铁 1 号线的最高行车速度为 80km/h。

（10）车辆轴重　天津地铁 1 号线的电客车轴重为 14t。

（11）线路通过能力　天津地铁 1 号线的线路通过能力为每小时 30 对。

（12）最小行车间隔　天津地铁 1 号线的最小行车间隔为 2min。

（13）车站站台有效长度　天津地铁 1 号线的车站站台有效长度为 120m。

3. 牵引供电

为了考虑与既有运行段标准统一，全线采用直流750V接触轨上部受流方式的牵引供电。

4. 车辆参数

由于受天津地铁1号线既有线建筑限界的限制，天津地铁1号线采用非标准B型车设计，车辆由长春轨道客车厂制造，分4节和6节编组，整车型号为DKZ9，动车型号为DK56，车厢型号为DK57。

5. 线路轨道结构设计

1）新建线采用60kg/m钢轨，既有线及联络线铺设50kg/m钢轨。

2）高架线采用Ⅱ型减振扣件及短轨枕、钢筋混凝土整体道床，环境振动敏感地段采用弹性短枕式整体道床。

3）新建地下线采用弹性分开式DTVI2型扣件及短轨枕、钢筋混凝土整体道床，环境振动敏感地段采用弹性短枕式整体道床。

4）既有线（含改造部分）采用既有线改造用扣件及短轨枕、钢筋混凝土整体道床。

5）地面线采用国铁弹条Ⅰ型扣件（轨下橡胶垫板改用DTVI2型扣件轨下橡胶垫板Ⅰ），碎石道床，铺设国铁J-2型预应力混凝土轨枕。

6）联络线（高架）采用DTVI3型扣件及短轨枕、钢筋混凝土整体道床。

二、天津地铁5号线

1. 线路范围和走向

天津地铁5号线西北起自北辰区双街，西南至西青区梨园头，由北至南贯穿天津市中东南地区，沿线经过北辰、河北、河东、河西、南开、西青6个行政区，规划淮外路、丹河南道、沁河南道、辽河北道、宜兴埠、建昌道、金钟河大街、增产道、真理道、靖江路、程林庄道、津塘公路、围堤道、凌宾路、遥环路等地段，主要经过建昌道居住区、下瓦房、体育中心、王兰庄、李七庄等大的客流集散点，线路全长32.987km，其中地下线32.171km，地面线及过渡段0.816km，共设车站29座，其中地下站28座，地面站1座。

2. 换乘车站

地铁5号线共设换乘车站11座。其中，在下瓦房站与1号线换乘；在靖江路站与2号线换乘；在张兴庄站与3号线换乘；在程林庄道站与4号线换乘；在金钟河大街站与6号线换乘；在遥环路站与7号线换乘；在沁河南道站与8号线换乘；在大直沽西路站与9号线换乘。

3. 地铁5号线线路

天津地铁5号线线路如图2-19所示。

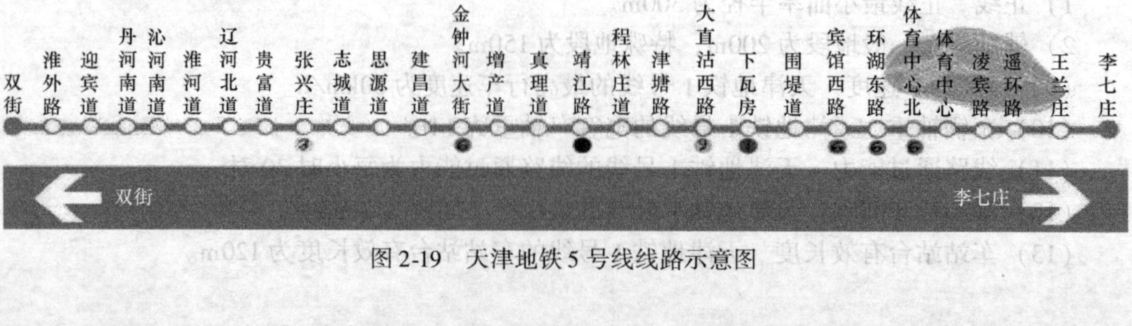

图2-19 天津地铁5号线线路示意图

【实践与训练】

学习工作单

工作单	天津轨道交通系统		
任　　务	了解天津轨道交通系统总体情况，掌握天津地铁1号线、5号线线路范围、走向及轨道结构主要参数。		
班　　级		姓　　名	
学习小组		工作时间	

知识认知

1. 天津地铁1号线、5号线线路范围及走向。
2. 天津地铁1号线、5号线线路轨道结构主要参数。
3. 天津地铁1号线、5号线线路轨道结构设计原则。

能力训练

1. 组织学生到现场，熟悉天津地铁1号线、5号线线路范围及走向。

2. 组织学生到现场，熟悉天津地铁1号线、5号线轨道结构设计及主要参数。

任务学习其他说明或建议：

指导老师评语：

任务完成人签字：　　　　　　　　　　　　　日期：　年　月　日

指导老师签字：　　　　　　　　　　　　　　日期：　年　月　日

任务五 上海轨道交通系统

【知识要点】

1. 熟知上海轨道交通总体概况。
2. 熟知上海地铁1号线线路总体情况。
3. 掌握上海地铁1号线线路长度及主要技术标准参数。

【任务目标】

1. 通过对上海轨道交通概况的学习，了解上海轨道交通总体概况。
2. 通过对上海地铁1号线线路系统的学习，掌握该线路总体情况。
3. 通过对上海地铁1号线线路系统的学习，掌握该线路长度及主要技术标准参数。

【相关理论知识】

一、上海轨道交通概况

上海轨道交通，又称上海地铁，其第一条线路于1995年4月10日正式运营，是继北京地铁、天津地铁建成通车后中国内地投入运营的第三个城市轨道交通系统，也是目前中国线路最长的城市轨道交通系统。截至2010年4月20日，上海轨道交通线网已开通运营11条线、266座车站，运营里程达410km（不含磁浮示范线），另有全线位于世博园区内仅供世博园游客和工作人员搭乘的世博专线。

二、上海轨道交通发展规划

为从根本上缓解上海交通拥堵状况，上海市加快轨道交通建设，建立轨道交通网络资源共享机制，建立、健全轨道交通行业安全体系。预计2012年上海市轨道交通运营总里程可达510km左右，总长度居世界第一，到2020年上海将建成970km的城市轨道交通网络。

上海轨道交通线网规划如图2-20所示。

【任务实施】

一、上海地铁1号线线路系统

1. 线路走向

上海地铁1号线运营区间：富锦路—莘庄。途径站点：莘庄（换乘5号线）—外环路—莲花路—锦江乐园—上海南站（换乘3号线）—漕宝路—上海体育馆（换乘4号线）—徐家汇（换乘9号线）—衡山路—常熟路（换乘7号线）—陕西南路（换乘10号线）—黄陂南路—人民广场（换乘2号、8号线）—新闸路—汉中路—上海火车站（换乘3号、4号线）—中山北路—延长路—上海马戏城—汶水路—彭浦新村—共康路—通河新村—呼兰路—共富新

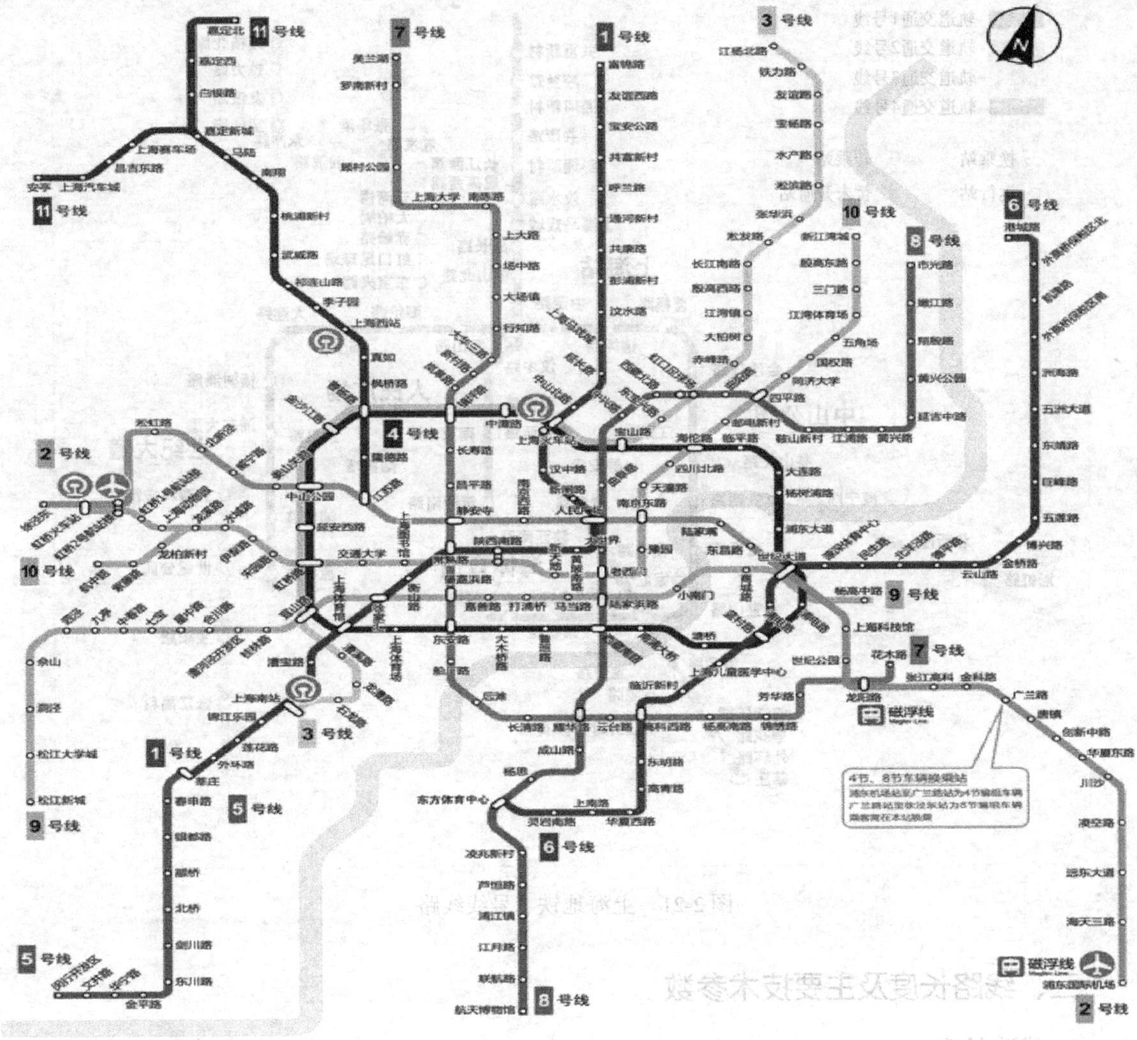

图 2-20　上海轨道交通线网规划

村—宝安公路—友谊西路—富锦路。线路全长约 37 公里。

2. 车站设置

1 号线共设 28 座车站，是一条纵贯上海南北走向的交通大动脉。1 号线现在分大小交路，大交路为莘庄站至富锦路站，小交路为莘庄站至上海火车站。今后小交路可能延伸至通河新村。

3. 车辆段设置

1 号线设有梅陇和富锦路车辆段，可配合上海铁路局沪杭线改造规划，占地面积 604 亩。

4. 1 号线线路

上海地铁 1 号线线路如图 2-21 所示。

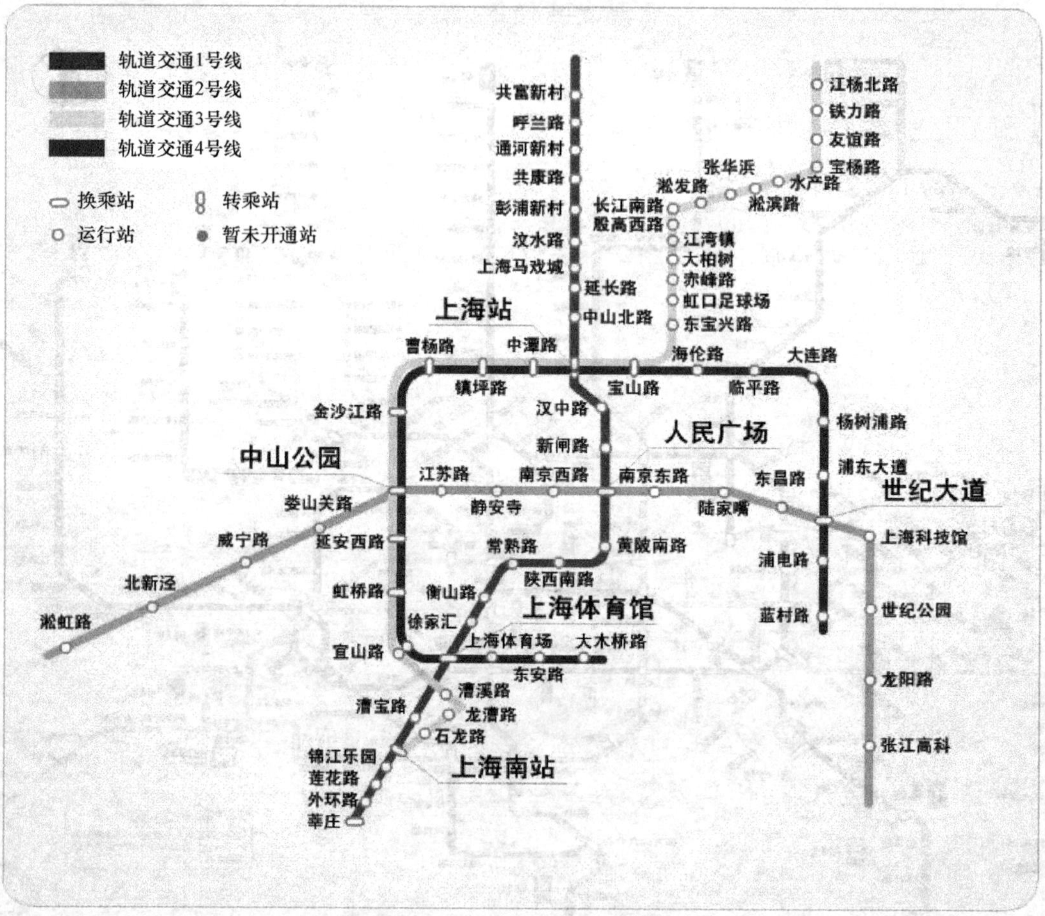

图 2-21　上海地铁 1 号线线路

二、线路长度及主要技术参数

1. 线路长度

1 号线正线线路轨道全长 37km，设地面站 2 座、地下站 11 座。地下站设置在道路下的 6 座、设在道路一侧的 5 座。地下站为两层框架式结构，上层为站厅层，下层为站台层，站厅与站台下行以步行扶梯连通、上行以自动扶梯连通，站厅层设出入口与地面连通。站台层设岛式站台，停车长度 186m，供 8 节编组列车停靠。

2. 主要技术参数及车型

轨距：1435mm。

动力电源：1500V 直流（架空电线方式）。

复线区间：全线。

电气化区间：全线。

最高时速：80km/h。

运营时速：35km/h。

车型：大容量铝合金宽体电动客车（DC-01、AC-01、AC-04、AC-06 四种车型）。

【实践与训练】

学习工作单

工 作 单	上海轨道交通系统		
任　　务	1. 通过对上海轨道交通概况的学习，了解上海轨道交通总体概况。 2. 通过对上海地铁 1 号线路系统的学习，掌握该线路的总体情况。 3. 通过对上海地铁 1 号线路系统的学习，掌握该线路长度及主要技术标准参数。		
班　　级		姓　　名	
学习小组		工作时间	

知识认知

1. 上海轨道交通总体概况。
2. 上海地铁 1 号线路总体情况。
3. 上海地铁 1 号线路长度及主要技术标准参数。

能力训练

1. 组织学生到现场，熟悉上海地铁 1 号线路总体情况。

2. 组织学生到现场，熟悉上海地铁 1 号线路长度及主要技术标准参数。

任务学习其他说明或建议：

指导老师评语：

任务完成人签字：　　　　　　　　　　日期：　年　月　日

指导老师签字：　　　　　　　　　　　日期：　年　月　日

任务六　广州轨道交通系统

【知识要点】

1. 熟知广州轨道交通总体概况。
2. 熟知广州地铁 3 号线路总体情况。
3. 掌握广州地铁 3 号线路长度及主要技术标准参数。

【任务目标】

1. 通过对广州轨道交通概况的学习，了解广州轨道交通总体概况。
2. 通过对广州地铁 3 号线路系统的学习，掌握该线路的总体情况。
3. 通过对广州地铁 3 号线路系统的学习，掌握该线路长度及主要技术标准参数。

【相关理论知识】

一、广州轨道交通概述

广州地铁是广州市的城市轨道交通系统，由广州市地下铁道总公司负责营运管理。现有 1 号线（西朗—广州东站）、2 号线（嘉禾望岗—广州南站）、3 号线（机场南—体育西路、天河客运站—番禺广场）、4 号线（黄村—金洲）、5 号线（滘口—文冲）、8 号线（凤凰新村—万胜围）、广佛线（魁奇路—西朗）及 APM 线（赤岗塔—林和西），八条地铁线正在营运中。

二、广州轨道交通规划

广州地铁现在的运营总里程为 236km（含广佛线佛山段），但远远无法满足交通要求，为解决拥堵的道路交通，广州地铁在 2011 年亚运会后将进行新一轮的建设。广州地铁的远期规划长度为 600km。

广州轨道交通线网规划如图 2-22 所示。

【任务实施】

一、广州地铁 3 号线线路走向

广州地铁 3 号线呈南北走向，全长 36. 33km，包括一条主线和一条支线，主线从北向南贯穿广州市区、新城市中轴线和番禺区发展轴线，支线从天河客运站出发，到体育西路站与主线相接，从而更经济、有效地解决客流问题。

广州地铁 3 号线在国内率先采用 Y 字型线路，共设 18 个站，全部为地下车站。线路向北与机场快线衔接，向南延伸至广州新城，其中在嘉禾望岗站与地铁 2 号线换乘，在体育西路站、广州东站与地铁 1 号线换乘，在林和西站、赤岗塔站与珠江新城旅客输送系统（APM）换乘，在珠江新城站与地铁 5 号线换乘，在客村站与地铁 8 号线换乘。

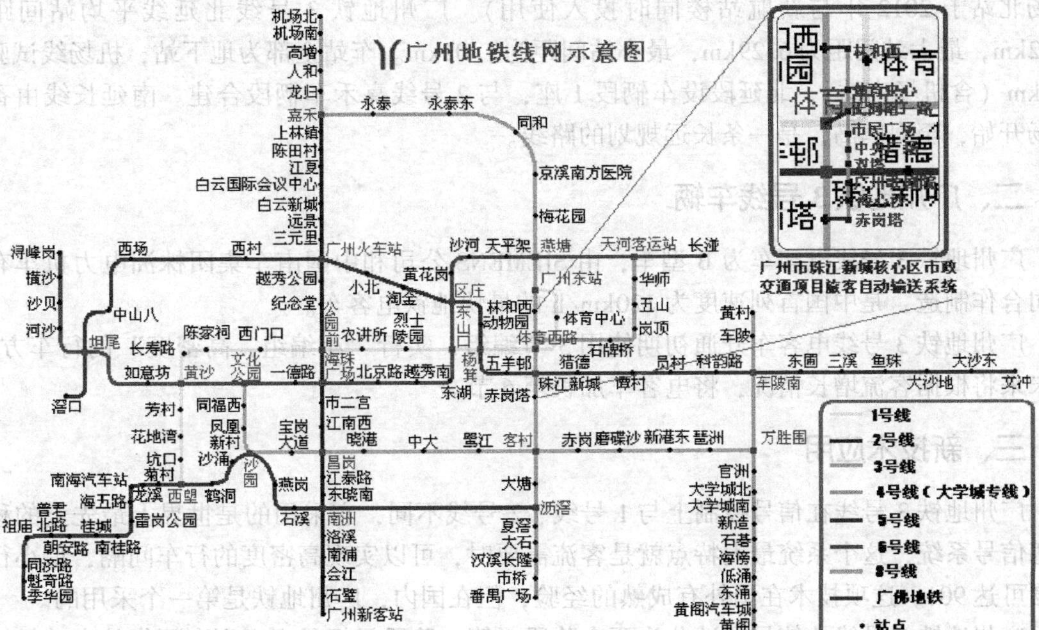

图 2-22　广州轨道交通线网规划

广州地铁 3 号线线路如图 2-23 所示。

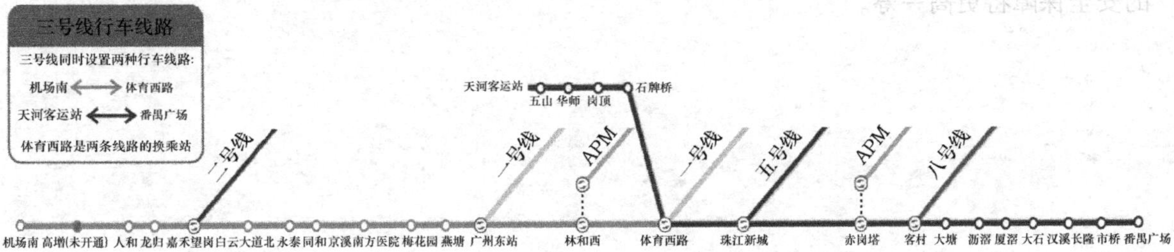

图 2-23　广州地铁 3 号线线路

1. 主线

主线由天河客运站至番禺广场，设车站 16 座，分别是：天河客运站、五山站、华师站、岗顶站、石牌桥站、体育西路站、珠江新城站、赤岗塔站、客村站、大塘站、沥滘站、厦滘站、大石站、汉溪长隆站、市桥站、番禺广场站。

3 号线按远期规划，还将在南面到达番禺广场后再折向东，穿过广州新城后直达海鸥岛，届时全线将达 84km，为广州地铁中最长的线路。

2. 支线

支线即“广州地铁 3 号线北延段”，又称“广州地铁 3 号线机场线”，由体育西路站至机场南站，已于 2010 年 10 月 30 日开通试运营。

广州地铁 3 号线北延线由体育西路至机场南站，设 12 座车站，分别是：体育西路站、林和西站、广州东站、燕塘站、梅花园站、京溪南方医院站、同和站、永泰站、白云大道北站、嘉禾望岗站、龙归站、人和站、高增站、机场南站及机场北站（其中高增站暂不开放，机场北站于 2012 年与新航站楼同时投入使用)。广州地铁 3 号线北延线平均站间距为 2. 82km，最大站间距为 6. 29km，最小站间距为 1. 02km。车站全部为地下站，机场线试验段 1. 7km（含机场南站)，北延段设车辆段 1 座，与 2 号线嘉禾车辆段合建。南延长线由番禺广场开始，至海鸥岛，是一条长远规划的路线。

二、广州地铁 3 号线车辆

广州地铁 3 号线电客车为 B 型车，由 SIEMENS 公司和中国南车集团株洲电力机车有限公司合作制造，是中国首列速度为 120km/h 的最快地铁电客车。

广州地铁 3 号线电客车开通初期使用 3 节编组，实行“小编组，高密度”的行车方式，而未来将根据客流增长情况，将电客车加长至 6 节。

三、新技术应用

广州地铁 3 号线在信号控制上与 1 号线、2 号线不同，它采用的是世界上最先进的移动闭塞信号系统，这个系统最大特点就是客流需要时，可以实现高密度的行车间隔，最小行车间隔可达 90s。这项技术在国外有成熟的经验，但在国内，广州地铁是第一个采用的。

广州地铁 3 号线的信号调试分为两个阶段：第一阶段目标是实现列车可靠的自动保护程序下的人工驾驶，经过 11 次的调整，3 号线的时间间隔也从开通时的 13min，压缩到了目前的 6min 55s。第二个阶段目标是实现全自动驾驶（电客车驾驶员不用操作只需监控)，让非重叠段行车间隔压缩至 6min，重叠段行车间隔压缩至 3min。实现自动驾驶后，电客车运营的安全保障将更高一筹。

【实践与训练】

学习工作单

工 作 单	广州轨道交通系统		
任　　务	1. 通过对广州轨道交通概况的学习，了解广州轨道交通总体概况。 2. 通过对广州地铁3号线路系统的学习，掌握该线路的总体情况。 3. 通过对广州地铁3号线路系统的学习，掌握该线路长度及主要技术标准参数。		
班　　级		姓　　名	
学习小组		工作时间	

知识认知

1. 熟知广州轨道交通系统总体概况。
2. 熟知广州地铁3号线路总体情况。
3. 掌握广州地铁3号线路长度及主要技术标准参数。

能力训练

1. 组织学生到现场，熟悉广州地铁3号线路总体情况。

2. 组织学生到现场，熟悉广州地铁3号线路主要技术标准参数。

任务学习其他说明或建议：

指导老师评语：

任务完成人签字：　　　　　　　　　　　　日期：　年　月　日

指导老师签字：　　　　　　　　　　　　　日期：　年　月　日

任务七　西安轨道交通系统

【知识要点】

1. 熟知西安轨道交通系统概况。
2. 熟知西安地铁2号线路总体情况。
3. 熟知西安地铁2号线路长度及主要技术标准参数。

【任务目标】

1. 通过对西安轨道交通系统的学习，掌握西安轨道交通总体情况。
2. 通过对西安地铁2号线路系统的学习，掌握2号线路总体情况。
3. 通过对西安地铁2号线路系统的学习，掌握2号线路长度及主要技术标准参数。

【相关理论知识】

西安地铁线网规划

轨道交通线网远期规划由6条线组成，总长251.8km。线网中1号线、2号线、3号线为骨干线，既满足了城市东西向、南北向主轴线上的客运交通需求，又向外拓展了城市发展空间。4号线、5号线、6号线是轨道交通网的辅助线，主要满足城市功能组团之间的交通需求，对线网进行加密完善。

西安地铁线网规划如图2-24所示。

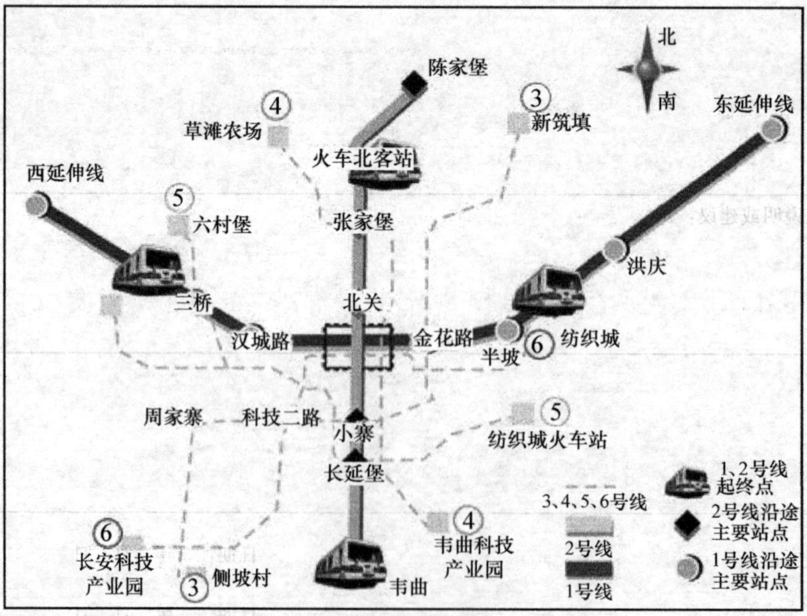

图2-24　西安地铁线网规划

【任务实施】

一、西安地铁 2 号线概况

西安市城市快速轨道交通 2 号线（铁路北客站至韦曲）工程北起铁路北客站，南至韦曲，沿西安市南北向主客流走廊布设，线路经过铁路北客站、市行政中心、经济开发区、北大街、钟楼、小寨商业文化中心、西安国际展览中心、长安区等大型客流集散点，连接了郑西铁路客运专线西安北客站、市行政中心和三个开发区。2 号线作为轨道交通线网中的骨干线，与 1 号线构成了轨道交通网络中的十字骨架。

二、西安地铁 2 号线线路基本走向

地铁 2 号线北起草滩镇陈家堡，南至长安区韦曲镇，线路整体呈南北走向。根据西安市轨道交通建设规划，近期建设线路北起正在筹建的郑西铁路客运专线西安北站，随后沿南偏东方向，先后穿越北绕城高速公路、北三环辅道、麻家什字村及城运村进入草滩路，过张家堡广场后沿未央路一路南行，经凤城四路、凤城二路、凤城一路至北二环未央路立交，此后继续沿未央路南下，经凤城南路、龙首（南、北）路后进入北关地区并沿北关正街南行，在相继穿越自强路、陇海铁路、环城北路高架桥、护城河后直达北门，自全国重点文物保护单位——北门城墙下穿过，进入明城墙区后，沿北大街前行，经莲湖路、东新街至钟楼。为减小工程实施及运营过程中对钟楼产生的不利影响，线路采取左右线分绕方案穿过钟楼，随后进入南大街南行至南门，下穿南门城墙、护城河及南门广场后进入长安路，经友谊路、省体育场并穿过南二环长安路立交桥，沿长安南路经小寨路、雁塔西路、八里路、师大路至电视塔，随后沿环塔东路下穿绕城高速高架桥及南三环辅道进入长安南路，向南穿过航天南路后由地下过渡至高架线，沿北长安街 - 南长安街一线南行，最后经友谊街、长安区政府到达终点——韦曲站。

三、线路长度及主要技术标准参数

1. 线路长度

2 号线全线长度 40.394km，其中正线轨道 26.632km，车辆段线 13.762km。

2. 电客车标准

2 号线电客车采用国产标准 B 型车，6 辆编组，最高运行速度 80km/h，DC1500V 架空接触网供电。沿线穿过 12 条地裂缝，是工程实施的难点，除局部穿越南北明城墙和钟楼两个国家级重点文物保护单位、城市综合类区域及民用住宅外，一般均走行于既有线道路下。

3. 主要技术标准参数

1）轨距采用 1435mm 标准轨距。

2）轨底坡。正线轨底坡在地铁设计规范允许范围内采用 1/30，道岔区及道岔之间不足 50m 的地段，不设轨底坡。

3）正线最小曲线半径 350m、最大坡度 26‰，辅助线最小半径 300m，联络线最小曲线半径 150m。

4）正线最大超高值为120mm；允许欠超高一般条件为61mm；作为对规范的补充，允许过超高条件为一般30mm，困难条件时为50mm；辅助线曲线超高设为10mm。

5）轨枕铺设数量正线、辅助线轨枕铺设数量均为1600对（根）/km；车辆段线60kg/m钢轨在曲线R≤400m或者坡度≥20‰时，为1680对（根）/km，其余情况下为1600对（根）/km；50kg/m钢轨为1440对（根）/km。

6）轨道结构正线及辅助线均采用60kg/m钢轨，铺设温度应力式无缝线路，采用弹性分开式扣件，采用整体道床，采用60kg/m钢轨9号道岔系列；车辆段出入段线及试车线采用60kg/m钢轨9号道岔，其余库内、外线采用50kg/m钢轨7号道岔；试车线检查坑及库内线均采用短枕式或立柱式混凝土整体道床，其余库外线均为新Ⅱ型预应力混凝土枕和防腐木枕碎石道床；一般道床采用弹性不分开式扣件，整体道床及道岔采用弹性分开式扣件；车辆段出入段线及库内外线为普通线路，普通钢轨接头；试车线为温度应力式无缝线路。

7）不同地段轨道结构高度如表2-1所示。

表2-1 不同地段轨道结构高度

地段			轨道结构高度/mm	备注
一般地段	马蹄形隧道		650	轨顶至隧道有效内轮廓最低点
	圆形隧道		740	
	矩形隧道		560	
可调式框架轨道地段	整体道床	马蹄形隧道	700	轨顶至隧道有效内轮廓最低点
		矩形隧道	600	
	碎石道床		700	
浮置板地段	马蹄形隧道		800	
	圆形隧道		800	
	矩形隧道		750	
试车线、出入段线	碎石道床		836	指钢轨中心线处最小距离
库外线	碎石道床		590	
试车线及库内线墙式检查坑			500	
库内线横通道及无检查坑地段			900	含基础

【实践与训练】

学习工作单

工 作 单	西安轨道交通系统		
任　　务	1. 通过对西安轨道交通系统的学习，掌握西安轨道交通系统总体情况。 2. 通过对西安地铁 2 号线路系统的学习，掌握 2 号线路总体情况。 3. 通过对西安地铁 2 号线路系统的学习，掌握 2 号线路长度及主要技术标准参数。		
班　　级		姓　　名	
学习小组		工作时间	

知识认知

1. 西安轨道交通系统总体规划。
2. 西安地铁 2 号线路范围及走向。
3. 西安地铁 2 号线路长度及主要技术标准参数。

能力训练

1. 组织学生到现场，熟悉西安地铁 2 号线路总体情况。

2. 组织学生到现场，掌握西安地铁 2 号线路长度及主要技术标准参数。

任务学习其他说明或建议：

指导老师评语：

任务完成人签字：　　　　　　　　　　　　　　日期：　年　月　日

指导老师签字：　　　　　　　　　　　　　　　日期：　年　月　日

项目三　城市轨道交通行车组织

任务一　行车闭塞法的运用

【知识要点】

1. 熟知行车闭塞法的作用。
2. 熟知各种行车闭塞法的特点。
3. 熟知各种行车闭塞法的行车凭证。

【任务目标】

1. 通过对行车闭塞法的运用学习，掌握各种行车闭塞法的技术特点。
2. 通过对行车闭塞法的运用学习，掌握对各种行车闭塞法的使用条件及办理规定。

【任务准备】

1. 所需设备、工具

电客车运行控制系统、模拟沙盘、线路、信号机等行车设备模型、车站模型、列车模型、各种登记表簿、联系电话、调度命令单等。

2. 人员安排

学生按车站数分组，安排行车调度员 1 人，每站有行车值班员、站务员、扳道员、引导员各 1 人。

【相关理论知识】

一、行车闭塞法概述

为了确保电客车在区间内的运行安全，电客车由车站向区间发车时，必须确认区间内没有电客车，并需遵循一定的规律组织行车，以免发生电客车正面冲突或追尾等事故。这种为保证电客车运行的安全，在组织电客车运行时，通过设备或人工控制，使连续发出电客车保持一定间隔距离安全行车的办法，称为行车闭塞法，简称闭塞。

区间行车组织的基本方法一般有以下两种：一种是时间间隔法，即电客车按照事先规定好的时间由车站发车，使前行电客车和追踪电客车之间必须保持一定时间间隔的行车方法；另一种是空间间隔法，即把线路划分为若干个段落（区间或分区），在每个段落内同时只准许一列电客车运行，使前行电客车和追踪电客车之间必须保持一定距离的行车方法。我国的轨道交通线路以车站为分界点划分为若干区间，采用区间作为电客车运行的空间间隔。

时间间隔法因追踪电客车不能确切地得到前行电客车的运行状况，所以不能确保电客车在区间的运行安全，我国已不再使用该种行车方法。空间间隔法能严格地把电客车分隔在两个空间，可以有效地防止电客车追尾和正面冲突事故的发生，确保电客车运行安全。我国目前所采用的行车组织的基本方法是空间间隔法，因此通常所说的闭塞就是基于空间间隔的闭塞方法。

二、基本闭塞法

1. 自动闭塞

自动闭塞就是根据电客车运行及有关闭塞分区状态自动变换信号显示，而驾驶员凭信号行车的闭塞方法。其特征为：将站间划分为若干个闭塞分区，在每个闭塞分区的入口处设置通过信号机。闭塞分区装设轨道电路，电客车在闭塞分区行驶时，借助于轨道电路的作用，自动地控制通过信号机的显示。由于两站之间划分为若干个闭塞分区，同方向可以连续向同一区间发两个及以上的电客车。北京地铁自动闭塞方式采用的是三显示带防护区段的信号显示制度，区间通过信号机依次显示红、红、黄、绿，两电客车间一般隔开三个闭塞分区，使电客车经常在绿灯下运行。自动闭塞，不用等前行电客车由对方站开出，即可发出续行电客车，使电客车密度大大增加，提高了通过能力。由于线路上装有轨道电路，所以不仅当电客车占用轨道时能自动地通过信号机显示停车信号，而且若钢轨折断也可以自动地通过信号机显示停车信号，对电客车在区间的运行安全，有了可靠的保证。

但由于自动闭塞、超速防护自动闭塞均以地面信号机来控制电客车运行间隔的，故两电客车之间仍存在较大的空间间隔，这已不能满足日趋增长的客流需要。所以在国际上，随着科学技术的发展，特别是计算机技术的广泛运用及电客车制动系统的不断进步，各国的地铁和其他快速轨道交通系统，将逐步采用更为先进的准移动闭塞和移动闭塞系统，以进一步缩小电客车间隔，提高通过能力，满足日益增长的客流需要。

2. 超速防护自动闭塞

闭塞分区是以信号机或分界标与相邻信号机或分界标为闭塞区间的分界点。

电客车进入闭塞区间的凭证是车载信号（指电客车目标速度灯）的绿色灯光。

3. 站间自动闭塞

闭塞区间的分界点为各车站进站、出站信号机或区间内指定的信号机。电客车凭出站信号机闪动的绿色灯光发车。

三、电话闭塞

电话闭塞是当基本闭塞设备产生故障或不能使用时，由两端站行车值班员利用站间行车电话，以电话记录的方式办理闭塞的方法。电话闭塞不论单线或双线，均按站间区间办理。由于它没有机械、电气设备的控制来保证安全，因此办理闭塞时手续必须完善，而且对办理电话闭塞的过程有严格的规定，对行车值班员也有极为严格的要求。

四、代用行车闭塞法的采用

当基本闭塞设备产生故障或其他原因不能使用时，为维持电客车运行、达到使区间只有一列电客车运行的目的，应采用代用闭塞法。地铁采用的代用闭塞法是电话闭塞法。

当电话闭塞法因故也不能使用时，为了维持电客车的运行，可使用时间间隔法。但时间间隔法不是一种闭塞法，其无法确定前行电客车是否到达邻站，有可能在一个区间进入两个电客车而造成追尾事故，所以该办法原则上不准使用。必须使用时，应严格按规定办理。

【任务实施】

一、自动闭塞的运用

1. 电客车进入闭塞分区的凭证

电客车进入闭塞分区的凭证为出站信号机或通过信号机的黄色灯光或绿色灯光，但客运列车及跟随客运列车后面的列车，则凭出站信号机的绿色灯光（包括两显示出站信号机的黄色灯光）进入闭塞分区。

单线自动闭塞区段上的发车方向一经确定，发车站就可以连续发出列车。为保证列车的运行秩序或不影响其他列车的运行，车站行车值班员（信号楼值班员）在转换发车方向前，除确认站间区间空闲外，还应得到行车调度员的同意，方准办理发车。

2. 特殊情况下的发车行车凭证

（1）出站信号机故障

1）出站信号机显示停车信号时，其发车行车凭证为经行车调度员确认电客车运行位置后所发布的调度命令。

2）因后方信号机故障影响，使出站信号机仅能显示黄色灯光，对于客运列车及跟随客运列车后面的列车此时若要由车站出发，行车调度员需确认发车前方有三个及其以上闭塞分区空闲，并以调度命令作为行车凭证。该命令内应注明“准许黄色灯光发车”的字样，这主要是预先告知驾驶员必须注意控制运行速度，运行前方信号机显示为停车信号，应准备在下一个信号机前停车。

（2）区间通过信号显示停车信号的规定

1）自动闭塞区段内通过信号机显示停车信号的原因（包括显示不明和灯光熄灭），主要有列车占用、金属导体（甚至是足以使电客车脱轨的金属导体）横在轨面上使两条钢轨的信号频率短路、钢轨折断、信号机本身故障、移频轨道电路故障和移频电源故障等。

2）当列车运行中遇到通过信号上述故障原因中的某一项时，为保证安全，规定电客车在显示停车信号的通过信号机前停车20s，如果该信号机仍未显示进行信号，则以遇到阻隔即能随时停车的速度继续运行，最高速度不得超过20km/h，到达下一信号机前，按其显示要求运行。如确认前方闭塞分区内有列车时，不得进入。

为了确保安全，驾驶员不仅要注意瞭望进路前方是否有车，还应注意前方线路上是否有障碍物或轨道有无异常；其次不能因地铁采用双红灯防护，就认为闯入第一红灯内方不会与其他车辆发生追尾，而必须把第一红灯当做有车占用看待，否则擅自闯入第一红灯，久而久之习以为常，也会将第二红灯，甚至防护信号机显示红灯时当做第一红灯来闯，后果是十分危险的。

二、超速自动防护自动闭塞的运用

电客车进入超速自动防护自动闭塞区间的凭证是车载信号的绿色灯光。

遇特殊情况时，行车凭证有如下规定：

1）车载信号显示红灯或灭灯时，若预告信号机为红灯，电客车在该信号机前等候 20s，并执行以下操作：

① 若车载信号仍显示红灯或灭灯，预告信号机仍为红灯时，驾驶员须与行车调度员或相关站行车值班员联系，按调度命令执行。

② 若车载信号仍显示红灯或灭灯，而预告信号机显示黄色灯光时，电客车凭该信号机的黄色灯光运行。

2）车载信号显示红灯或灭灯时，若进站信号机显示红色灯光，电客车在该信号机前停车，并执行以下操作：

① 若引导信号开放，则凭开放的引导信号运行。

② 若引导信号不能开放，则凭行车值班员的引导手信号运行。

3）车载信号显示红灯或灭灯时，若防护信号机显示红色灯光或灯光熄灭，电客车在该信号机前停车，须按下列规定办理：

① 若引导信号开放，驾驶员应确认道岔位置正确、状态良好后，凭开放的引导信号以不超过 20km/h 的速度越过该道岔区段。

② 若引导信号不开放，驾驶员须与行车调度员或相关站行车值班员联系，得到允许，并确认道岔位置正确、状态良好后，以不超过 20km/h 的速度越过该道岔区段。

三、站间自动闭塞的运用

1）电客车凭出站信号机闪动的绿色灯光发车。

2）遇进站信号机故障时，电客车凭引导信号或引导手信号进站。

3）遇进站兼防护信号机发生故障时，电客车在该信号机前停车，驾驶员确认道岔位置正确、状态良好后，凭引导信号或引导手信号进站。

4）遇预告信号机故障时，电客车须在该信号机前一度停车，然后以不超过 20km/h 的速度越过该信号机，并按前方信号机的显示运行。

5）遇防护信号机发生故障，电客车必须在该信号机前停车，驾驶员确认有关道岔开通方向正确、状态良好后，方可以不超过 20km/h 的速度越过该道岔区段。

6）当按站间自动闭塞行车而遇区间分界点信号机故障时，应按下列规定办理：

① 电客车进入区间，遇区间分界点信号机故障时，则电客车须在此信号机前停车，行车调度员会同行车值班员共同确认该信号机防护的站间分区空闲后，方可允许电客车越过此信号机继续运行。

② 遇区间分界点信号机故障，且此区间分界点信号机所处的站间区间无电客车占用时，同一站间同方向所有区间分界点信号机停用，将站间分区合并成一个站间区间，改按电话闭塞法行车。

四、电话闭塞的运用

电话闭塞不论单线或双线，均按站间区间办理。由于没有机械、电气设备控制，全凭制度约束来保证行车安全，因此办理手续必须严格。为保证同一区间在同一时间内不会用两种闭塞法，在停用基本闭塞法改按电话闭塞法或恢复基本闭塞法时，均需行车调度员下达调度命令后方准采用，行车凭证为路票。

当遇有下列情况时，需改用电话闭塞法行车：

1）基本闭塞设备发生故障时。

2）在无双向闭塞设备的双线区间内，反方向发车时只能改按电话闭塞进行。

3）在无双向闭塞设备的双线区间内改按单线行车时，应改按电话闭塞进行。当无双向闭塞设备的双线区间的一条正线因施工或其他原因封锁，另一条正线改按单线行车时，虽然该正线正方向闭塞设备能使用，但由于该正线的反方向无闭塞设备，如果对该线路正方向与反方向运行的电客车采用不同的闭塞方法，不但增加了行车调度员发布变更或恢复基本闭塞法命令的次数，而且车站办理时容易发生错误。因此，双线改按单线行车时，上、下行运行的电客车均需改用电话闭塞。

4）电客车由区间折回时。

5）施工列车或轨道车运行时。

遇列车调度电话不通时，闭塞法的变更或恢复，应由该区间两端站的车站值班员确认区间空闲后，直接以电话记录办理。

【实践与训练】

学习工作单

工 作 单	行车闭塞法的运用		
任　　务	1. 熟知行车闭塞法的作用、各种行车闭塞法的特点、各种行车闭塞法的行车凭证。 2. 掌握各种行车闭塞法的技术特点、使用条件及办理规定。		
班　　级		姓　　名	
学习小组		工作时间	

知识认知

1. 简述行车闭塞法。
2. 简述自动闭塞的技术原理及特点。
3. 简述电话闭塞的使用时机及办理流程。

能力训练

1. 在指导教师的带领下，办理自动闭塞。

2. 在指导教师的带领下，办理电话闭塞。

任务学习其他说明或建议：

指导老师评语：

任务完成人签字：　　　　　　　　　　　　　　日期：　年　月　日

指导老师签字：　　　　　　　　　　　　　　　日期：　年　月　日

任务二 电客车出入场的作业

【知识要点】

1. 熟知电客车运行模式的基本特征及运用条件。
2. 熟知电客车出入段车辆场（段）内的列车驾驶模式。

【任务目标】

1. 通过对电客车出入场作业的学习，让学生掌握电客车出场的操作。
2. 通过对电客车出入场作业的学习，让学生掌握电客车入场的操作。

【任务准备】

1. 所需设备

电客车模拟操作系统。

2. 相关要求

相关的安全措施。

【相关理论知识】

一、电客车运行模式的基本特征及运用

目前地铁车辆的五种驾驶模式的特征及运用如下：

1. ATO 模式（电客车自动驾驶）

（1）基本特征 ATO 模式是优先级最高的驾驶模式，通过 ATC 信号系统实现。在该种模式下，两站间的电客车自动运行，电客车的运行不取决于驾驶员。驾驶员负责监督 ATP/ATO 指示，电客车状况，所要通过的轨道、道岔、信号的状态，必要时加以干预。

（2）基本运用 ATO 模式主要运用在正线的正常运行时（包括折返线和试车线）。

2. AR 模式（自动折返）

（1）基本特征 AR 模式包括电客车的自动换向和有折返轨的自动折返。其中，有折返轨的自动折返又可分为人工折返和无人折返。

（2）基本运用 AR 模式可在折返站和具有换向功能的轨道区段使用。

3. SM 模式（受 ATP 监控的人工驾驶）

（1）基本特征 SM 模式是次优先级驾驶模式，正常情况下在培训时采用。在 SM 模式下，驾驶员必须根据显示屏显示的推荐速度驾驶电客车，当实际速度在推荐速度 -1km/h 到推荐速度 +4km/h 范围时，会有声音报警；当实际速度大于推荐速度 4km/h 以上时，ATP 产生紧急制动，驾驶员要负责监督列车状况，所要通过的轨道、道岔、信号的状态。驾驶员以 SM 模式驾驶时，要保持按下警惕按钮，否则会产生紧急制动。驾驶员以 SM 模式驾驶电客车进站时，需待电客车停下，ATP 给出门释放命令后，驾驶员方可手动开门。

（2）基本运用 SM 模式主要用于以下几种情况：

1）ATO 故障时的降级运行。

2）运行时轨道上发现有障碍物（如有人）。

3）下雨时电客车在地面站行驶。

4. RM 模式（限制人工驾驶）

（1）基本特征　RM 模式是较低级驾驶模式。在该模式下，电客车由驾驶员驾驶，驾驶员负责监督 ATP/ATO 指示显示，电客车状况，所要通过的轨道、道岔、信号的状态。在 RM 模式下，列车速度不能大于 25km/h，因为 ATP 只提供 25 km/h 的超速防护。

（2）基本运用　RM 模式主要用于以下几种情况：

1）车辆段运行。

2）联锁、轨道电路、ATP 轨旁设备故障。

3）列车紧急制动以后。

5. URM 模式（非限制人工驾驶）

（1）基本特征　URM 模式是故障级驾驶模式。在该模式下，电客车的运行完全由驾驶员负责，没有 ATP 的监控。国内部分地铁车辆采用 URM 模式时，电客车前进最高速度可达 80km/h，后退最高速度可达 10km/h。

（2）基本运用　URM 模式主要用于以下几种情况：

1）车载 ATP 设备故障不能使用时。

2）车辆部分设备检修和调试。

二、电客车出入车辆场（段）内的电客车驾驶模式

电客车出入车辆场（段）内的电客车驾驶模式采用限制人工驾驶（RM）模式。在所有设备正常的情况下，电客车按照设计的模式运行。因车辆场（段）没有安装轨旁 ATP 设备，且联锁设备为 6502 电气集中联锁或微机联锁，与 ATP 设备没有接口关系，故电客车在车辆场（段）范围内只能用 RM 模式运行，由车载 ATP 提供 25km/h 的超速防护。

【任务实施】

一、电客车出场作业程序

1）电客车整备完毕，驾驶员确认电客车状态符合正线服务后，报告信号楼值班员列车整备完毕。

2）确认出场信号开放，按该电客车出车场时刻以 RM 模式驾驶电客车出库，列车整列离开库门前限速 5km/h。

3）库大门前 3m、平交道口应一度停车，确认库门的开启及线路状况良好后再动车。

4）电客车经出入段线出场，电客车在车场内运行限速 25km/h，运行至出场信号机前凭该信号机显示的允许信号进入转换轨。

二、客车入场作业程序

1）运营电客车结束服务到达终点站后，驾驶员使用标准用语告知乘客，确认全部乘客下车后，按站务人员给出的关门信号关门。

2）驾驶员完成电客车折返，步行至另一端驾驶室。

3）驾驶员确认进路防护信号开放正确后，以ATO模式或RM模式（该模式可自行转换）驾驶电客车至转换轨一度停车。

4）驾驶员确认入厂信号黄灯后驾驶电客车入厂。待电客车无线电转为“车厂”模式时，信号员即与驾驶员联系告知该电客车停放轨道，驾驶员需原文复诵。

5）驾驶员在库门前一度停车标或平交道口前一度停车。

6）电客车停稳后，驾驶员清洁驾驶室卫生，检查灭火器、电客车备品，确认其是否齐全良好，并将结论与公里数一起填写在“列车状态卡”上。

7）电客车停在规定的位置后，方向手柄应回零，分主断，施加停车制动，分断空调，分断照明，空压机停止工作后，鸣笛降弓，关蓄电池，下车锁好驾驶室侧门。

【实践与训练】

学习工作单

工作单	电客车出入场的作业		
任　务	1. 熟知电客车运行模式的基本特征及运用条件。 2. 熟知电客车出入车辆场（段）内的列车驾驶模式。 3. 掌握电客车出入场的操作。		
班　级		姓　名	
学习小组		工作时间	

知识认知

1. 简述电客车运行模式的基本特征及运用条件。
2. 简述电客车出入场的操作规程。

能力训练

1. 在指导教师的带领下，对电客车进行出场的操作演练。

2. 在指导教师的带领下，对电客车进行入场的操作演练。

任务学习其他说明或建议：

指导老师评语：

任务完成人签字：　　　　　　　　　　　　日期：　年　月　日

指导老师签字：　　　　　　　　　　　　　日期：　年　月　日

任务三　电客车到发作业

【知识要点】

1. 熟知电客车正线作业操作规程。
2. 熟知电客车车站到发作业操作规程。

【任务目标】

1. 通过对电客车到发作业的学习，让学生掌握电客车运行中应急处理。
2. 通过对电客车到发作业的学习，让学生掌握电客车到发作业的操作。

【任务准备】

1. 所需设备

电客车模拟操作系统。

2. 相关要求

相关的安全措施。

【相关理论知识】

一、电客车正线运行作业

电客车运行期间在“ATO”驾驶模式下，驾驶员要注意观察电客车显示屏信息、各指示灯和仪表显示、自动开关状态。驾驶员在电客车运行中要坚持不间断瞭望前方道路状态，发现线路、弓网故障或其他轨旁设备损坏或超限时，应及时采取紧急措施，并报告行车调度员。在区间发生的故障，应尽可能维持到进站后再处理。遇故障电客车需维持运行至终点站时，驾驶员必须时刻确认电客车运行状态，防止电客车故障的进一步扩大。电客车接近进站时，驾驶员应密切观察站台乘客状况，遇乘客较多或有人越出站台黄色安全线时，应及早鸣笛示警；遇危及电客车运行或人身安全时，应立即采取紧急措施。

二、电客车车站站台作业

在 ATO 模式下，电客车进站自动对标停车后，电客车显示屏出现相应侧车门释放信息，车门自动打开，无特殊情况时（电客车无故障或无接听行车调度员电话），驾驶员须在确认驾驶员电气制动“施加”红色指示灯亮后立即到站台（驾驶室旁）立岗，监视站台乘客上下车情况和车辆的状态。

电客车进站停车头部越过停车标时，根据越出站台的长度多少进行不同的处理。以国内部分城市轨道交通系统的规定为例，当驾驶室后第一个客室门对着站台，按规定开门；当电客车车身停车位置越出站台 2 个车门及以下时，驾驶员应先切除该车门开关，防止该车门打开，再打开其他车门供乘客上下车；驾驶员发现列车未到位停车时，应手动对位停车；电客车车身在站台区内的停车位置超出站台 3 个车门及以上时，必须报告行车调度员，经行车调度员同意，驾驶员不开车门继续运行到前方站停车，此时行车调度员应通知前方站，车站及时对站台广播，维持秩序。

“运营时刻表”中没有规定通过车站或无行车调度员命令，驾驶员不得驾驶电客车通过车站。但当电客车通过车站时，驾驶员应及时广播通知乘客，以防恐慌。运营时间内，驾驶员没有得到行车调度员批准时，禁止使用 URM 模式驾驶。若当 ATP 车载设备故障而只能用 URM 模式驾驶时，则应按规定程序及速度运行。

为节省能源及保障旅客候车的安全，我国广州、深圳、香港等地铁公司的部分正线线路站台两侧安装了屏蔽门，其电客车运行方法略有不同。

屏蔽门和车门具有联动关系，正常情况下屏蔽门的开闭和电客车客室门开闭同步完成。

在屏蔽门与车门联动功能不能使用的情况下，电客车需配两名乘务员，一名任驾驶员，负责驾驶电客车和操作电客车相关设备；另一名任屏蔽门操作员，负责操作屏蔽门的开关，协助驾驶员瞭望进路，监督电客车驾驶员按规定速度运行。电客车在投入客运服务前，须把开门状态开关打到手动位，电客车在车站停稳后，屏蔽门操作员先打开屏蔽门，驾驶员后打开客室门；在距开车时间规定的时间内，应先关屏蔽门，后关客室门，确认无夹人夹物时，驾驶员才能动车。电客车进站停车，当未到停车标停车时，驾驶员确认运行前方无异常后，可以 RM 模式动车对位；当越过停车标 3 个车门以下时，驾驶员应先切除 ATP 然后再后退对位，此时，屏蔽门操作员应立即对车厢广播安抚乘客，并使用无线电话通知车站维持好站台秩序。电客车在该站开出前应恢复 ATP，随后应报告行车调度员。

如果电客车进站停车超越屏蔽门 3 个车门及以上时，驾驶员应报告行车调度员或由车站转报行车调度员，按行车调度员的指示执行。同时车站应及时对站台广播，做好乘客服务。如电客车不开门继续运行到前方站时，行车调度员应通知前方站。

【任务实施】

一、电客车运行中应急处理

1）电客车故障或其他原因需临时停车，驾驶员可通过电客车紧急广播或人工广播安抚乘客。如在车站且已知前方受阻延误等候开车时间较长，驾驶员可开启客室门，并配合站务人员作好宣传解释，减少不必要的乘客投诉。

2）电客车本身原因或信号故障，造成电客车未对标停车，驾驶员立即手动对标停车。

3）电客车“ATO”驾驶模式下发生紧急制动，需要 SM 或 RM 驾驶模式运行时，驾驶员严格遵循进路防护信号显示、“ATP”允许速度及电客车运行速度。

4）雨天线路湿滑时，在地面线路，驾驶员转为“SM”驾驶模式，严格控制运行速度，谨防电客车打滑空转而造成紧急制动或越出停车标。

5）采用 URM 驾驶模式起动列车时，主控手柄置于牵引区不低于 40% 处，运行中注意人工报站点播，严格控制速度，防止越出停车标。

6）值乘驾驶员遇身体不适，应及时转告派班员或车长，请求协助，避免影响正线服务。

二、车站到发作业

1）ATO 模式下，电客车进站自动对标停车后，电客车显示屏出现相应侧车门释放信息，车门自动打开，无特殊情况下（电客车无故障或无接听行车调度员电话），驾驶员须在7s以内于驾驶室侧门旁立岗，监视站台乘客上下车情况。

2）SM、RM、URM模式下及折返对标停车后，电客车显示屏无相应侧车门释放信息，需人工打开时，必须严格执行“确认、呼唤、跨半步、开门”四步作业程序，即先确认停靠站台和需要打开的车门，执行车门呼唤制度，再跨出站台一脚（另一脚在驾驶室），按压一次“强行开门”按钮，最后打开相应侧站台车门，谨防错开门。

3）驾驶员在关门前观察DTI倒计时显示，对照运营时刻表发车时刻，提前约10s侧转身体，按压“关”按钮，回转身体，立正面向列车尾部瞭望，待车门全部关好，所有车门黄色指示灯和运行状态黄色灯灭，确认安全后（原则上不得使用重开门按钮来防止夹人），进入驾驶室，在起动电客车之前通过侧望监视镜确认车门无夹人夹物后，按照规定程序起动电客车。

4）大客流情况下，驾驶员应注意气压表显示状态，超过0.28MPa以上时，关门作业需加强“重开门”按钮的运用（防止夹人夹物），同时报告行车调度员。

5）车门发生故障时，原则上运行方向前三节车组由驾驶员负责处理，后三节车组由站台岗负责处理，其步骤如下：

① 当后三节车组车门发生故障，经驾驶员重开门简单尝试未能恢复而需切除该故障车门时，驾驶员面向电客车尾部高举手臂轻拍车体，示意站台岗进行车门切除程序。

② 驾驶员确认该故障车门黄色指示灯及该车组运行状态灯黄色灯灭、车门控制盘“关”按钮绿灯亮和驾驶室设备柜无继电器响声，车门切除成功，进入驾驶室按照规定起动电客车。

【实践与训练】

学习工作单

工 作 单	电客车到发作业		
任　　务	1. 熟知电客车正线作业及车站到发作业操作规程。 2. 掌握电客车正线作业及到发作业的操作。		
班　　级		姓　　名	
学习小组		工作时间	

知识认知

1. 简述电客车正线作业的操作规程。
2. 简述电客车到发作业操作规程。

能力训练

1. 在指导教师的带领下，对电客车进行正线操作演练。

2. 在指导教师的带领下，对电客车进行车站到发作业操作演练。

任务学习其他说明或建议：

指导老师评语：

任务完成人签字：　　　　　　日期：　年　月　日

指导老师签字：　　　　　　日期：　年　月　日

任务四 电客车折返作业

【知识要点】

1. 了解电客车折返作业的目的。
2. 熟知电客车折返模式。

【任务目标】

1. 通过对电客车折返作业的学习，让学生掌握电客车折返作业走行线路。
2. 通过对电客车折返作业的学习，让学生掌握电客车折返作业的操作。

【任务准备】

1. 电客车模拟操作系统。
2. 相关的安全措施。

【相关理论知识】

一、电客车折返方式

电客车折返方式根据折返线的布置分为站前折返和站后折返两种。

1. 站前折返

图 3-1a 所示为电客车在终点站站前折返时的双渡线折返方式，图 3-1b 所示为电客车在中间站站前折返时的单渡线折返方式。

采用站前折返方式，电客车无空车走行，折返时间较短；乘客上下车同时进行，能缩短停站时间；站线和折返线相结合，还能节省投资费用。站前折返的缺点是出发电客车与到达电客车存在敌对进路交叉，影响行车安全；电客车进出站通过道岔，会使电客车速度受限制和乘客有不舒适感；乘客上下车同时进行，在客流量大的情况下，站台秩序会受到影响。

电客车到发作业产生交叉干扰的条件是进路有交叉，并且占用进路的时间相同，两个条件必须同时具备才构成真正的进路交叉。在行车密度很大的情况下，采用站前折返方式，要完全消除到发电客车的交叉干扰难度较大。

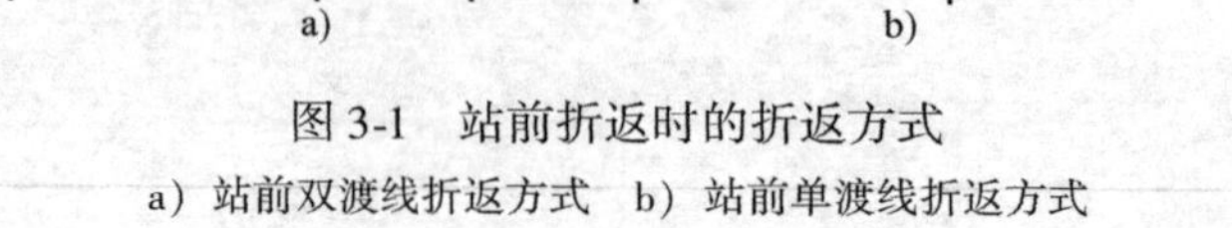

图 3-1 站前折返时的折返方式

a）站前双渡线折返方式 b）站前单渡线折返方式

2. 站后折返

图 3-2a 所示为电客车在终点站站后折返时的尽端线折返方式，图 3-2b 所示为电客车在中间站站后折返时的单渡线折返方式，图 3-2c 是电客车在终点站站后折返时的环形线折返

方式。

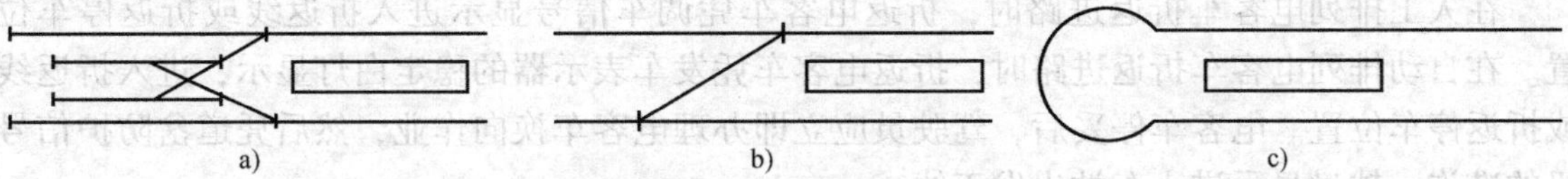

图 3-2　站后折返时的折返方式
a）站后尽端线折返方式　b）站后单渡线折返方式　c）站后环形线折返方式

采用站后折返方式，能避免采用站前折返时存在的缺点，使出发电客车与到达电客车间不存在敌对进路交叉，行车安全；而且电客车进出站速度高，有利于提高运行速度。因此，站后折返方式被广泛采用。站后折返方式的主要缺点是电客车折返时间较长。

环形线折返方式能保证最大的通过能力，节约设备费用与运营成本。但它也存在一些缺点，如电客车在小半径曲线上运行会造成单侧钢轨磨耗、折返线不能停放检修电客车，以及若用明挖法施工修建则增大了开挖范围等，所以在线路的终点站常采用尽端线折返方式。采用尽端线折返方式，其折返线既可供电客车折返，也可供电客车临时停留检修。

二、折返模式

折返模式有 3 种，分别为电客车自动折返、ATP 监控的人工驾驶和人工折返。

1. 电客车自动折返（AR）

电客车自动折返（AR）模式仅在某些特定区段使用。对于站前折返，电客车进入到达线站台即完成了折返作业，最后由此发车；对于站后折返，电客车以允许的速度从到达停车线自动驾驶进入和驶出折返线，最后进入发车股道。当电客车进入折返线停车时，电客车自动转换前后驾驶室的控制权，原电客车的后驾驶室控制列车前进。

2. ATP 监控的人工驾驶（ATO 或 SM）

ATP 监控的人工驾驶（ATO 或 SM）模式折返时，对于站前折返，电客车进入到达线即完成折返作业，最后由此发车；对于站后折返，电客车在驾驶员驾驶下从到达股道进入从折返线折出，最后进入发车股道。当电客车进入折返线停车时，电客车自动转换前后驾驶室的控制权，原电客车的后驾驶室控制电客车前进。

3. 人工折返

对于某些站的存车线及其他临时电客车运行交路需要的折返线路，可按非自动转换模式折返。根据行车组织要求，可在车上配备 1 ~ 2 名驾驶员。

【任务实施】

一、调度集中控制时的电客车折返作业

1. 行车调度员的工作

电客车折返的调车进路由行车调度员人工排列或由中央 ATS 自动排列。在车站有数条折返线或渡线，即有不同的折返调车进路情况下，应在电客车折返作业办法中规定优先采用的电客车折返模式，明确电客车折返优先经由的折返线或渡线。在办理电客车折返作业时，如折返电客车尚未起动，需临时变更电客车折返模式，可在通知折返电客车驾驶员后，变更

电客车折返调车进路。

在人工排列电客车折返进路时，折返电客车凭调车信号显示进入折返线或折返停车位置。在自动排列电客车折返进路时，折返电客车凭发车表示器的稳定白灯显示，进入折返线或折返停车位置。电客车停妥后，驾驶员应立即办理电客车换向作业，然后凭道岔防护信号机的准许，越过显示进入车站出发正线。

在电客车人工驾驶时，电客车进出折返线的速度根据有关规定由驾驶员人工控制；在电客车自动驾驶时，电客车进出折返线的速度按接收到的速度码自动控制。

2. 驾驶员的工作（以站后无人折返为例）

电客车折返时的作业主要是到达驾驶员与折返驾驶员进行交接，并组织电客车进行折返。电客车在折返站进行折返有人工折返和自动折返两种方式。

运营电客车结束服务到达终点站停车标处，显示屏出现折返图标，AR 黄灯亮，电客车停稳，左侧车门打开，驾驶员按压“AR”按钮，确认显示屏上的折返图标背景由蓝色变为黄色，“AR”黄灯灯灭。驾驶员与折返驾驶员交接完毕，根据站务人员的清客完毕手信号及进路防护信号机的开放信号，关闭电客车车门；进入驾驶室的本务驾驶员关闭主控钥匙，锁好驾驶室侧门；本务驾驶员锁闭驾驶室侧门后，行至头端墙处，操作自动折返按钮（DTRO），电客车自动起动进入折返线，并自动折返到对面站台，完成无人折返作业。

二、车站控制时的电客车折返作业

电客车折返的调车进路由车站行车值班员人工排列。原则上，行车值班员应按优先采用的电客车折返模式排列进路，如需变更电客车折返模式，必须得到行车调度员的同意。

折返电客车进出折返线或折返停车位置的作业过程和速度控制，与调度集中控制时电客车折返作业的办理相同。

【实践与训练】

学习工作单

工 作 单	电客车折返作业		
任　　务	1. 了解电客车折返作业的目的。 2. 熟知电客车折返模式。 3. 掌握电客车折返作业走行线路。 4. 掌握电客车折返作业的操作。		
班　　级		姓　　名	
学习小组		工作时间	

知识认知

1. 简述电客车折返作业的目的。
2. 简述电客车折返模式。

能力训练

1. 在指导教师的带领下，绘制电客车折返线路图。

2. 在指导教师的带领下，对电客车进行折返作业操作演练。

任务学习其他说明或建议：

指导老师评语：

任务完成人签字：　　　　　　　　　　　　　　　　日期：　年　月　日

指导老师签字：　　　　　　　　　　　　　　　　　日期：　年　月　日

任务五　电客车监控

【知识要点】

1. 掌握电客车自动监控系统的作用。
2. 掌握电客车自动监控系统的基本功能。

【任务目标】

1. 掌握不同模式下的运行监控方式。
2. 掌握正常情况下电客车的运行监控过程。

【任务准备】

1. 所需设备、工具

电客车运行控制系统、模拟沙盘、线路、信号机等行车设备模型、车站模型、电客车模型、各种登记表簿、联系电话、调度命令单等。

2. 人员安排

学生按车站数分组，安排行车调度员1人，每站有行车值班员、站务员、扳道员、引导员各1人。

【相关理论知识】

一、电客车自动监控系统概述

电客车自动监控系统是城市轨道交通信号系统的一个重要组成部分，简称ATS系统。

电客车自动监控系统利用可靠的网络结构，与电客车自动防护系统和电客车自动驾驶系统一起完成对全线电客车运营的管理和监控功能。电客车自动监控系统的功能包括监督和控制两部分。

1. 电客车自动监控系统的监督功能

电客车自动监控系统将电客车运营的状态和信息，通过控制中心或各车站的调度终端，实时显示出来，这样控制中心或各车站的调度员就可以通过这些调度终端屏幕，实时了解和掌握电客车的实际运行情况，以便及时对行车作业进行分析和调整，保证全线运营安全高效有序进行。

2. 电客车自动监控系统的控制功能

电客车自动监控系统向电客车自动防护系统和电客车自动驾驶系统发出指令，办理电客车进路，指挥控制电客车按照列车运行图运行。另外，电客车自动监控系统还可以绘制电客车实迹运行图，并动态地对偏离运行图的电客车进行调整。

二、电客车自动监控系统主要功能

电客车自动监控系统监控全线电客车运行，它具有以下主要功能：集中监视和跟踪全线电客车运行情况，自动记录电客车运行过程，自动生成、显示、修改和优化电客车运行图，自动排列进路，自动调整电客车运行追踪间隔，信号系统设备状态报警，记录调度员操作，运营计划管理和统计处理，电客车运行情况模拟及培训，与其他系统接口等。

1. 电客车监视和跟踪功能

电客车自动监控可以对在线的所有运行电客车进行实时监视和跟踪。电客车监视和追踪功能包括：

1）系统自动识别、读取电客车车次号。

2）根据电客车运行计划时刻表自动产生车次号。

3）人工输入车次号。

4）电客车运行的识别。

5）电客车运行的跟踪。

6）在调度员台、维护台及大屏幕上显示电客车位置。

7）记录车次号。

8）删除车次号。

9）变更车次号。

10）报告电客车信息。

2. 电客车自动排列进路功能

电客车自动监控系统的电客车自动排列进路功能，能够对轨道电路、信号机、道岔实现集中控制，根据电客车的运行情况，在适当时机向车站联锁设备发送排列进路命令，转换道岔，开放信号，保证电客车的安全运行。电客车自动排列进路功能，通过捕获电客车的车次号信息，来获取电客车的运行任务，由车站设备最终完成进路自动排列作业。

电客车自动排列进路功能可以取代人工办理进路作业，有效地降低控制中心调度员和车站值班员的工作强度，消除人工办理进路过程中出现的失误，提高系统的运营效率，保证运营作业安全高效地进行。

必要时，控制中心调度员或车站值班员，遵照管理程序和规章制度，可以进行人工干预，包括人工建立及取消正线各种进路等。调度员和值班员的人工控制命令在被系统执行前，电客车自动监控系统会检查其合理性，并给出相应提示，提醒调度员和值班员注意。

3. 电客车追踪间隔调整功能

（1）电客车追踪间隔调整功能的分类　当线路上有多列电客车在运行时，电客车自动监控系统对前后列车之间的运行间隔进行实时监测和调整，保证电客车在线路上安全、有序、高效地运行。电客车追踪调整方式有两种：间隔调整方式和电客车时刻表调整方式。

1）间隔调整方式要求电客车调整功能自动控制电客车运行，均衡电客车到达每个车站站台的间隔。在间隔调整模式下，电客车一般在线路上循环连续运行。

2）在电客车时刻表调整方式下，电客车自动监控系统在控制中心监控正线运行的所有电客车，并对电客车的运行进行调整。电客车将按照预定的电客车运行时刻表，开展运营作业，所有电客车的位置和运行状况都被自动监控，以确定每列电客车的运行是否偏离计划时刻表的要求。如果电客车运行偏离时刻表要求，系统会给出报警以提示调度员。电客车自动监控系统能够根据时刻表的要求改变电客车目的地号和跟踪车次号。

电客车追踪间隔调整功能负责自动排列进路，开放信号，调整电客车运行等级，控制电客车的停站时间。

(2) 电客车追踪间隔调整功能的实现方式　电客车追踪间隔调整功能通过两种方式调整电客车的运行，以实现电客车最小化偏离计划时刻表运行的趋势，或使电客车按照间隔调整方式行车。

1) 修改电客车运行等级。城市轨道交通根据线路的使用情况，可以将电客车运行分为不同的运行等级。在不同的情况下，电客车运行在不同的速度范围内。如在正常情况下，电客车可以运行至线路允许最高速度，这时电客车运行等级最高；而在轨道湿滑的不稳定条件下，电客车运行最高速度应适当降低，这时电客车运行等级较低。根据运营的实际需要，电客车运行等级有所不同，运行等级越低，对应的电客车允许运行的速度值越低。

若电客车运行情况比电客车计划时刻表晚，系统可以提高电客车运行等级；若电客车运行情况比电客车计划时刻表早，系统可以适当降低电客车运行等级。通过这样调整运行等级，使实际的电客车运行图与计划的电客车时间表尽量接近，减小偏差，保证运营作业按计划的实施。

2) 自动调整电客车车站停站时间。电客车运行间隔还可以通过调整电客车在车站的停车时间来实现。根据电客车运营计划、前后电客车的相对位置大小，通过适当调整电客车在车站的停车时间，来逐步调整电客车间隔，实现电客车间隔调整。

(3) 人工干预电客车间隔调整　控制中心调度员可以通过人机界面，修改车站最大、最小停站时间，或为站台设定确定的停车时间，从而改变“电客车追踪间隔调整功能”中关于站台停车时间的有关数据。

4. 电客车运行模拟仿真功能

电客车自动监控系统提供模拟仿真功能，可以训练操作员和维护人员。模拟仿真是通过仿真手段，离线模拟电客车的在线运行，主要用于系统的调试、演示以及人员培训。模拟仿真功能与在线控制模式功能相同，主要的差别在于是电客车的信息不是实际获取，而是根据列车车次号位置来模拟实际电客车。模拟仿真运行能够模拟在线控制中的系统功能，但它与实际的现场设备之间没有任何信号设备表示信息和控制命令的信息交换。

根据电客车自动监控仿真系统要求，它一般具有如下功能：

1) 电客车时刻表管理仿真功能。

2) 电客车速度仿真功能。

3) 信号机逻辑功能模拟。

4) 轨道电路、道岔逻辑功能模拟。

5) 电客车自动防护功能模拟。

6) 数据库维护模拟。

7) 调度操作和故障仿真功能。

5. 电客车运行重放功能

电客车在实际运行时，自动监控系统的数据库服务器会储存电客车运行时的各种信息，包括调度员发布的调度命令，以及线路信号设备的实际工作状态信息等。

电客车运行重放功能允许用户查看一段时间内的电客车运行数据，再现过去某一时间段内线路上信号设备状况、电客车运行情况以及调度员操作等信息。

执行重放功能时需要确定存档文件的位置，存档文件按照一定程序载入系统中后，系统自动处理这些数据文件，启动并执行重放功能。

电客车运行重放功能对于分析事故和故障原因，有很大的帮助，另外，重放功能还可以用来分析评估电客车运营计划，优化运营管理程序，提高调度作业效率。

6. 事件记录、报告和报表生成、打印功能

电客车自动监控系统能够记录大量与运行有关的数据，如电客车运行里程数、实迹电客车运行图、电客车运行与计划时间的偏差、重大运行事件、操作命令及其执行结果、信号设备的状态信息、设备的故障信息等。

电客车自动监控系统可提供多种报告，帮助控制中心调度员了解电客车运行情况和系统工作情况。系统可根据用户的要求提供各种统计功能，生成各种统计报表（如日报表、周报表、月报表等）。调度员可调用电客车运行计划，对它进行修改，发布新的运行计划。电客车自动监控系统所记录的事件都有备份，以防止损坏后无法恢复。这些数据可以通过服务器进行访问、编辑，在需要时可以进行检索、打印。具体记录内容包括以下几个方面：

1）电客车运行数据。

2）电客车运行间隔调整情况。

3）实迹电客车运行图。

4）计划电客车运行偏差。

5）ATS 系统报告的重大事件。

6）调度员操作命令。

7）ATS 操作的开始和结束时间。

8）设备故障信息。

9）日期和时间信息。

10）电客车情况报告等。

7. 报警功能

电客车自动监控系统能及时记录被监测对象的状态，具有以下功能：

1）故障的预警、诊断和定位。

2）监测列车防护系统是否正常工作。

3）监测信号设备和其他系统设备的接口状态。

4）在线监测与报警。

5）监测过程中不影响被监测设备的正常工作。

在电客车自动监控系统相应工作站的显示终端上，有一个报警窗口，可以显示所出现的故障信息，严重的故障还会用音响报警提示，以提醒调度员以及维护人员及时处理，直到恢复正常状态为止。

电客车自动监控系统的报警内容有：

1）线路上信号设备故障。

2）轨道电路故障。

3）车站控制故障。

4）电客车车载系统故障。

5）车辆故障。

6）电客车自动监控系统设备故障。

7）接口故障等。

所出现的报警信息按照类别、优先权、时间等顺序显示在报警窗口的相应栏目中。如果不同的报警同时发生，优先级最高的报警将首先显示。调度员必须对系统发出的严重报警信息进行处理和响应，其过程将被系统记录。

8. 接口功能

电客车自动监控系统除了以上所述的基本功能外，还可以与其他控制系统进行数据交换，这些系统有：

1）主时钟系统。

2）车站旅客向导系统。

3）车站广播系统。

4）无线电客车调度系统。

5）综合数据处理系统等。

电客车自动监控系统与这些系统之间的接口，遵循一定的通信协议和格式，具体接口情况因不同的设备而定。

【任务实施】

城市轨道交通具有运能大、行车密度高、运行间隔短、运营安全、受气候影响小等优点。根据目前采用的信号设备，正常情况下的运行监控分为调度集中控制、调度监督下的自动运行控制和半自动运行控制三种模式下的运行监控。

一、调度集中控制

调度集中控制条件下的电客车运行监控，是在调度所行车调度员的指挥下，利用集中设备，对车站上电客车的到、发、通过、折返等作业进行远程控制和调整。行车调度员是唯一的行车指挥者和操作者，车站一般不参与行车指挥工作，只是对有关作业进行监督。

调度集中控制设备必须具备以下功能：

1）车站采用电气集中联锁或微机联锁，能够对车站的设备（如道岔、进路）进行远程控制，车站设备要保证电客车的安全运行。

2）行车调度员能够通过调度监督设备（微机显示器或显示屏）监护电客车在线路上的运行状态、所有的信号显示、道岔位置及进路的布置。

3）行车调度员能够远程控制车站的道岔转换、进路排列、信号开放、指挥和调整电客车的运行。

4）设有自动或人工绘制电客车运行图的设备。

二、调度监督下的自动运行控制

调度监督下的自动运行控制是目前城市轨道交通采用的主要电客车运行方式。它是利用计算机技术对电客车实行自动指挥和自动运行监护，并利用电客车自动防护（ATP）系统保护电客车运行安全。在正常情况下，系统能够根据电客车运行图自动排列车站的接发车进路，电客车按照自动运行（ATO）系统模式自动运行。调度监督下的自动运行控制应能实现以下功能：

1）计算机系统内存储多套电客车运行图，根据实际使用的运行图实现电客车自动运行。

2）调度监督能够对运行的电客车实时跟踪监控，对线路占用、道岔位置、信号显示、进路布置能够通过终端系统显示其状态。

3）能够实现集中控制系统和车站控制系统控制权的转换。

4）能够自动或人工对电客车运行作出必要的调整，包括车站进路排列、道岔转换、信号开放等。

5）电客车运行一般采用ATO系统模式，必要时转换人工控制，电客车占用区间的凭证为电客车收到的速度码。

6）电客车自动防护（ATP）系统为电客车运行安全提供保证，使前后电客车保持必要的间隔。

7）能够自动或人工绘制电客车实迹运行图。

三、调度监督下的半自动运行控制

调度监督下的半自动运行控制是在调度所的统一指挥和监督下，由车站控制电客车进路的排列、信号开放等作业的一种运行模式。这种模式在早期运营的城市轨道交通中采用，并一直沿用到现在。在新修建的城市轨道交通中，如果信号系统尚未安装调试到位，过渡期运营时也可采用此模式；在正式运营中，当中央ATS发生故障或者特殊情况进行运行调整时，也可采用此模式。

调度监督下的半自动控制应实现以下功能：

1）车站采用电气集中联锁或微机联锁，能实现进路排列、道岔转换、信号开放等功能。

2）能够实现线路状况、进路占用情况、道岔位置、信号等状态的实时监控，对电客车的运行进行监护。

3）能够对电客车运行的数据进行记录，便于调阅。

4）车站能够根据行车调度员的指令调整电客车运行。

5）能人工或微机绘制实迹电客车运行图。

【实践与训练】

学习工作单

工 作 单	电客车监控		
任　　务	1. 掌握电客车自动监控系统的作用及电客车自动监控系统的基本功能。 2. 掌握不同模式下运行监控方式及正常情况下电客车的运行监控过程。		
班　　级		姓　　名	
学习小组		工作时间	

知识认知

1. 简述电客车自动监控系统的作用。
2. 简述电客车自动监控系统的基本功能。

能力训练

1. 在指导教师的带领下，掌握不同模式下的运行监控方式。

2. 在指导教师的带领下，演练正常情况下电客车的运行监控过程。

任务学习其他说明或建议：

指导老师评语：

任务完成人签字：　　　　　　　　　　　　　　　　日期：　年　月　日

指导老师签字：　　　　　　　　　　　　　　　　　日期：　年　月　日

任务六　非正常情况下的行车作业

【知识要点】

1. 了解电客车非正常情况的作业规程。
2. 掌握电客车驾驶系统基本功能。

【任务目标】

1. 熟悉各种非正常情况下的行车作业规程。
2. 对各种非正常情况下的行车作业进行实操练习。

【任务准备】

1. 所需设备

电客车模拟操作系统。

2. 相关要求

相关的安全措施。

【相关理论知识】

一、救援列车的开行

1. 救援列车的请求与派遣

行车调度员接到驾驶员（车长）、行车值班员的救援请求后，应向有关车站或车辆段发布开行救援列车的命令，及时组织备用车上线救援。如果救援列车采用运行中的电客车时，必须清客，空车救援。故障电客车在区间时还需发布封锁区间线路的命令。

2. 救援列车进入封锁线路的行车组织办法

向封锁线路发出救援列车时，不需办理行车闭塞手续，应以行车调度员的命令作为进入该封锁线路的许可。

3. 救援有关规定

为保证在救援中不发生因防护不当等原因造成救援列车与被救援电客车相撞的事故，必须严格遵守以下规定：

1）已申请救援的电客车严禁动车，驾驶员（车长）应打开被救援电客车两端的标志灯作为防护信号，并做好与救援列车的连挂准备工作。

2）申请救援的电客车驾驶员在连挂之前可继续排除故障，但不能起动电客车。若故障排除，则应立即报告行车调度员取消救援。

3）救援列车应在距被救援电客车规定距离外停车，听候救援负责人（被救援电客车驾驶员）的指挥连挂。

4）在未接到开通封锁线路的调度命令前，不得将救援列车以外的其他列车开往该线路。

5）行车调度员发布救援列车进入封锁线路的调度命令前必须确保救援列车已经清客。

二、救援列车作业要求及操作要点

救援列车前往救援时可选用正向牵引，也可采用推进运行方式，无论采用哪一种方式，救援列车及故障电客车都必须遵守以下要求：

1. 做好救援故障电客车前的准备工作

1）救援列车必须在就近站台进行清客作业；故障电客车停在站台或部分已进入站台的，必须进行清客作业。

2）在救援列车、故障电客车与行车调度员间建立无线通信，进行通话测试。

3）选择驾驶模式。

① 如果使用正向牵引方式，完成清客作业后，驾驶员应前往另一端的驾驶室，得到行车调度员授权后，选用 ATP 固定限速下的人工驾驶模式前往故障电客车现场，并在故障电客车前不少于规定距离外停车，然后以调车方法与故障电客车进行连挂。

② 如果使用推进运行方式，完成清客作业后，驾驶员应选用 ATP 监督下的人工驾驶模式前往故障电客车现场。接近故障电客车时必须得到行车调度员授权，选用 ATP 固定限速下的人工驾驶模式并停在故障电客车前不少于规定距离处，然后进行挂接。

2. 救援列车与故障电客车进行连挂作业

1）故障电客车驾驶员必须确定故障部分已被切除，并通报有关情况给救援列车驾驶员。救援列车驾驶员必须确定故障电客车已将故障切除，方可进行连挂作业。

2）完成挂接后，救援列车和故障电客车的驾驶员必须将“电客车连挂”开关扳到“通”位，并经相互确定后，进行制动系统测试。在确定制动系统作用正常及故障电客车的制动系统已缓解后，救援列车驾驶员便通报行车调度员。

3）得到行车调度员授权后，救援列车驾驶员可使用以下驾驶模式及指定速度将故障电客车驶离正线：

① 使用正向牵引方式。救援列车驾驶员可使用 ATP 监督下的人工驾驶模式以不高于指定速度驾驶电客车。

② 使用推进运行方式。救援列车驾驶员可使用 ATP 固定限速下的人工驾驶模式以不高于指定速度驾驶电客车，在途中必须依据故障电客车驾驶员指示驾驶，若在规定时间（如 5s）内得不到故障电客车驾驶员指示，救援列车驾驶员必须停车。

注：在任何情况下救援列车驾驶员及故障电客车驾驶员均必须保持联络，若遇突发事情应立即停车了解实况，直至完成救援作业。若故障电客车当时处于站间（车上仍有乘客），在完成挂接作业后应立即前往就近站台进行清客作业。

三、电客车推进运行

在电客车尾部驾驶室操纵列车运行或救援列车推送被救援电客车运行的行为称为推进运行。当电客车头端驾驶出现故障的情况下，可在电客车尾端驾驶推进运行；对故障电客车实施救援时，也可推进运行。电客车推进运行时须遵守以下规定：

1）电客车推进运行时，必须得到行车调度员的命令准许。电客车推进运行时，必须有驾驶员或电客车引导员在电客车前端驾驶室进行引导，无人引导时，禁止推进运行。

2）当难以辨认信号时，禁止电客车推进运行。

3）在30‰及以上的下坡道推进运行时，禁止在该坡道上停车作业，并注意电客车的运行安全。

四、电客车反方向运行

正常情况下上行方向电客车在上行线运行，下行方向电客车在下行线运行。根据需要，当上行方向电客车在下行线运行或下行方向电客车在上行线运行时，则称为电客车反方向运行。

由于环线行车、开行救援列车或行车调度员进行运行调整等的需要，可组织电客车反方向运行。

1. 在具有反向ATP的轨道区段的反方向运行

1）电客车反方向运行前必须得到行车调度员的命令准许。

2）电客车反方向运行时，在MMI（LOW）上排列进路，电客车根据ATP允许速度以SM模式运行，行车凭证为电客车收到的速度码。遇ATP轨旁设备故障时，行车调度员通知驾驶员以RM模式运行。

2. 在反向ATP故障或无反向ATP的轨道区段的反方向运行

1）除降级运营时组织单线双方向运行或开行救援列车外，载客电客车原则上不能反方向运行；工程车需在明确行车计划和进路排列好的情况下方可反方向运行。

2）电客车反方向运行时，按站间电话闭塞法组织行车。行车调度员在下达反方向行车命令前，需确认反方向行驶电客车前至少两个站间区间空闲（救援除外）。接车人员站在车站尾端墙处向正向来车方向显示红色防护手信号。

五、电客车退行

在非正常情况下，电客车部分或全部车厢越过站台需退回站台内办理乘降作业，或电客车从区间返回发车站称为电客车退行，可以采用推进或牵引运行的方式。

电客车因事故或其他原因在站间不能正常行车的情况下，为避免电客车进行站间清客，行车调度员可授权电客车驾驶员进行电客车退行至最近的站台。

六、隧道内线路积水时的行车

巡道、巡检人员、驾驶员及其他行车有关人员在作业中发现隧道线路积水时，应立即报告行车调度员，行车调度员要及时发布限速命令，驾驶员按行车调度员下达命令规定的限制速度运行。

【任务实施】

一、电客车反方向运行组织

1）在没有ATP保护的情况下，除降级运营时组织单线双方向运行或开行救援列车外，载客电客车原则上不能反方向运行。

2）在ATP正常使用时：

①电客车反向运行在各站不能自动停车，没有跳停功能，停站时间由驾驶员掌握；②电

客车必须反向运行时，在人机交互界面（MMI）或车站操作员工作站（LOW）上排列进路，电客车根据 ATP 允许速度以 ATO 或 SM 模式运行。

3）ATP 轨旁设备故障时，行车调度员通知乘务员以 RM 模式运行。

二、电客车退行组织

1）电客车因故在站间停车需要退行时，驾驶员必须及时报告行车调度员，在得到行车调度员的命令后方可退行。行车调度员应及时通知有关车站。

2）电客车退行进入车站时，车站接车人员应于进站站台端处显示引导信号，电客车在进站站台端外必须一度停车，确认引导信号正确方可进站。

3）退行电客车到达车站后，驾驶员应及时向行车调度员报告，同时根据行车调度员的命令处理。

三、电客车推进运行组织

1）电客车推进运行，必须得到行车调度员的调度命令。推进运行时，必须有引导员在电客车头部引导，无人引导时须经值班主任同意。

2）因天气影响，难以辨认信号时，禁止电客车推进运行。

3）在 30‰及以上的下坡道推进运行时，禁止在该坡道上停车作业，并注意电客车的运行安全。

四、客车在站通过的规定

1）在行车工作中，若因车辆、设备故障及客流突变等原因造成运行晚点或特殊原因需要时，准许电客车在站通过（简称“通过”）。

2）调度员应及时通知驾驶员和相关车站。

3）对于不影响后续电客车正点运行或折返后能够正点始发的晚点电客车，原则上不得通过。

4）末班车或乘客无返乘条件的电客车不得通过；不准三列及其以上电客车在同一车站连续通过；始发站不准两列及其以上电客车连续通过。

五、URM 模式驾驶的规定

1）采用电话闭塞法组织行车时，驾驶员采用 URM 模式驾驶可不派监控员上车监督驾驶。

2）单个电客车 ATP 车载设备发生故障，电客车采用 URM 模式运行时，行车调度员应通知车站上监控员监督驾驶。当电客车在区间无法上监控员时可限速 40km/h 运行至前方站，监控员上车后按 URM 模式规定的速度运行。

3）监控员应协助驾驶员瞭望、监控速度表，提醒驾驶员控制速度，必要时立即按压紧急停车按钮。

六、恶劣天气时的行车组织

恶劣天气条件下的行车组织原则，以确保行车安全为原则，采取降低运行速度、严格控制一个站间区间只准同方向一电客车占用的办法组织行车。

【实践与训练】

学习工作单

<table>
<tr><td>工 作 单</td><td colspan="3">非正常情况下行车作业</td></tr>
<tr><td>任　　务</td><td colspan="3">1. 熟悉各种非正常情况下的行车作业规程。
2. 对各种非正常情况下的行车作业进行实际操作练习。</td></tr>
<tr><td>班　　级</td><td></td><td>姓　　名</td><td></td></tr>
<tr><td>学习小组</td><td></td><td>工作时间</td><td></td></tr>
<tr><td colspan="4">知识认知</td></tr>
<tr><td colspan="4">简述各种非正常情况下的行车作业规程。</td></tr>
<tr><td colspan="4">能力训练</td></tr>
<tr><td colspan="4">1. 在指导教师的带领下，对电客车驾驶模拟系统进行模拟操作演练。</td></tr>
<tr><td colspan="4">2. 在熟练掌握电客车驾驶系统的条件下，进行非正常情况下行车作业的操作演练。</td></tr>
<tr><td colspan="4">任务学习其他说明或建议：</td></tr>
<tr><td colspan="4">指导老师评语：</td></tr>
<tr><td colspan="4">任务完成人签字：　　　　　　　　日期：　年　月　日
指导老师签字：　　　　　　　　　日期：　年　月　日</td></tr>
</table>

任务七　行车调度作业

【知识要点】

1. 行车调度指挥机构设备的应用、人员构成及岗位职责。
2. 行车调度工作内容、原则、方法。
3. 调度命令的发布要求。
4. 电客车运行图的基本知识。

【任务目标】

1. 了解调度机构组成及其岗位职责。
2. 掌握行车调度工作内容、原则、方法。
3. 掌握调度命令的发布要求及需发布调度命令的情况。
4. 会看电客车运行图。
5. 了解电客车运行调整的基本方法。

【任务准备】

1. 所需设备、工具

电客车运行控制系统、模拟沙盘、线路、信号机等行车设备模型、车站模型、电客车模型、各种登记表簿、联系电话、调度命令等。

2. 人员安排

学生按车站数分组，安排行车调度员1人，每站有行车值班员、站务员、扳道员、引导员各1人。

【相关理论知识】

城市轨道交通系统是技术密集型的公共交通系统，行车调度工作以集中领导、统一指挥的原则，由调度控制中心实施，使各个环节紧密配合、协同动作，从而保证电客车安全正点地运行。

电客车运行调度的基本任务是：科学地组织客流，经济合理地使用车辆及其他运输设备，挖掘运输潜力，与运输各有关部门密切配合、协同动作，确保电客车按运行图行车，努力完成运输生产任务，更好地服务于城市人民的生活。

一、行车调度工作

1. 电客车运行指挥日常工作内容

电客车运行指挥是整个运输生产活动的中心，在我国的大部分城市，通常由行车指挥调度控制中心（OCC）担任城市轨道交通系统的电客车运行指挥工作，它是城市轨道交通系统的运营生产指挥部门，负责所辖一条或多条轨道交通线路行车、电力、消防、环控及票务等的运行调度员和突发事件处理等工作。行车调度工作则是在保证安全的前提下，协调与运营有关的各工种工作，以完成电客车运行计划。行车调度员在工作中，必须掌握指挥主动权；在复杂情况下，能积极主动地调整电客车运行以实现电客车运行图；必须熟悉与运营有关的工种、人员设备，如电力、车辆、信号等调度控制系统的使用；熟悉电客车运行图和有关规章制度；掌握客流变化的一般规律，灵活运用各种电客车调整方法，充分调动有关人员，确保完成乘客运输任务。

2. 调度机构及其组成

城市轨道交通是一个复杂、技术密集型的城市公交系统。为实行集中统一指挥、有序组织运输生产，轨道交通应设立不同级别的调度控制中心（OCC）。调度控制中心实行分工管理原则，按业务性质划分，设置了不同的调度工作岗位，通常设有行车调度、电力调度、环控调度、设备调度等工种。各工种调度应各司其职，密切配合，确保安全高效地完成乘客运输任务。各轨道交通系统可根据自己的具体情况及管理模式设置不同的调度工作岗位。

3. 行车调度工作的基本任务

1）负责组织各站及有关行车部门，按电客车运行计划行车，监督各站及有关行车部门的执行情况，及时正确发布有关行车命令及指示。

2）监督电客车到发及运行情况，遇到电客车晚点和突发事件时，及时采取运营调整措施，迅速恢复电客车正常运行。

3）遇电客车运行调整时，正确指导车站及有关行车部门进行工作。

4）负责入轨施工作业的管理。

5）负责工程车、试验电客车等上线车辆的调度指挥工作。

6）当发生行车事故时，按规定程序及时向上级主管部门汇报，并采取措施防止事故扩大，同时积极参与救援工作的指挥。

7）建立、健全运营生产、调度指挥等各项原始记录台账及统计，分析报表，并按规定向上级主管部门报告。

8）密切注意客流动态，协同有关部门根据客流变化采取相应的组织方案。

二、行车调度控制方式

城市轨道交通系统的行车调度控制方式主要与采用的行车调度指挥设备类型有关。随着科学技术的发展，城市轨道交通系统运行控制设备正逐步向自动化、远程化、计算机化发展，行车调度工作逐步由人工控制方式向电子调度集中和行车指挥自动化控制系统发展。

1. 人工调度指挥系统

人工调度指挥系统包括以下部分：

1）控制调度中心设备调度电话、无线调度电话、传输线路。

2）车站设备调度电话、传输线路。

3）电客车设备无线调度电话。

该系统主要由行车调度员通过调度电话向车站值班员直接发布指令，按电话闭塞法组织行车；由车站值班员排列接发电客车进路。通过与车站值班员的联系，调度员掌握电客车到达、出发信息调度员通过无线调度电话呼叫电客车驾驶员，发布调度指令，指挥电客车运行。电客车运行图由行车调度员手工绘制。这种方式通常在线路开通初期、设施设备尚未到位等特殊情况下才使用。

2. 电子调度集中系统

电子调度集中系统包括以下部分：

1）调度控制中心设备调度集中总机、运行显示屏、运行图自动绘制仪等。

2）车站设备调度集中分机、传输线路。

3）机车设备无线调度电话、信息接收装置。

电子调度集中控制设备是一种远程控制的信号设备，目前能实现运行调度指挥的远程监控功能。它的特点是在区间采用自动闭塞，在车站采用电气集中联锁，并利用电缆引接到指挥控制中心。控制中心的行车调度员通过中央ATS工作站对各车站进行集中控制，可以直接排列进路，直接指挥电客车的运行调整，并通过运行显示屏监控电客车到达、出发及途中运行情况，及时掌握线路上电客车运行及分布情况，掌握各信号机的显示状态和道岔开通位置，确保电客车运行秩序正常。电子调度集中系统采用的基本闭塞方法为自动闭塞法，电客车运行采用自动驾驶。在必要时，可由调度集中控制改为车站控制，即将电客车运行进路排列权限下放给车站，由车站值班员操作。

3. 行车指挥自动化控制系统（CATS）

CATS是一个实时控制系统，一般由调度控制和数据传输电子计算机、工作站、显示盘、绘图仪等构成，电子计算机按双机冗余配置。

CATS的主要功能包括：具有运行显示及人工控制功能；能发出控制需求信息，并从轨道线路上及信号设备上接受信息；由行车调度员人工或自动地将调度指挥信息（如停站时间、运行等级）传递至各集中站ATC设备；能实现电客车的动态显示，如电客车位置、车站到发时分、车次号等；能储存多套电客车运行图，如基本运行图、双休日运行图、客流组织运行图，并能按照当前使用的运行图进行调整；监督电客车运行，调整电客车发车时刻，控制电客车停站时分和终点站电客车折返方式；自动进行电客车运行调整，自动绘制实迹电客车运行图和生成各种运行报告。

三、行车调度命令

1. 行车指挥原则

行车组织工作必须贯彻安全生产的方针，坚持高度集中、统一领导的原则。发扬协作精神。车务、车辆、维修等部门要主动配合，紧密联系，协同动作，不断提高效率，安全、准时、高效地完成客运服务工作。

在组织电客车运行的过程中，行车调度员按规定在进行某些行车作业时需发布调度命令，以表示行车调度员在指挥电客车运行过程中的严肃性和强制性的指令。在发布调度命令前，行车调度员应详细了解现场实际情况，听取有关人员的汇报，按有关规定发布调度命令，各有关行车人员接到调度命令后，必须严格执行。

2. 调度命令的分类

调度命令是行车调度员在调度指挥过程中对行车有关人员发出的要求，并强制其配合完成的指令。调度命令有口头命令和书面命令两种。在日常调整指挥时，还存在口头通知的形式。

口头命令与书面命令虽然形式不同，但具有同样的严肃性，均须做到规范发令、严格执行。

1）口头命令一般为对单个受令对象（一般为电客车驾驶员）直接发布的短期性指令。在无线录音设备正常状态时，行车调度员发布的行车调度命令均以口头命令下达。包含的内容有命令号、受令人处所、受令人、受令内容、发布日期及时间、发令人姓名及复诵人姓名。

2）书面命令一般至少有两个受令对象，有时还需送达驾驶员，是能较长时间影响行车的命令。在录音设备故障停用时，遇救援列车、反方向行车及 ATP 切除运行时均需发布书面命令，命令内容同口头命令内容一致。

3）口头通知在日常进行调整指挥时，行车调度员以口头通知下达。口头通知无需给号，只下达通知内容及被通知人。

3. 调度命令发布要求

1）调度命令须由行车调度员发布。

2）调度命令发布前应详细了解现场情况，听取有关人员意见。

3）命令内容应一事一令。先拟后发，书写调度命令应简明扼要、用语标准，遇有不正确的字应圈掉后重新书写，对涉及邻调度区的重要调度命令，应取得调度长同意后再发出，发令时应口齿清晰、语速中等。

4）受令处所若为沿线各站，应根据标准填记车站全称或采用标准缩写站名。

5）发令人、受令人、复诵人、复核人必须填记全名。

6）命令中空缺的内容应正确填写，做到不随意涂改，如调度命令内容与固定格式中虚体字内容相吻合时，应及时描实，不需要的虚体字内容用横线划掉。

7）下达命令时，命令号每天由 1 至 100 顺序循环使用，每一个循环不得漏号、跳号、重号使用。发令日期、发令时间按实际发令时期、时间填写，并如实记录在调度命令登记簿上，不得随意涂改，如有涂改，应由发布命令的调度员盖章确认。发布调度命令后，应及时将调度命令按照顺序号装订成册，做到不遗漏、不颠倒顺序。

8）在日常执行中如无法及时把调度命令交付驾驶员，应适时完成补交手续。

4. 需发布调度命令的情况

在下列情况下，行车调度员应发布调度命令：

1）区间发生重大、大事故，有电客车对开入其邻线。

2）电客车反方向运行。

3）变更行车闭塞法。

4）封锁区间、开通区间。

5）电客车清客，区间下人。

6）向封锁区间开行救援列车。

7）临时加开或停运电客车。

8）后端驾驶电客车。

9）载客通过，开行工程电客车、调试电客车。

10）行车调度员认为有必要的其他情况。

5. 调度命令的传达

行车调度员向驾驶员发布调度命令时，当驾驶员未离段（厂）前，应发给车辆段（停车厂）运转值班室，由其负责转达。当电客车已出厂（段），应由行车调度员向驾驶员直接发布。

行车调度员应使用无线通信系统向驾驶员、行车值班员发布调度命令或口头指示（在通信记录装置故障时，只可以使用调度命令）。有关人员必须复诵正确，且调度命令内容可执行的条件具备后，行车调度员才可发布授权执行命令。

6. 调度命令号码的编制

调度命令号码的编制应按不同工种分别编号，行车调度命令号码按日循环，其他工种调度命令按月循环。

调度命令日期的划分，以00：00为界。各级调度命令的保存期限一般为1年。

四、电客车运行图

1. 电客车运行图的意义

1）电客车运行图是组织电客车运行的基础。电客车运行图是利用坐标原理来表示电客车运行的图解形式，它规定了各次电客车占用区间的顺序，电客车在区间的运行时分和在站停车时分，电客车在各个车站的到达、出发（通过）时刻，折返站电客车的折返作业时间及电客车出入厂时刻。因此，电客车运行图是行车组织的基础，是协调城市轨道交通系统各部门、各单位进行生产活动的重要文件。电客车运行图在保证城市轨道交通运营各部门的相互配合和协调动作上起到了重要的组织作用。

2）电客车运行图是运行组织的一个综合性计划。运营生产是一个统一系统的整体，涉及城市轨道交通运营的各业务部门，它们都需要根据电客车运行图所规定的要求来安排工作。如，车站根据电客车运行图所规定的电客车到达和出发时刻，安排本站行车组织工作（如排列接发车进路）和客运组织工作；车辆部门每天运营前要根据电客车运行图整备好运营需求的列车数；车辆运转部门要根据电客车运行图的要求确定电客车的出库时刻和驾驶员的班次安排及倒班计划；工务、通信、信号、供电、机电等部门也要求根据电客车运行图的规定来安排施工计划和维修计划。因此，电客车运行图是城市轨道交通运行组织的一个综合性计划。通过电客车运行图，使得城市轨道交通这部大联动机能够协调地运转，保证了运输的正常进行。

综上所述，编制一张经济合理的电客车运行图，对于充分利用轨道交通设备的能力，满足各时期、各时段旅客运输的需要，使运能与运量很好地结合，既能方便旅客出行的需要，又能使企业获得最佳的经济效益，具有重要的意义。

2. 电客车运行图的格式及车次规定

电客车运行图是为运营部门提供一种组织电客车在各站和区间运行计划的一种图解形式，一般由下列线条组成。

1）横坐标表示时间变量，按要求用不定的比例进行时间划分。一般城市轨道交通电客车运行图采用1分格或2分格，即每一等分表示1min或2min。

2）纵坐标表示距离分割，根据区间实际里程，采用规定的比例，以车站中心线所在位置进行距离定点。

3）垂直线是一族平行的等分线，表示时间等分段，一般整小时和整10min用粗线表示，半小时用虚线，一分线或二分线用细线表示。

4）水平线是一族平行的不等分线，表示各个车站中心线所在的位置，各水平线间距离的远近基本表示了各站之间的距离远近。

5）斜线为电客车运行轨迹（径路）线，即电客车运行线，一般以上斜线表示上行电客车，下斜线表示下行电客车。

6）运行线与车站交点在电客车运行图上表示该车到达、出发或通过的时刻。由于城市轨道交通车辆停站时间较短，一般不标明到、发不同时间。

7）车号、车次一一标注在电客车运行图上，每个电客车均有不同的车号与车次。一般按发车顺序编电客车车次，上行采用双数，下行采用单数。同时按不同的电客车类别规定代号与列车号，如专运电客车、客运电客车、施工列车等。如某城轨公司规定：

① 车次号001~099代表专运电客车。

② 车次号301~599代表客运电客车。

③ 车次号601~699代表回空电客车。

④ 车次号701~799代表工程车。

⑤ 车次号801~899代表工程车。

⑥ 车次号901~999代表救援列车。

8）电客车运行图中站名线的确定方法有两种：

第一种是按区间里程的比率确定，即按整个区段内各车站间实际里程的比率来画横线，每一横线即表示一个车站的中心线。采用这种方法时，运行图上站名线间的距离能明显地反映出站间距离的大小。但由于各区间线路的平面和纵断面情况不一，电客车运行速度有所不同，电客车在整个区段上的运行线往往是一条斜直线，既不整齐，也不容易发现铺画中的错误。所以，一般不采用这种方法。

第二种是按区间运行时分的比率确定，即按整个区段内下行（或上行）电客车在各区间运行时分（当上下行运行时分差别较大时，可加以调整）的比率来画横线。采用这种方法时，可以使电客车在整个区段的运行线基本上是一条斜直线，既整齐美观，又便于发现运行时分上的问题，所以多采用此法。如图3-3所示，甲—乙区段下行方向电客车运行时分共计100min。作图时首先确定甲、乙的位置，然后在代表乙站的横线上向右截取相等于100min的线段，得F点。连接甲、F两点，得一斜直线。最后按照下行电客车在各区间的运行时分标出各车站的位置，通过这些点，即可画出代表A、B、C、D车站的横线。

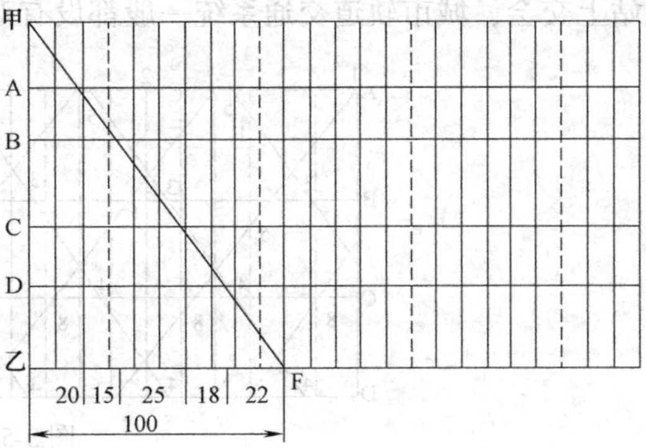

图3-3　按区间运行时分比率画站名线例图

3. 电客车运行图的分类

（1）按时间轴的刻度划分　电客车运行图按时间轴的刻度可划分为一分格运行图、二分格运行图、十分格运行图和小时格运行图。

1）一分格运行图。它的横轴以1min为单位用细竖线加以划分，10分格和小时格用较粗的竖线表示。这种一分格运行图主要在编制新运行图和调度指挥时使用。

2）二分格运行图。它的横轴以2min为单位用细竖线加以划分，常用于市郊铁路运行图的编制。

3）十分格运行图。它的横轴以10min为单位用细竖线加以划分，半小时格用虚线表示，小时格用较粗的竖线表示。这种十分格运行图主要供行车调度员在日常指挥中绘制实迹运行图使用。

4）小时格运行图。它的横轴以小时为单位用竖线加以划分。这种小时格运行图主要在编制旅客电客车方案图和周转图时使用。

在电客车运行图上，以横线表示车站中心线的位置，一般以细线表示中间站，以较粗的线表示换乘站或有折返作业的车站。

（2）按区间正线数划分　电客车运行图按区间正线数可划分为单线运行图和双线运行图。

1）单线运行图。在单线区段采用的运行图，电客车的上下行都在一条正线上进行，电客车的交会只能在车站进行。在城市轨道交通中，单线运行图很少采用，只有在非正常情况下的运行调整期间，或者在运行量较小的市郊铁路使用，如图3-4所示。

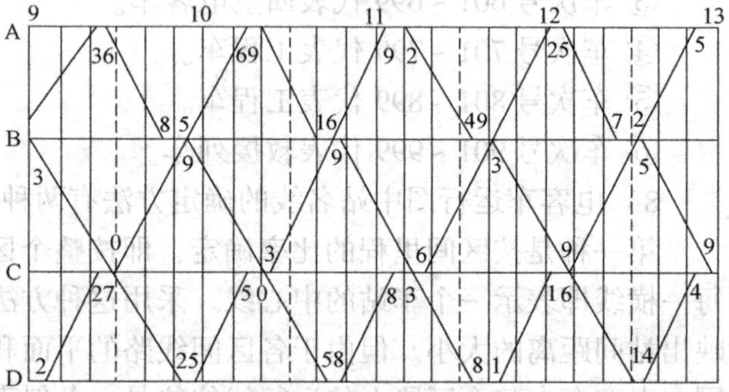

图3-4　单线运行图

2）双线运行图。如图3-5所示，在双线区段，上下行电客车在各自的正线上运行，互不干扰，可以在区间内或车站上交会，城市轨道交通系统一般都设有双线，采用双线运行图。

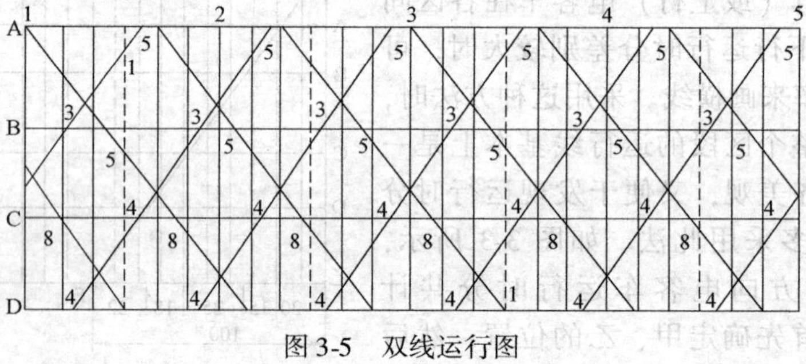

图3-5　双线运行图

3）单双线运行图。在单线区段和双线区段各按单线运行图和双线运行图的特点铺画运行线，它兼有单线运行图和双线运行图的特征，如图3-6所示，在城市轨道交通线网中只在非正常情况下的电客车运行调整期间使用。

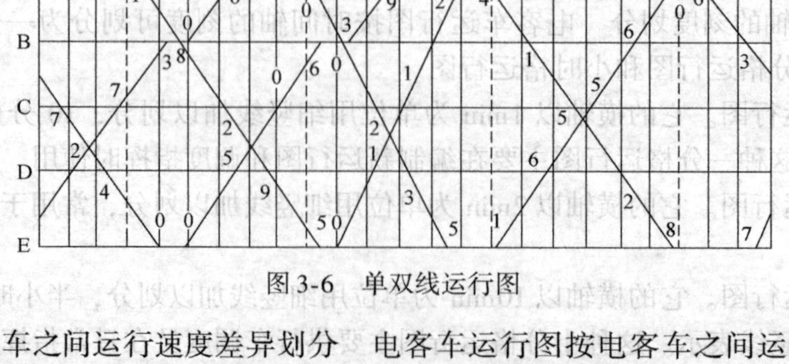

图3-6　单双线运行图

（3）按电客车之间运行速度差异划分　电客车运行图按电客车之间运行速度差异可划

分为平行运行图和非平行运行图。

1）平行运行图。在同一区间内，同一方向电客车的运行速度相同，且电客车在区间两端的到、发或通过的运行方式也相同，因而电客车运行线相互平行。

2）非平行运行图。在运行图上铺有各种不同速度的电客车，且电客车在区间两端站的到、发或通过的运行方式不同，因而电客车运行线不相平行。

（4）按上、下行方向电客车的数目划分　电客车运行图按上、下行方向电客车的数目可划分为成对运行图和不成对运行图。

1）成对运行图。同一区段内，上，下行方向电客车数目是相等的。

2）不成对运行图。同一区段内，上、下行方向的电客车数目是不相等的。

我国城轨大多数区段的上、下行电客车数是相等的，所以一般多采用成对运行图。

（5）按同方向电客车运行方式划分　电客车运行图按同方向电客车运行方式可划分为连发运行图和追踪运行图。

1）连发运行图。在这种运行图上，同方向电客车以站间区间为间隔连发运行，在双线区段上下行电客车各自连发运行，在单线区段采用这种运行图时，在连发的一组电客车之间不能辅画对向电客车。由于城市轨道交通基本都采用双线自动闭塞，因此，这种运行图很少采用，只有在非正常行车或运行调整时才使用。

2）追踪运行图。在这种运行图上，同方向的电客车是以闭塞分区为间隔运行，在一个站间区间内允许同时有几列电客车按追踪方式运行。双线追踪非平行运行图如图3-7所示。

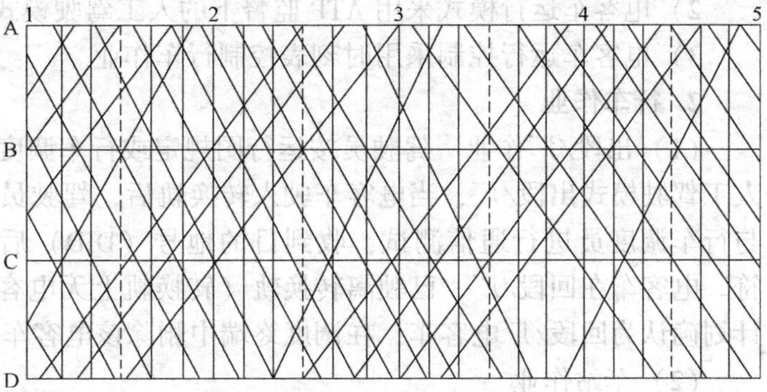

图3-7　双线追踪非平行运行图

（6）按使用情况划分　电客车运行图按使用情况可划分为基本运行图、节假日运行图和其他运行图。

以上所列举的分类方法，都是根据运行图的某一特点加以区别的，实际上，每张运行图都具有多方面的特点。例如某运行图，可能既是双线的、成对的，又是追踪的。一般情况下，城市轨道交通使用的运行图为双线成对追踪运行图，同时根据客流的变化，又有多套运行图来满足不同的需要。

【任务实施】

一、ATS系统控制下电客车运行采用ATO自动驾驶模式行车组织

1. 基本模式

1）进路控制模式，由电客车自动监控系统（ATS）控制，进路控制方式为控制中心自动控制。

2）电客车运行模式采用ATO自动驾驶模式行车，简称ATO模式。

3）电客车运行控制采用时刻表控制。

2. 行车作业

(1) 出/入段/厂作业　电客车驶入转换轨后，驾驶员将驾驶模式转换为"ATO 驾驶模式"，建立 ATO 模式，与行车调度员进行通信测试，同时核对计划的目的地号（DID)。电客车在回段/厂，已驶离转换轨（转换轨上无电客车占用）时，行车调度员核对行车计划确认为回段/厂电客车，在调度终端中删除该电客车的车次号。

(2) 控制中心作业　行车调度员于每日首班列车在段/厂转换轨发车 30min 前，将当日的时刻表由电客车自动监控系统（ ATS）调出，确认信号控制权在中心，并进行道岔的测试；行车调度员通过调度终端或大屏幕，监控电客车的运行情况。

(3) 车站作业　车站督导员通过车站控制中心（SCC）监察电客车的运行情况，发现问题立即报告行车调度员；接发车作业站台站务员在距紧急停车按钮（发车方向第一个）2 ~3m 附近的黄色安全线处接发电客车，观察路轨及接触网情况。

二、ATS 系统控制下电客车运行采用 ATP 监督下的人工驾驶模式行车组织

1. 基本模式

1) 进路控制模式，由电客车自动监控系统（ATS）控制，进路控制方式为控制中心自动控制。

2) 电客车运行模式采用 ATP 监督下的人工驾驶模式行车，简称 ATP 模式。

3) 电客车运行控制采用时刻表控制行车作业。

2. 行车作业

(1) 出段/厂作业　驾驶员按运行图规定或行车调度员的调度命令，采用 ATP 监督下的人工驾驶模式出段/厂，当电客车驶入转换轨后，驾驶员确认驾驶模式为"ATP 驾驶模式"，与行车调度员进行通信测试，收到目的地号（DID）后，核对目的地号（DID）与计划相符。电客车在回段/厂，已驶离转换轨（转换轨上无电客车占用）时，行车调度员核对行车计划确认为回段/厂电客车，在调度终端中删除该电客车的车次窗。

(2) 车站作业

1) 行车值班员遵照 ATO 下正常作业程序执行。

2) 车站督导员应密切监视车站控制中心（SCC)，发现异常情况立即报告行车调度员。

(3) 控制中心作业

1) 行车值班员遵照 ATO 下正常作业程序执行。

2) 电客车按照运行图进行驾驶模式的转换后，与驾驶员核对车次及目的地号（DID)。

三、非正常情况下的电客车运行调整

在正常情况下的电客车能够按照电客车运行图规定的时刻运行，实现按图行车。对于较小的行车延误，系统可自动进行调整干预，努力实现电客车正点运行。

电客车的正点运行，应首先保证电客车的正点始发，这是基础，当出现电客车途中运缓、作业延误或设备故障造成电客车运行晚点时，特别是在某些特殊情况下，如重要政治活动、重大体育赛事、文化演出或线路出现突发紧急事件时，行车调度员应根据晚点的实际情况，按照上级指示及时、准确地做出调整的措施，以满足实际运营需要，尽快恢复电客车正常运行秩序。

以下是一些常用的电客车运行调整方法：

(1) 提前或推迟发车 在始发站提前或推迟出发电客车。

(2) 提高车速 根据电客车的技术状态、线路允许速度，改变电客车等级，组织电客车提高速度，恢复正点运行。

(3) 缩短停站时间 组织电客车在车站快速作业，缩短停站时间。

(4) 跳停 组织电客车载客通过，即电客车跳停。一般情况下不采取此措施。只有当某一电客车因故晚点，对后行电客车造成大量拥堵，且在短时间内无法恢复，造成运行秩序混乱，系统无法及时调整时，行车调度员可以适当地将该列车不停车（放站）通过某些车站，使该列车缩短运行时间，减少对后续列车的影响，恢复列车的正常运营秩序。

行车调度员应严格掌握跳停的使用。下列情况原则上不允许使用跳停：

1）客流量较大的车站。

2）该电客车为首、末班车。

3）连续两电客车跳停同一车站。

4）电客车运行的高峰时段慎用。

5）广播出现故障的电客车。

在实际使用跳停时，应在始发站乘客上车前作出安排，途中需要安排时，应提前两站通过广播或其他方式通知乘客。

电客车跳停的设置可由行车调度员在中央工作站完成，也可以由调度员命令驾驶员在当次电客车上完成。电客车跳停仅对 ATO 运行列车设置有效。

(5) 加开备车 当出现电客车晚点、客流异常、列车故障、开行专列等情况时，可以使用加开备车的调整方法。通过正线备车或库内备车进入正线运营，以提高运能，解决运输瓶颈。该方法已经成为一种常用的调整方法，可以有效地解决短时运力紧张的局面。

(6) 电客车清客 在电客车运行过程中，出现某些异常情况（如电客车故障、线路故障、自然灾害、火灾、爆炸等）而无法保证电客车运行安全、正常行驶，或因调整的要求，改变电客车正常的行车路线时，需要进行清客作业。

当电客车调度员作出清客决定后，应及时通知驾驶员、车站做好准备，驾驶员及车站工作人员负责做好乘客的解释工作。驾驶员关闭车厢照明，车站协助驾驶员做好清客工作。清客完毕后，由车站通知驾驶员关闭车门，驾驶员请示行车调度员后起动电客车。

遇旅客不配合清客作业时的处理：清客 2min 后，若车上仍有旅客未下车，车站应通知驾驶员车内乘客情况，驾驶员应与行车调度员联系，确定开车还是再次清客。

若车上的旅客未清完，则在电客车退出运营的最后一个车站再次清客并及时通知车站工作人员给予配合。若旅客在电客车退出运营的最后车站仍然不下车，行车调度员指示电客车回库后，通知车库的工作人员及公安解决善后问题。

(7) 电客车反方向运行 一般情况下，城市轨道交通线路均为双线设置，上下行电客车各自运行，互不影响。电客车反方向运行主要适用于特殊情况下的电客车运行调整以及救援列车的开行。通常电客车反方向运行都没有 ATP 保护，因此只有在满足一些必要条件后，行车调度员才可以考虑使用这一调整措施。

(8) 隧道内线路积水时的行车 巡道人员、巡检人员、驾驶员及其他行车有关人员发现隧道线路积水时，应立即报行车调度员，行车调度员要及时通知相关维修部门进行抢险，并根据需要下达抢险命令。

积水区间的电客车运行速度按行车调度员下达的命令规定执行，电客车运行以 ATP 方式进行，越过积水区间，到前方站后恢复 ATO 方式运行。

由于天气或设备的影响，造成地下隧道内发生积水情况时，为了保证电客车运行安全和运行秩序，应根据积水面距轨面高度的不同，设定电客车的不同行驶速度。积水面距钢轨轨面的距离越小，表明积水越深，对行车和电客车车辆的影响也越大。此时驾驶员无法判断线路状况是否符合行车安全的要求与条件；无法判断电客车通过该段线路时，水是否会进入电客车下部设备，特别是电动机、电器设备等，造成电器短路，损坏列车。

行车调度员在指挥行车的同时，应按有关程序上报，尽快查明隧道线路积水原因，通知有关人员按照相应的预案，采取抢险措施排除积水。抢险人员随电客车进出积水区间，应配备通信工具并做好自我及邻线防护工作。地下线路或地面、高架线路夜间抢险时，行车调度员须令相关车站的行车值班员启动积水区间的照明。

（9）地面车站或区间遇大雾、暴雨大风等恶劣天气时的行车组织

1）地面车站或高架线路遇大雾时。电客车按原来的 ATO 方式运行；电客车进站时，驾驶员要加强瞭望，鸣笛示警，遇有险情时，立即采取停车措施；车站要加强组织，执行恶劣天气下的组织预案，特别要强调站台组织，注意乘客的乘车安全，避免出现人身伤亡事故。

2）地面车站或高架线路遇台风、暴雨时。电客车继续以 ATO 方式运行，电客车进站时，驾驶员要加强瞭望，鸣笛示警；车站要执行恶劣天气下的组织预案，强化站台乘客组织，注意利用广播提示乘客电客车的运行信息，注意人身安全，遇有险情时，及时采取停车措施。

当发生十级（含十级）以上台风时，地面运行的电客车要采取停运措施，并进入到安全的车站待命，并尽可能使电客车利用折返线转入地下，执行小交路运行。同时车站要及时利用广播、站台车厢内电视等形式告之乘客电客车运行的有关信息。

（10）大客流情况下的行车组织　大客流情况下需要采取一些及时的措施疏散客流，防止出现意外事件。

1）当某一车站出现大客流时，行车调度员要通过各种渠道及时发布相关信息，通知全线各站，并告知乘客，同时请轨道公安部门配合，组织好车站客流的疏散和安置工作。

2）如站内客流超过安全容许的程度，要及时采取封站措施，禁止乘客进入，做好站外到站厅客流截流工作，以减轻站台的压力，并处理好乘客的情绪；同时，请求其他运输方式的配合，共同输送旅客。

3）如遇大客流发生在轨道换乘站，相邻线路的行车调度员要互通信息，加强配合，尽可能通过其他车站换乘乘客。当换乘站客流持续增长时，要及时通知相邻换乘站启动“换乘站客流组织应急预案”。

当换乘站客流超出容许限度时，要采取限制换乘人数、临时关闭换乘通道、临时停售车票等措施，并请轨道公安部门配合好乘客的组织工作，同时通过广播等媒体及时向乘客通报有关信息，稳定乘客的情绪，避免出现乘客拥挤、摔倒等现象，确保安全。

当大客流得到有效疏散，客流恢复到正常水平时，车站及时向行车调度员汇报，取消应急预案，打开封锁的换乘通道，恢复正常运营行车。

【实践与训练】

学习工作单

工 作 单	行车调度作业		
任　　务	1. 了解行车调度指挥机构设备的应用、人员构成及岗位职责。 2. 了解行车调度工作内容、原则、方法。 3. 了解调度命令的发布要求。 4. 掌握电客车运行图的基本知识。 5. 掌握行车调度工作内容、原则、方法。 6. 掌握调度命令的发布要求及需发布调度命令的情况。 7. 会看电客车运行图。 8. 了解电客车运行调整的基本方法。		
班　　级		姓　　名	
学习小组		工作时间	

知识认知

1. 行车调度指挥机构设备的应用、人员构成及岗位职责。
2. 行车调度工作内容、原则、方法。
3. 电客车运行图的基本知识。
4. 调度命令的发布要求及需发布调度命令的情况

能力训练

1. ATS 系统控制下电客车运行采用 ATO 自动驾驶模式行车组织。

2. ATS 系统控制下电客车运行采用 ATP 监督下的人工驾驶模式行车组织。

3. 非正常情况下的电客车运行调整

任务学习其他说明或建议：

指导老师评语：

任务完成人签字：　　　　　　日期：　年　月　日

指导老师签字：　　　　　　日期：　年　月　日

项目四　城市轨道交通车辆通信信息系统的操作

任务一　广播控制系统的操作

【知识要点】

1. 熟知广播控制系统的整机操作过程。
2. 熟知广播控制系统广播的分类及广播的优先顺序。
3. 熟知广播控制系统的起始站、终点站、越站、上下行设置。

【任务目标】

1. 通过对广播控制系统的学习，让学生掌握广播的分类。
2. 通过对广播控制系统的学习，让学生掌握此系统的操作方法。

【任务准备】

1. 所需设备

电客车模拟操作系统。

2. 相关要求

相关的安全措施。

【相关理论知识】

一、广播控制系统功能

广播控制系统设置管理软件界面友好，操作方便，由 TBA-2472B 广播中央控制器设置部分和 TBA-2482 信息处理模块设置部分组成。通过该软件可实现对终点站 LED 屏和客室 LED 屏的下载功能，并能通过该软件分别设置 TBA-2482 信息处理模块和 TBA-2472B 广播中央控制器的音量、高音和低音。

二、运行环境要求

运行环境包括软件环境和硬件环境两部分。系统运行的硬件环境如下：CPU1.0G 以上，硬盘空间 20G 以上，内存 128M 以上，显示分辨率支持 1024 * 768，具有串行（COM）端口或 USB 端口至少一个，并配备相应与 DB9 型 COM 端口连接线。

【任务实施】

一、准备工作

列车广播电源总开关设在综合控制柜内直流控制盘上，代号为 BCQN，在启用广播系统前需将此开关闭合。系统上电后，打开接口面板上的电源开关，使整个设备处于上电状态，此时各模块面板上的“工作”指示灯亮。系统正常工作前要进行主用设备和备用设备的选定，电客车驾驶员可通过钥匙激活主用设备。主用设备一旦确定，另一方就为备用设备。

主用设备和备用设备确定之后即可进入正常的操作模式。正常的操作过程分为：若为主用设备 TBA2477 广播控制盒上的“主机”灯亮，TBA2472B 广播中央控制器上的“主/从”灯亮；若为备用设备 TBA2477 广播控制盒上的“备机”灯亮，TBA2472B 广播中央控制器上的“主/从”灯灭。主用设备负责对整电客车广播、LED 显示和紧急对讲的控制。

二、整机操作过程

1. 广播

（1）人工广播　按广播控制盒面板上的[口播]键可进入人工广播状态。在人工广播时，自动广播中断。按下此键，键灯亮，TBA2472B 广播中央控制器上“话筒”指示灯亮，拿起手持电话，即可人工广播，车厢扬声器即有播音。广播时 TBA2472B 广播中央控制器上“输出”指示灯闪亮，客室即有播音输出。广播完毕，再次按下此键，键灯灭，TBA2472B 广播中央控制器上“话筒”灯灭，结束人工广播。

（2）无线电广播　当需要无线广播时，按下广播控制盒面板上的[无线]键，键灯亮，TBA2472B 广播中央控制器上“无线”指示灯亮，即接入无线广播信号，进行无线广播。广播时 TBA2472B 广播中央控制器上“输出”指示灯闪亮，客室即有播音输出。广播完毕，再次按下此键，键灯灭，TBA2472B 广播中央控制器上“无线”指示灯灭，结束无线广播。

（3）数字式语音广播　数字式语音广播可分别在自动模式和手动模式下操作。按下广播控制盒面板上的[手动/自动]键，即可进行自动模式和手动模式的切换。数字式语音广播在广播完毕时会自动停止，TBA2477 广播控制盒上的显示代码自动显示为下一个报站代码。

（4）手动报站广播　在[手动/自动]键相对应的键灯熄灭时，表明此键处于手动广播模式。在此模式下，电客车驾驶员先通过广播控制盒面板上的数字键选择要播报的到站代码，再按[开始]键即可进行报站广播，此时，TBA2472B 广播中央控制器上“数字语音广播”指示灯亮，“输出”指示灯闪亮，客室即有播音输出，客室 LED 屏显示相应的文字信息。广播完毕，广播控制系统自动停止播音，或按[停止]键，结束播音。此时，TBA2472B 广播中央控制器上“数字语音广播”指示灯灭。

（5）自动报站广播　广播控制系统主机确认后默认为手动报站状态，按下[手动/自动]键时，该键灯亮，进入全自动报站模式，在此模式下，根据电客车脉宽调制（PWM）信号与关门信号组合逻辑来实现全自动报站，不需人工干预。

当车门由开到关，并且速度大于 2km/h 时，自动广播开始预报下一站信息，客室 LED 屏显示相应的文字信息；当车门由关到开，并且速度小于 2km/h 时，自动广播开始播报到站信息，客室 LED 屏显示相应的文字信息。

在选择自动报站前，系统要确认上下行信息、终点站/起始站信息和越站信息，并通过观察终点站 LED 屏显示内容确定本次运行信息是否正确。

2. 内部通信

双方驾驶员若要进行对话，本驾驶室驾驶员可拿起手持话筒，按下广播控制盒面板上呼叫键，如果线路不忙，键灯会闪烁，TBA2478 对讲模块上的“对讲呼叫”灯会亮，同时，对方驾驶室蜂鸣器鸣叫，该键灯闪烁，TBA2478 对讲模块上的“对讲呼叫”灯亮。对方驾驶员即可拿起话筒，此时，双方键灯不再闪烁，但都常亮，两端的 TBA2478 对讲模块上的“对讲应答”灯亮，此时可进行对讲。对讲完毕，挂下话筒，双方键灯灭。两端的 TBA2478 对讲模块上“对讲呼叫”灯和“对讲应答”灯灭，结束本次操作。

3. 乘客紧急报警

在使用紧急报警前，先将 TBA2478 紧急报警器后面板上的拨码开关，拨好车厢号。拨码开关对照表见表 4-1。

表 4-1　拨码开关对照表

车厢号 \ 拨码开关	1	2	3	4	5	6	7	8
1				ON				ON
2				ON			ON	
3				ON		ON		
4			ON					ON
5			ON				ON	
6			ON			ON		
7		ON						ON
8		ON					ON	
9		ON				ON		

乘客按下客室内乘客紧急报警器的报警键后，在激活驾驶室内，可听到报警呼叫的蜂鸣器鸣叫声，TBA2478 对讲模块上的“紧急呼叫”灯亮，并在 TBA2477 广播控制盒的报警键旁窗口显示报警乘客的车厢位置信息。报警的同时，车辆监控系统会收到一个报警信号，用于备案查询。驾驶员摘机并按下报警键应答，此时 TBA2478 对讲模块上的“紧急应答”灯亮，通路建立，驾驶员可以和乘客进行通话。报警通话结束后，可由激活驾驶室内的驾驶员按 TBA2477 广播控制盒的报警键远程取消报警状态。取消报警后，TBA2478 对讲模块上的“紧急应答”和“紧急呼叫”灯灭。

在某一乘客报警通话期间，若有其他乘客同时报警时，系统会储存其呼叫信息，在当前乘客报警结束后，已被储存等待的乘客报警将会继续自动进行报警和显示报警车厢号码。

注：广播优先顺序（从上到下优先级降低）如下：

1）无线电广播。

2）乘客紧急对讲。

3）驾驶室之间的通信。

4）人工广播。

5）数字式语音广播。

6）媒体广告播放。

任何优先级高的操作都会中断正在进行的低优先级操作。

4. 行车设置

（1）起始站设置　激活端驾驶员按下 TBA2477 广播控制盒的起始键可进行起点站设置。设置步骤如下：

1）按下此键盘，进入起点站设置状态。

2）按下 0 ~ 9 数字键，完成选择起始站代码。

3）按确认键完成本次设置（具体操作见“8 键盘设置操作”）。

（2）终点站设置　激活端驾驶员按下 TBA2477 广播控制盒的终点键可进行终点站设置。设置步骤如下：

1）按下此键盘，进入终点站设置状态。

2）按下 0 ~ 9 数字键，完成选择终点站代码。

3）按确认键完成本次设置（具体操作见“8 键盘设置操作”）。

（3）越站设置　激活端驾驶员按下 TBA2477 广播控制盒的越站键可进行越站设置。设置步骤如下：

1）按下此键盘，进入越站设置状态，第一位 LED 闪。

2）按下 0 ~ 9 数字键，完成选择一个越站代码。

3）按确认键完成本次设置（具体操作见“8 键盘设置操作”）。

（4）上/下行设置　激活端驾驶员按下 TBA2477 广播控制盒的上行/下行键可进行上/下行设置。在正常工作状态下，当键灯灭时，表明此键处于下行模式。此模式下，全自动报站内容根据此时设置预报前方到站。

在设置成上行时，终点站 LED 屏显示终点站站名；设置成下行时，终点站 LED 屏显示起始站站名。

5. 主机选择

在备机端的驾驶员可通过拧动钥匙或按下 TBA2477 广播控制盒的主机键进行主模式切换。该键灯亮时，表明本广播系统处于主控状态，另一驾驶室的广播控制系统此时则处于备机状态。如果本广播控制系统处于主机状态，则按下本键无效。

电客车首、尾驾驶室的广播系统分别使用相同的设备，可互为热备份。一旦激活端驾驶室的广播系统发生故障关机时，另一端驾驶室的广播系统会被自动激活，成为主机，完成相应的广播功能。

当一方为主机时，另一方则为备机。车辆控制系统确保只有一个驾驶室被激活，且只有被激活的驾驶室中的广播控制系统设备才能作为主机，只有主机才能负责音频和视觉信息的播出。

6. 广播监听

激活端驾驶员按下 TBA2477 广播控制盒的[监听]键可进行监听选择。按下此键，键灯亮，即可监听客室广播，并可通过面板上的旋钮调节监听音量大小。再按下此键盘，键灯灭，结束监听。

7. 下载 LED 显示信息

将 RS232 串口线接在笔记本电脑和 TBA2472B 广播中央控制器的 RS232 接口上，用广播控制设置管理软件即可进行数据下载，此时广播中央控制器面板上的 LOADING 灯亮，待数据下载完成后，此灯灭。

8. 键盘设置操作

现结合实例进行操作设置说明，以起始站为第 1 站、终点站为第 10 站举例，如图 4-1 所示。

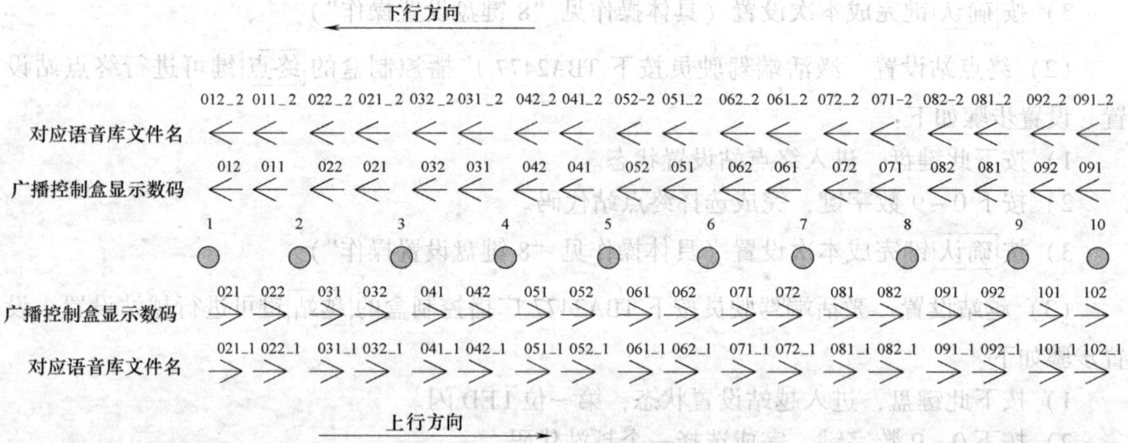

图 4-1 语音文件

键盘设置可分为起始站设置、终点站设置、越站设置。

在实例中，已经约定了各站代码和代码属性。

整个站代码为 3 位十进制数，其中前两位为站号，后 1 位为属性位。如：1 代表预报站信息、2 代表到站信息、3 代表越站。现从起始站开始，说明如下：

在起始站，需要播报的内容为预报前方到站是第 2 站，站代码为 021；到达第 2 站时，要播报第 2 站到站信息，站代码为 022；如果第 3 站设置为越站，车辆在驶离第 2 站时，在 TBA2477 广播控制盒上选择 041 后，按“START”键，即可播报第 4 站的预报站信息。CF 卡语音文件的编辑为：

CF 卡内语音文件必须为 MP3 格式，且命名规则为：

XX X － X.mp3

1 2 3

式中 1——站号。若该语音文件为第 2 站的预报站信息或到站信息，则该两位为 02；若该语音文件为第 10 站的预报站信息或到站信息，则该两位为 10。

2——该语音文件是到站信息还是预报站信息。若该文件为预报站信息，则该位为 1；若为到站信息，则该位为 2。

3——上行方向或下行方向。若该语音文件为上行的语音文件，则该位为 1；若该语音文件为下行的语音文件，则该位为 2。

举例：

若该语音文件为上行的第 5 站预报站信息，则命名为 051_1. mp3。

若该语音文件为上行的第 5 站到站信息，则命名为 052_1. mp3。

若该语音文件为下行的第 5 站预报站信息，则命名为 051_2. mp3。

若该语音文件为下行的第 5 站到站信息，则命名为 052_2. mp3。

（1）起始站设置　在空闲状态，按下起始键，该键灯亮，LED 窗口上的三位数码管显示上次起始站站代号（出厂时设置为 01），窗口内左边的第 1 位数字成闪动状态，表明此时处于起始站设置状态。这时可以输入 0 ~ 9 的任一数字改变该数字。输入数字有效后，闪动数字随即转到第二位数字，此时，可以对第 2 位进行设置，输入有效后闪动位又回到第 1 位。确认无误后按确认键，该键灯灭，表明此次起始站设置完毕。如果出现误操作，比如要设置成“11”，却按下“12”，显然第 1 位已经按错了，那么只能待闪动位重新回到第 1 位时，按照上面的方法重新输入，待无误后再按确认键完成设置。

（2）终点站设置　在空闲状态，按下终点键，该键灯亮，进入终点站设置状态。设置过程见“1. 起始站设置”。

（3）越站设置　在空闲状态，按下越站键，该键灯亮，进入越站设置状态。设置过程同起始站设置，只是越站设置用到第三位，作为设置越站标志及取消越站标志。如果要设置成越站则将第 3 位输入 3（表示越站标志）。如“023”，表明第 2 站被越站处理；要取消越站，则需把站代码的第 3 位改成“1”，如“021”，表明将第 2 站取消越站处理。

下面结合一个实例说明起始站、终点站、越站设置及应用，如图 4-2 所示。

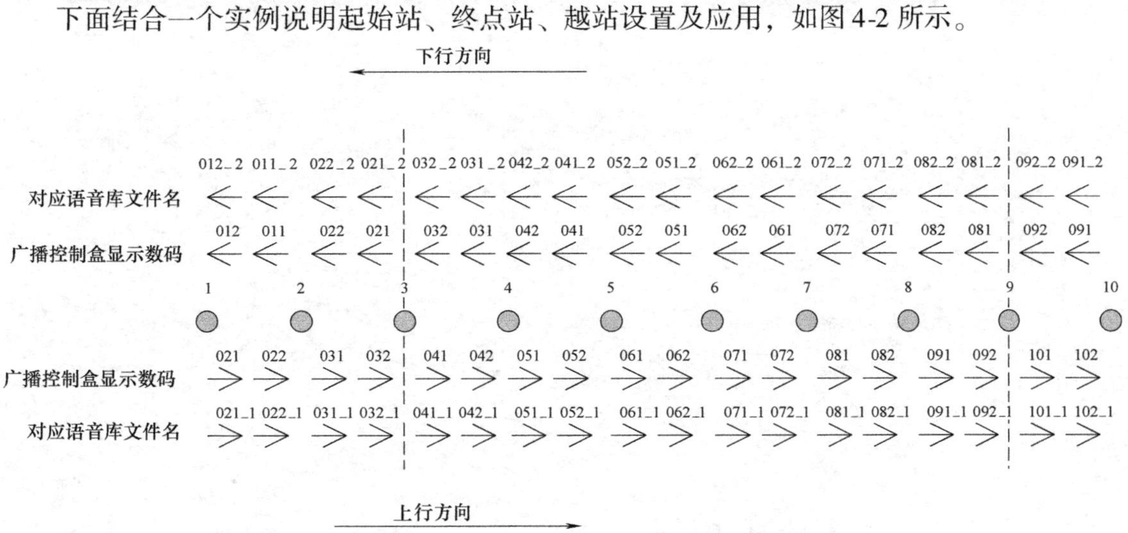

图 4-2　起始站、终点站、越站设置

图 4-2 中最大运行区间为 10 站。若将图中第 3 站设为起始站，第 9 站设为终点站，第 5 站设为越站，则其操作如下：

1）首先，在一端驾驶室，将其切为主用状态，将第 3 站（相对上行而言）设为起始站。将第 9 站（相对上行而言）设为终点站。在上行运行时，开始显示 041，表明从第 3 站开始出发，预报前方到站第 4 站；上行的终点站为第 9 站，最后显示 092，表示第 9 站到了。在下行运行时，开始显示 081，表明从第 9 站开始出发，前方到站第 8 站；下行的终点站为第 3 站，最后显示 032，表示第 3 站到了。

2）将第 5 站（相对上行而言）设置为越站。注意如果将起始站、终点站设为越站是无效的。在上行运行时，当运行至从第 4 站开出，将预报第 6 站信息。在下行运行时，当运行至从第 6 站开出，将预报第 4 站信息。

如要取消越站：如取消第 5 站越站标志，按下越站键，LED 显示 053，第 1 位闪，输入 051，再按下确认键，取消第 5 站的越站标志。

3）到另一端驾驶室，将其由备用状态切为主用状态。将起始站、终点站、越站按照上述要求再设置一遍。

（4）上下行设置　在空闲状态，按下上行/下行键，该键灯亮，表示当前处于上行模式，此时终点站 LED 屏显示当前所设置的终点站站名（此例中终点站设置为第 9 站，所以终点站 LED 屏显示第 9 站站名）；按下上行/下行键，该键灯灭，表示当前处于下行模式，此时终点站 LED 屏显示当前所设置的起始站站名（此例中起始站设置为第 3 站，所以终点站 LED 屏显示第 3 站站名）。

【实践与训练】

学习工作单

工 作 单	广播控制系统的操作		
任　务	1. 了解广播控制系统的结构。 2. 熟知广播控制系统中广播的分类、整机操作过程。 3. 掌握起始站、终点站、越站、上下行设置。		
班　级		姓　名	
学习小组		工作时间	

知识认知

1. 广播控制系统的结构。
2. 广播控制系统中广播的分类。
3. 广播控制系统的行车设置。

能力训练

1. 3 人一组练习人工广播、手动报站广播的操作过程。

2. 3 人为一个小组进行起始站、终点站、越站、上下行的设置。

任务学习其他说明或建议：

指导老师评语：

任务完成人签字：　　　　　　　　　　　　　　　　　日期：　年　月　日

指导老师签字：　　　　　　　　　　　　　　　　　　日期：　年　月　日

任务二 车载无线电台系统的操作

【知识要点】

1. 了解车载无线电台系统的结构。
2. 熟知车载无线电台的开机、关机、电客车故障报告、电客车晚点报告、电客车提前报告、通话请求、发起紧急呼叫、结束紧急呼叫、呼叫运转值班员的操作过程。

【任务目标】

1. 通过对车载无线电台的拆卸和组装了解车载无线电台结构及功能
2. 进行分组训练，使学生能熟练使用车载无线电台。

【任务准备】

1. 所需设备

电客车模拟操作系统。

2. 相关要求

相关的安全措施。

【相关理论知识】

在每个拖车驾驶室内均装有一套车载无线电台系统。此系统是城市轨道交通车辆调度无线通信系统的重要组成部分。车载无线电台系统包括：车载无线电台主机、车载无线电台控制盒、天线及各种通信电缆和插接器。车载无线电台是协助完成地铁计算机辅助调度功能的一个必要组成部分，它应供电客车、轨道车驾驶员使用。

车载无线电台主要由车载无线电台主机、车载无线电台控制盒、天线三部分组成。车载无线电台主机包括：MTM700 车载电台、电源单元、主机控制板、机箱和安装架；车载无线电台控制盒包括：控制面板、控制盒控制板、LCD 显示器、按键、扬声器和传声器。车载无线电台主机安装在驾驶室操作台下左侧箱柜内，天线安装在拖车顶部，车载无线电台控制盒安装在驾驶室操作台操作面板上，车载无线电台使用 DC110V 电源。

一、控制面板结构布局

控制面板的结构布局及 LCD 显示区功能分布如图 4-3、图 4-4 所示。

二、车载无线电台安装方式

车载无线电台主机采用下滑道结构，安装时用 M6 × 20 螺钉、M6 螺母和弹簧垫、平垫预先固定到驾驶室驾驶台下左箱柜内，再将车载无线电台主机推入滑道用锁紧螺钉固定，滑道必须水平安装，如图 4-5 所示。

车载无线电台控制盒为嵌装，将车载无线电台控制盒放入电客车驾驶操作台预留孔内，并用 4 个 M4 × 30 的螺钉紧固。天线直接用螺钉安装在车辆顶部。在天线与车体间有密封用橡胶垫圈。

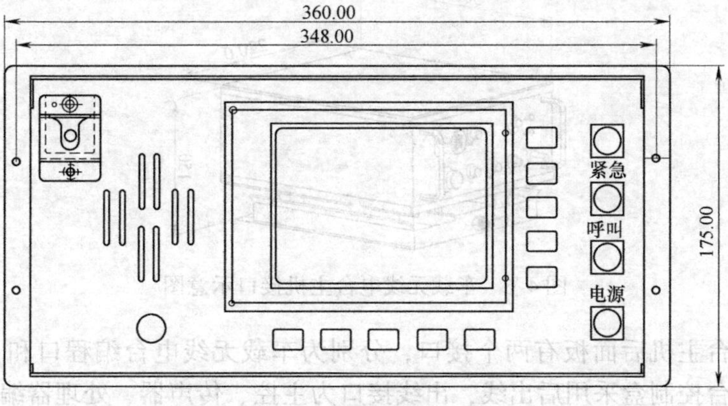

图 4-3　控制面板结构布局

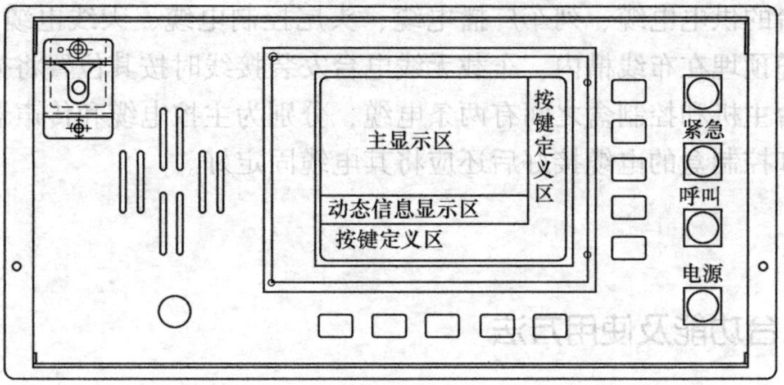

图 4-4　控制面板 LCD 显示区功能分布

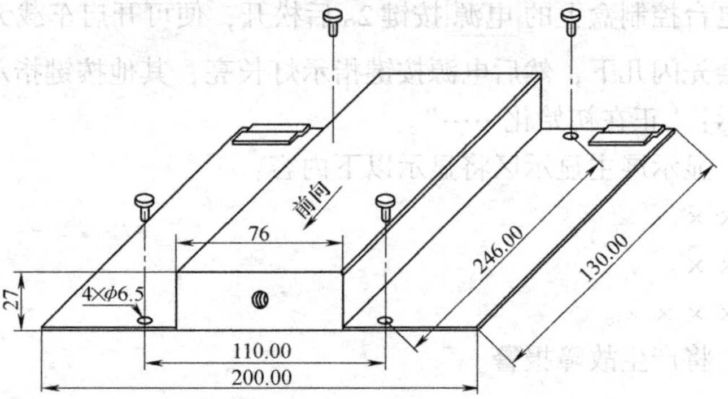

图 4-5　车载无线电台主机安装示意图

三、车载无线电台主机和控制盒接口

车载无线电台主机和控制盒及其他设备的接口均采用航空插头，车载无线电台主机在前面板出线。为防止错接，每种接口线的芯数不同，接口种类有：①电源；②广播；③头尾控制；④外部数据；⑤主控；⑥传声器；⑦天线，如图 4-6 所示。

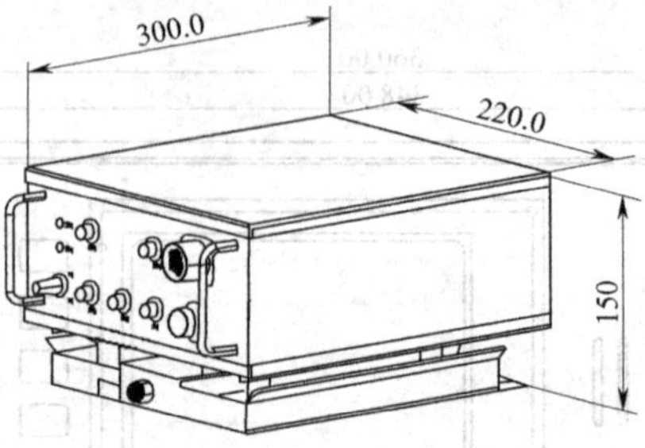

图4-6 车载无线电台主机接口示意图

车载无线电台主机后面板有两个接口，分别为车载无线电台编程口和主机处理器编程口。车载无线电台控制盒采用后出线，出线接口为主控、传声器、处理器编程口。

四、车载无线电台主机及控制盒与其他设备的连接方式

车载无线电台的供电电缆、列车广播电缆、头尾控制电缆、天线电缆均采用预埋方式，先将加工好的电缆预埋在布线槽内，车载无线电台安装接线时按其位置将插头接好即可。

车载无线电台主机和控制盒之间有两条电缆，分别为主控电缆和传声器电缆。注意：车载无线电台主机和控制盒的电缆接好后还应将其电缆固定好。

【任务实施】

车载无线电台功能及使用方法

1. 开机

在开启车载无线电台前，需先闭合综合控制柜内的车载无线电台电源开关（RDQN），然后按住车载无线电台控制盒上的[电源]按键2s后松开，便可开启车载无线电台。控制面板上的所有按键灯都会先闪几下，然后电源按键指示灯长亮，其他按键指示灯熄灭，同时显示屏动态信息行将显示："正在初始化……"。

如果连接正常，显示屏主显示区将显示以下内容：

车次号：××××。

车组号：××××。

所属调度台：××××。

如果发生异常，将产生故障报警。

2. 故障报警

车载无线电台发现异常（如车载无线电台主机与控制盒之间的通信异常、车载无线电台向控制中心的注册不成功等），显示屏上主显示区将显示故障内容，并发出故障报警提示音。

3. 关机

按住车载无线电台控制盒上的[电源]按键3s后松开，车载无线电台控制盒键灯会全部熄灭，并伴有一声提示音。注：要使整个车载无线电台断电，必须关闭车载无线电台主机的电

源开关（RDQN）。

4. 电客车故障报告

当电客车出现故障时，驾驶员要按一下[故障]键，通知控制中心。按键后，显示屏动态信息行将显示："正在发送……"，待显示屏上"故障"键灯闪几次后熄灭，并伴有一声提示音，显示屏动态信息行将显示："发送成功"。若显示屏上"故障"键灯闪几次后熄灭，并伴有两声提示音，显示屏动态信息行显示："发送失败！请重试！"，则表明控制中心未收到此信号。

5. 电客车晚点报告

当电客车晚点运行时，驾驶员需要按一下[晚点]键，通知控制中心。按键后，显示屏动态信息行将显示："正在发送……"，待显示屏上"晚点"键灯闪几次后熄灭，并伴有一声提示音，显示屏动态信息行将显示："发送成功"。若显示屏上"晚点"键灯闪数秒后熄灭，并伴有两声提示音，显示屏动态信息行显示："发送失败！请重试！"，则表明控制中心未收到此信号。

6. 电客车提前报告

当电客车提前运行时，驾驶员需要按一下[提前]键，通知控制中心。按键后，显示屏动态信息行将显示："正在发送……"，待显示屏上"提前"键灯闪几次后熄灭，并伴有一声提示音，显示屏动态信息行将显示："发送成功"。若"提前"键灯闪数秒后熄灭，并伴有两声提示音，显示屏动态信息行显示："发送失败！请重试！"，则表明控制中心未收到此信号。

7. 位置校核

在一些情况下，电客车驾驶员需要确定自己所属的调度台时，可以通过按下[校核]键来加以确认。按一下[校核]键，可寻求当前电客车所在位置。按键后，显示屏动态信息行将显示："正在发送……"，待显示屏上"校核"键灯闪几次后熄灭，并有一声提示音，显示屏主显示区将刷新电客车所属调度台等信息。若显示屏上"校核"键灯闪几次后熄灭，并伴有两声提示音，显示屏动态信息行显示："发送失败！请重试！"，则表明控制中心未收到此信号。

8. 通话请求

为实现电客车驾驶员与所属调度员之间的通话功能，电客车驾驶员需要先请求建立一个语音呼叫。驾驶员需按下[呼叫]键来实现此功能。按下[呼叫]键后，呼叫请求信息由车载无线电话发送给控制中心，并由控制中心转给相应的调度员，由调度员决定何时开始一个通话过程。

当驾驶员需要和调度台通话时，按一下[呼叫]键。按键后，显示屏动态信息行将显示："正在发送……"，"呼叫"键灯闪几次后，键灯熄灭，并伴有一声提示音，显示屏动态信息行将显示："发送成功"。若"呼叫"键灯闪数秒后熄灭，并伴有两声提示音，显示屏动态信息行显示："发送失败！请重试！"，则表明控制中心未收到此信号。

9. 广播提示

在某些情况下，调度员要向电客车乘客发送列车广播，这个功能是通过车载无线电台来自动实现的，而不需要电客车驾驶员干预。

调度员向电客车乘客发送电客车广播之前，先向车载无线电台发送开始电客车广播通知，车载无线电台接收到该信息后，将音频输出连接到广播设备。同样，在广播结束时，调度台也要向车载无线电台发送一个停止广播通知，车载无线电台接收到该信息后，将关闭音频输出。如果车载无线电台收到打开广播命令信息，将有一声提示音，显示屏动态信息行将显示："正在广播……"；如果车载无线电台收到关闭广播命令信息，将有一声提示音，显示屏动态信息行将显示："广播结束"。

10. 短信息的接收

车载无线电台有短信息接收功能。驾驶员可以在列车上通过车载无线电台接收调度台发来的短信息，并可以在车载无线电台的显示屏上阅读相关内容。

当收到短信息时，显示屏上"短信"键灯将会闪几下，显示屏动态信息行将显示："有新短信了！"并伴有短信息提示音；按下[阅读]键，将能看到新的短信息，并向控制中心报告该短信驾驶员已经阅读。如果短消息过长，可以用[向下]键翻看；按[取消]键返回。

11. 短消息的发送

车载无线电台有短信息发送功能，驾驶员可以通过车载无线电台将预先定义好的短信息，发送到任何一个调度台。驾驶员按下[短信]键，进入短信息界面，选择"发送"选项，进入发送短信息界面，选择要发送的预先定义好短消息后，选择发送目标调度台，就完成发送过程；按[取消]键返回。

12. 短信息的查询

车载无线电台有短信息查询功能，可以查阅车载无线电话接收到的短信息内容。驾驶员按下[短信]键，进入短消息界面，选择查询选项，就可以查阅接收到的短消息；按[取消]键返回。注：车载无线电台只保存当日收到的短信息，关机后不保留。

13. 编程参数查询

编程参数查询功能是提供给维修人员使用的，方便维修人员检查车载无线电台的参数设置情况。驾驶员按下[查询]键，进入参数显示界面，屏幕显示 Radio ID、服务器 ID 等信息；按[取消]键返回。

14. 发起紧急呼叫

当发生紧急情况时可以使用紧急呼叫。驾驶员按下[紧急]按键 2s 后抬手，显示屏动态信息行将显示："正在发送……"，"紧急"键灯闪几次后长亮，并伴有一声提示音，显示屏动态信息行将显示："发送成功"；若"紧急"键灯闪几次后熄灭，并伴有两声提示音，显示屏动态信息行将显示："发送失败！请重试！"，则表明紧急呼叫未建立。

15. 结束紧急呼叫

紧急呼叫一旦建立，就不会自动取消，要由发起人来结束，否则会影响其他功能。取消紧急呼叫时要按住[紧急]按键 3s 后再抬手，显示屏动态信息行将显示："正在发送……"，"紧急"按键灯闪几次后熄灭，并伴有一声提示音，显示屏动态信息行将显示："发送成功"；若"紧急"按键灯闪几次后长亮，并伴有两声提示音，显示屏动态信息行将显示：

“发送失败！请重试!”，则表明紧急呼叫未结束。

16. 呼叫运转值班员

车载无线电台具有呼叫运转值班员的功能，电客车驾驶员可以和运转值班员通话。当电客车驾驶员想和运转值班员通话时，按一下[呼叫值班员]键后，显示屏动态信息行将显示：“正在发送……”，显示屏上“呼叫值班员”键灯闪几次后停止，并伴有一声提示音，显示屏动态信息行将显示：“与运转值班员通话中，按停止键结束通话”，此时电客车驾驶员就可以和运转值班员通话；按一下[停止]键便结束通话；若“呼叫值班员”键灯闪数秒后停止，并伴有两声提示音，显示屏动态信息行将显示：“发送失败！请重试!”，则表明呼叫运转值班员没有成功。

17. 呼叫其他机车组

车载无线电台具有呼叫其他机车组的功能，电客车驾驶员可以和任何一个机车组的驾驶员通话。当电客车驾驶员想和其他机车组的驾驶员通话时，按一下[呼叫机车]键，选择要通话的机车组号后，显示屏动态信息行将显示：“正在发送……”，显示屏上机车组号闪几次后停止，并伴有一声提示音，显示屏动态信息行将显示：“与××号机车组通话中，按停止键结束通话”，此时电客车驾驶员就可以和另一机车组的驾驶员通话；按一下[停止]键便结束通话，若机车组号闪数秒后停止，并伴有两声提示音，显示屏动态信息行将显示：“发送失败！请重试!”，则表明此呼叫机车组没有成功。

18. 呼叫车站行车值班员

车载无线电台具有呼叫车站行车值班员的功能，电客车驾驶员可以和任何一个车站的行车值班员通话。当电客车驾驶员想和某车站行车值班员通话时，按一下[呼叫车站]键，选择要通话的车站名称后，显示屏动态信息行将显示：“正在发送……”，显示屏上“呼叫车站”键灯闪几次后停止，并伴有一声提示音，显示屏动态信息行将显示：“与××站通话中，按[停止]键结束通话”，此时电客车驾驶员就可以和车站行车值班员通话；按一下[停止]键便结束通话。若“呼叫车站”键灯闪数秒后停止，并伴有两声提示音，显示屏动态信息行将显示：“发送失败！请重试!”，则表明此呼叫车站没有成功。

【实践与训练】

学习工作单

工 作 单	车载无线电台系统的操作		
任 务	1. 了解车载无线电台系统的结构。 2. 熟知车载无线电台的开机、关机、电客车故障报告、晚点报告、提前报告、通话请求、发起紧急呼叫、结束紧急呼叫、呼叫运转值班员的操作过程。		
班 级		姓 名	
学习小组		工作时间	

知识认知

1. 车载无线电台系统的结构。
2. 车载电台的功能及使用方法。

能力训练

1. 3 人一组进行车载无线电台的开机、关机、电客车故障报告、晚点报告、提前报告过程的练习。

2. 3 人一组进行车载无线电台的通话请求、发起紧急呼叫、结束紧急呼叫、呼叫运转值班员过程的练习。

任务学习其他说明或建议：

指导老师评语：

任务完成人签字： 日期： 年 月 日

指导老师签字： 日期： 年 月 日

任务三　车载 TIMS 系统的操作

【知识要点】

1. 熟知车载 TIMS 系统的功能。
2. 熟知车载 TIMS 系统的初始化、操作员登录、注销的操作方法。
3. 熟知车载 TIMS 系统的出发、运行、制动、牵引界面。
4. 熟知车载 TIMS 系统的辅助供电、空调、故障界面。

【任务目标】

通过对车载 TIMS 系统的学习，能熟练使用本系统。

【任务准备】

1. 所需设备

电客车模拟操作系统。

2. 相关要求

相关的安全措施。

【相关理论知识】

一、车载信息系统的作用

车载信息系统具有完备的智能化监控、检测和试验功能，能够通过自动诊断指导应急故障处理和运用检修作业，是电客车运用检修极其重要的信息化手段，是确保车辆安全运行和检修质量的关键支承。

二、车载信息系统的功能

1. 传输指令

实现牵引和制动的指令系统信息的串行传输，通过界面传输驾驶员的控制指令。

2. 设备的切除、复位功能

1）向牵引变流器、辅助电源装置传送复位指令。

2）设备远程切除指令的传送。

3. 温控设定

空调温度控制器的开启/复位以及温度和工作模式的设定。

4. 司乘人员提示功能

1）发生故障时自动显示故障名称、部位以及应急处理办法，并鸣响蜂鸣器。

2）显示担当区段、车次、站名等信息。

3）显示应急故障处理手册。

4）显示最新故障信息。

5. 服务设备控制功能

1）控制车内信息显示器的显示内容。

2）控制车号显示器的显示内容。

3）向自动广播装置传送播音时间信息。

4）服务设备（空调、室内灯、广播）的控制及状态显示。

6. 数据记录功能

1）故障时记录设备动作信息。

2）主故障发生时记录状态。

3）正式运行或试运行中记录车辆性能、项目选择、空调运转率、空调运行状态等信息。

7. 车上试验功能

判断相关设备工作是否正常，如牵引变流器、车门等的状态试验。

8. 自诊断功能

确保设备自身的正确工作。

【任务实施】

一、车载 TIMS 系统上电后 TIMS 进行初始化

<table>
<tr><th>状　态</th><th>页　面</th></tr>
<tr><td>正在初始化</td><td>上电后导航按键区域的文本闪烁

TIMS Initializing</td></tr>
<tr><td>初始化完成</td><td>当软件初始化完成，自动配置完成后显示下一个页面

</td></tr>
</table>

二、车载 TIMS 系统的检测操作

按下显示区域下方的按键可进行页面切换。

注：当检测出有故障发生时，TIMS 会自动切换到故障页面，后车的 TIMS 同样能监控城市轨道交通车辆系统的状态。

1. 操作员登录

页　面	功　能
 	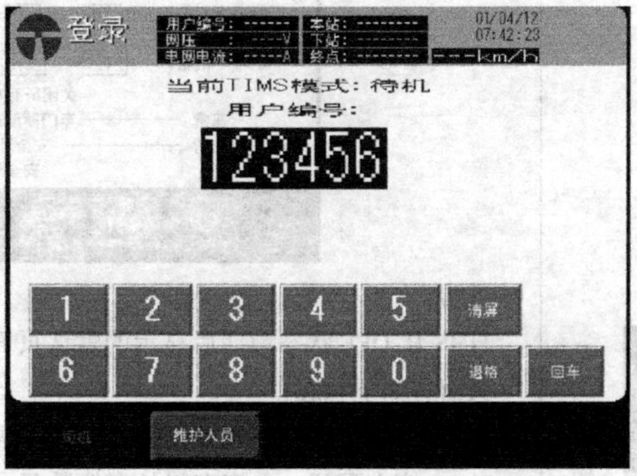 说明： 用户可在主页面上输入编号以获得对 TIMS 的操作许可。 页面显示如下内容： 1）当前 TIMS 模式：待机、操作、维护，默认为操作登录页面。 2）用户编号：默认显示为“000000”，用户需要六位数字的编号。 3）键区：10 位数字键区。

2. 出发检查页面

页　面	功　能
 	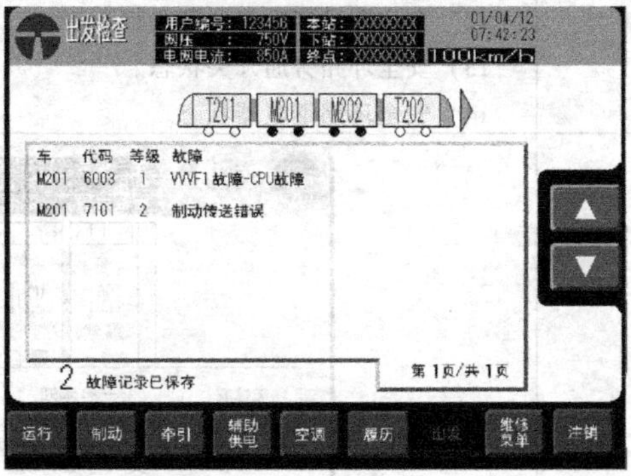 说明： 在操作者登录 TIMS 后，即进入出发检查页面。电客车运行前应检修发生的任何故障。 出发页面显示以下的状态和信息： 1）运行方向：操作驾驶室的橙色箭头表示前方，另一个表示反向。 2）电客车配置：电客车编组的车辆数目。 3）车辆数目：由 TIMS 单元的维护者设置，现有 T 与 M 型号。 4）驾驶状态：表示列车 TIMS 中有效的一方。 5）车辆：检测故障的位置。 6）故障及代码的说明。

3. 操作信息

<table>
<tr><th>页　面</th><th>功　能</th></tr>
<tr><td>
</td><td>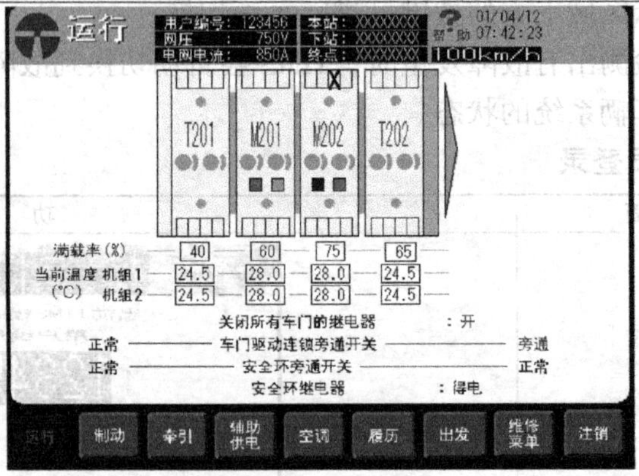

说明：
TIMS从OFF状态激活后显示的默认页面即操作信息页面。
页面有如下状态：
1）运行方向：操作驾驶室的橙色箭头表示前方，另一个表示反向。
2）电客车配置：电客车组的车辆数目。
3）车辆数目：由TIMS单元的维护者设置，现有T与M型号。
4）驾驶室状态：表示列车TIMS中有效的一方。
5）客室门。
6）乘客报警状态。
7）制动状态。
8）牵引状态。
9）满载率。
10）当前温度。
11）所有车门的关门延时状态。
12）车门驱动连锁旁通开关状态。
13）安全环路旁通开关状态。
14）安全环路继电器状态。</td></tr>
<tr><td>
</td><td>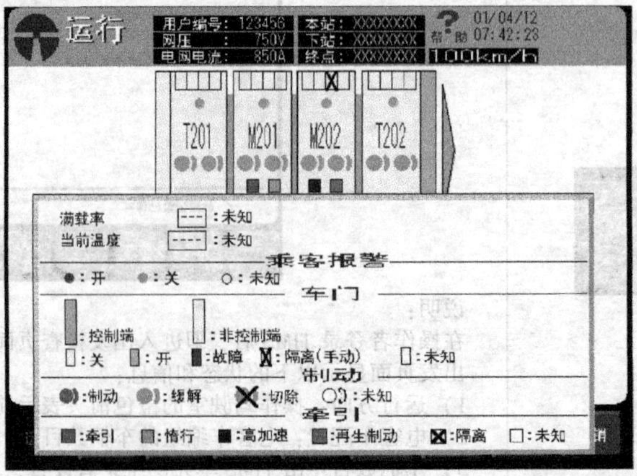

说明：
此键（HELP键）可访问如上图所示的操作信息帮助界面，该界面解释了每一种状态代表的类型。</td></tr>
</table>

4. 制动信息界面

<table>
<tr><th>页　面</th><th>功　能</th></tr>
<tr><td>
</td><td>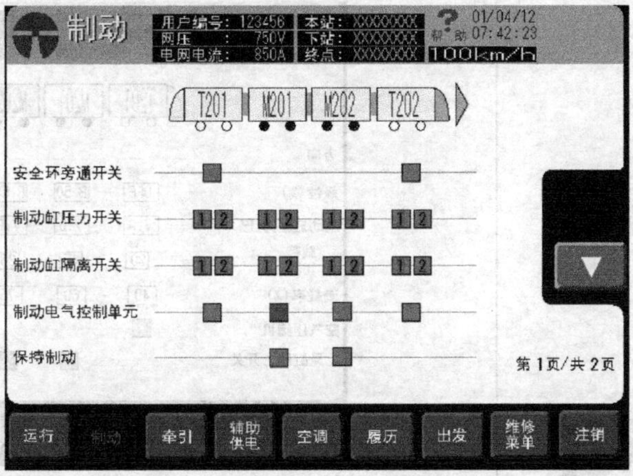

说明：
该界面显示如下状态：
1）运行方向：橙色箭头表示前方，另一个表示反向。
2）电客车配置：电客车组的车辆数目。
3）车辆数目：由TIMS单元的维护者设置，现有T与M型号。
4）操作驾驶室状态：表示电客车TIMS中有效的一方。
5）安全环路旁通开关状态。
6）制动缸压力开关状态。
7）制动缸压力隔离开关状态。
8）制动电子控制单元。
9）保持制动。</td></tr>
<tr><td></td><td>此键用于选择制动屏的第二页。</td></tr>
<tr><td>
</td><td>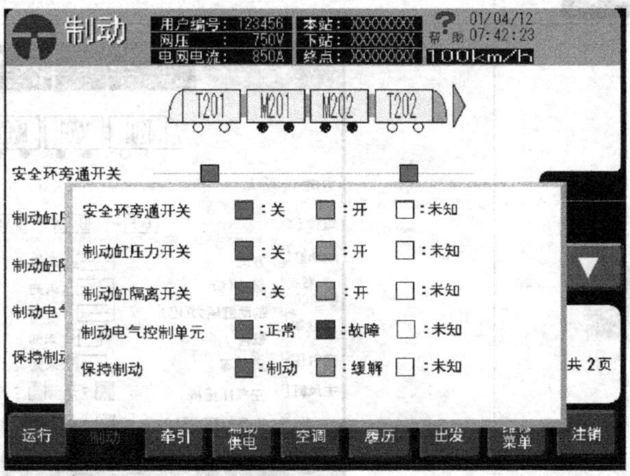

说明：
此键可访问如上图所示的制动帮助界面，该界面解释了每一种状态代表的类型。</td></tr>
</table>

(续)

<table>
<tr><th>页 面</th><th>功 能</th></tr>
<tr><td>
</td><td>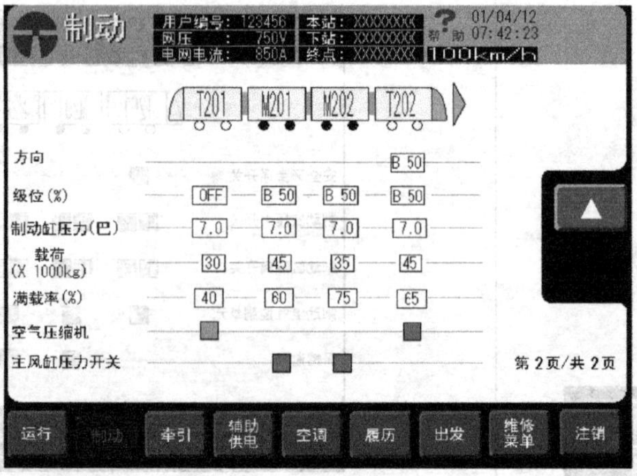

说明：
该界面显示如下状态：
1）运行方向：橙色箭头表示前方，另一个表示反向。
2）电客车配置：电客车编组的车辆数目。
3）车辆数目：由TIMS单元的维护者设置，现有T与M型号。
4）驾驶室状态：表示电客车TIMS中有效的一方。
5）牵引级位。
6）级位。
7）制动缸压力。
8）载荷。
9）满载率。
10）压缩机状态。
11）主风缸压力开关状态。</td></tr>
<tr><td></td><td>此键用以选择制动界面的首页。</td></tr>
<tr><td>
</td><td>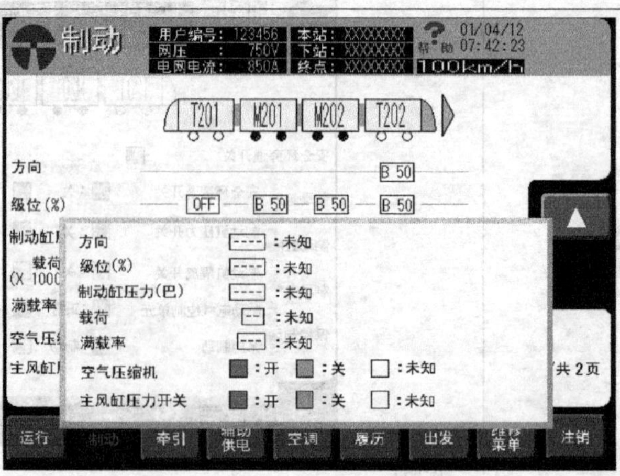

说明：
此键可访问如上图所示的制动帮助界面，该界面解释了每一种状态代表的类型。</td></tr>
</table>

5. 牵引信息界面

页　面	功　能
 	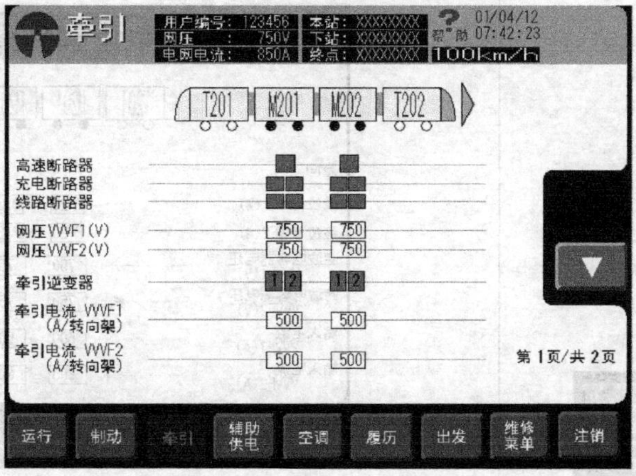 说明： 该界面显示如下状态： 1）运行方向：橙色箭头表示前方，另一个表示反向。 2）电客车配置：电客车编组的车辆数目。 3）车辆数目：由 TIMS 单元的维护者设置，现有 T 与 M 型号。 4）驾驶室状态：表示电客车 TIMS 中有效的一方。 5）高速断路器/充电断路器/线路断路器状态。 6）网压 VVVF1/VVVF2 状态。 7）VVVF 状态。 8）VVVF1/VVVF2 牵引电流状态。
	该键用以选择牵引界面的第二页。
 	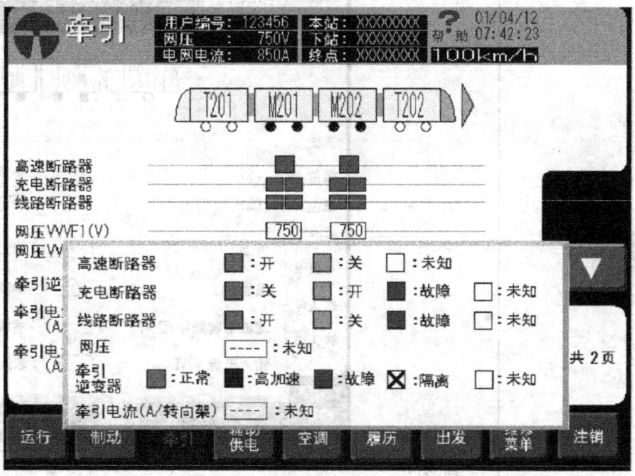 说明： 此键可访问如上图所示的牵引帮助界面，该界面解释了每一种状态代表的类型。

（续）

<table>
<tr><th>页　面</th><th>功　能</th></tr>
<tr><td></td><td>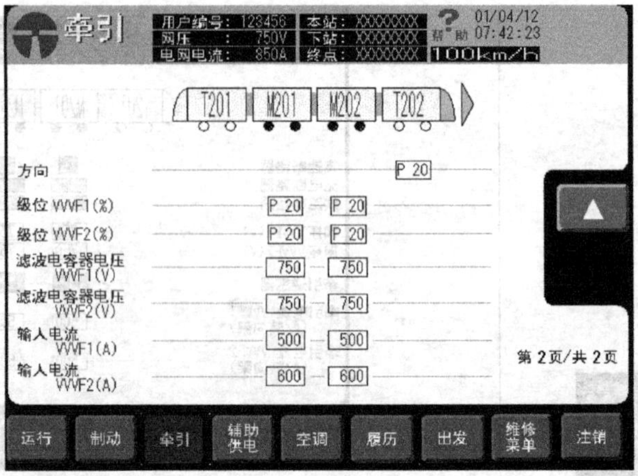
说明：
该界面显示如下状态：
1）运行方向：橙色箭头表示前方，另一个表示反向。
2）电客车配置：电客车编组的车辆数目。
3）车辆数目：由 TIMS 单元的维护者设置，现有 T 与 M 型号。
4）驾驶室状态：表示电客车 TIMS 中有效的一方。
5）牵引级位。
6）VVVF 状态。
7）VVVF1/VVVF2 滤波电容器电压状态。
8）VVVF1/VVVF2 输入电流状态。</td></tr>
<tr><td></td><td>此键用于选择牵引屏的第二页。</td></tr>
<tr><td></td><td>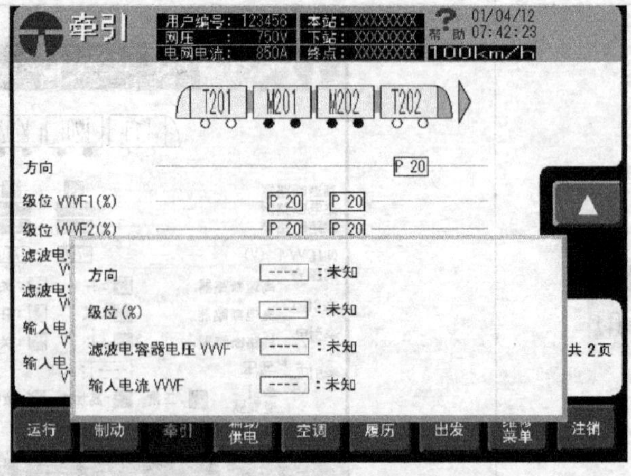
说明：
此键（HELP 键）可访问如上图所示的牵引帮助界面，该界面解释了每一种状态代表的类型。</td></tr>
</table>

6. 辅助信息界面

<table>
<tr><th>页　面</th><th>功　能</th></tr>
<tr><td>
</td><td>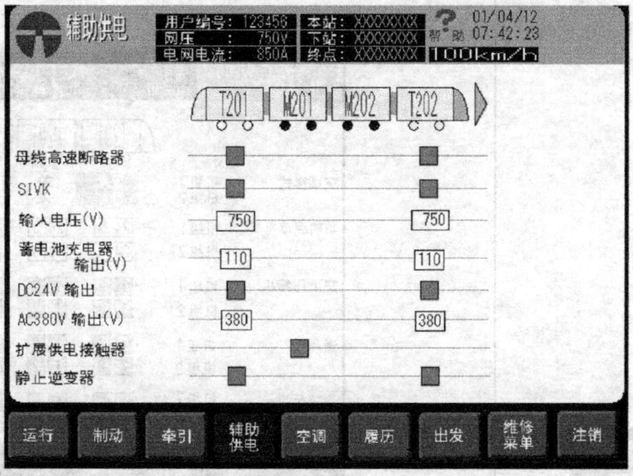

说明：
该界面显示如下状态：
1）运行方向：橙色箭头表示前方，另一个表示反向。
2）电客车配置：电客车编组的车辆数目。
3）车辆数目：由 TIMS 单元的维护者设置，现有 T 与 M 型号。
4）驾驶室状态：表示电客车 TIMS 中有效的一方。
5）母线高速断路器状态。
6）SIVK 状态。
7）输入电压状态。
8）蓄电池充电器状态。
9）DC24V 输出状态。
10）DC24V 输出状态。
11）RFK 状态。
12）SIV 状态。</td></tr>
<tr><td>
</td><td>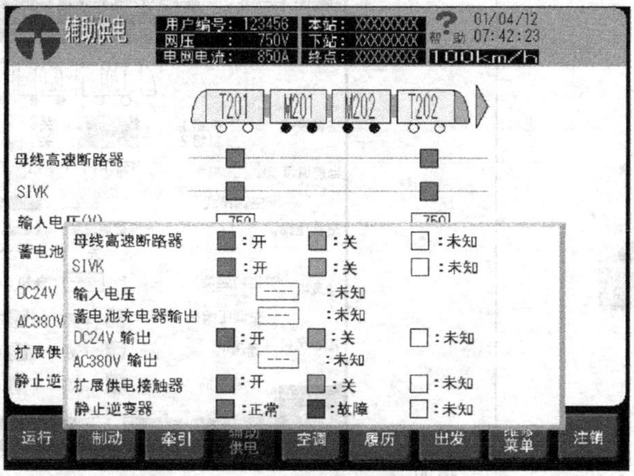

说明：
此键（HELP 键）可访问如上图所示的辅助供电帮助界面，该界面解释了每一种状态代表的类型。</td></tr>
</table>

7. 空调信息界面

页　　面	功　　能
 	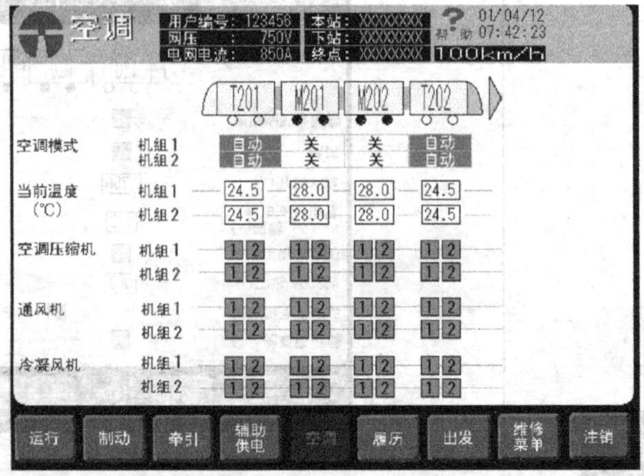 说明： 该界面显示如下状态： 1）运行方向：橙色箭头表示前方。 2）电客车配置：电客车编组的车辆数目。 3）车辆数目：由 TIMS 单元的维护者设置，现有 T 与 M 型号。 4）驾驶室状态：表示电客车 TIMS 中有效的一方。 5）空调模式状态。 6）当前温度状态。 7）压缩机状态。 8）通风设备状态。 9）冷凝风机状态。
 	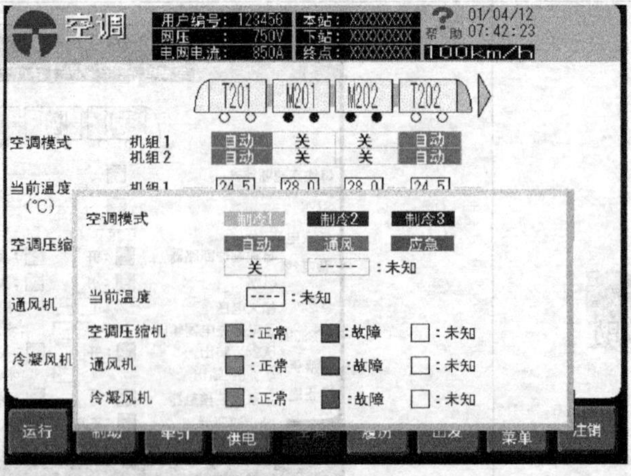 说明： 此键（HELP 键）可访问如图所示的空调帮助界面，该界面解释了每一种状态代表的类型。

8. 操作注销界面

<table>
<tr><th>页　面</th><th>功　能</th></tr>
<tr><td>
</td><td>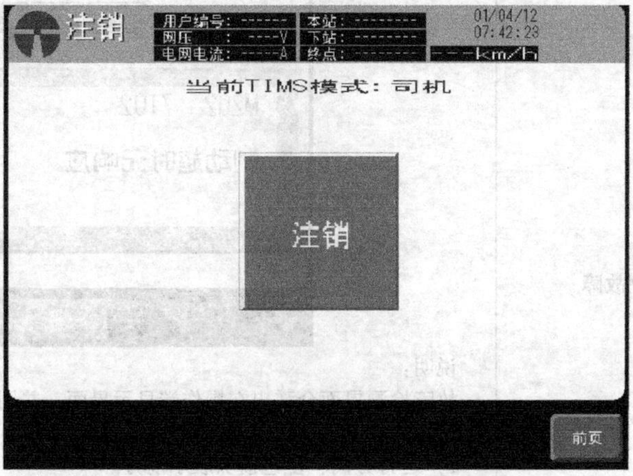

说明：
按注销键可访问操作注销界面。</td></tr>
<tr><td>
</td><td>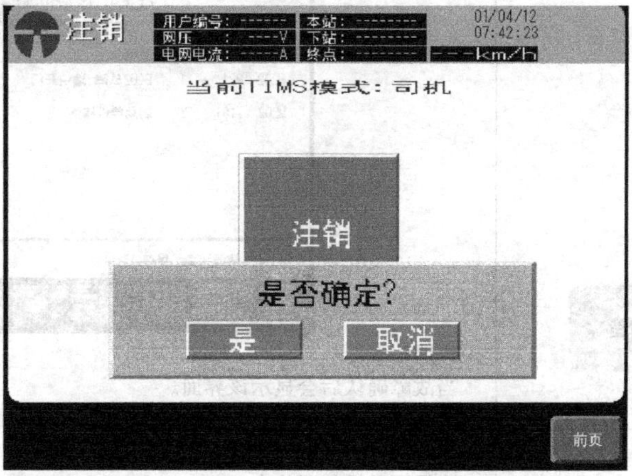

说明：
注销确认界面用以确认操作者注销要求。</td></tr>
</table>

9. 处理故障信息

当检测出一级或需要引起驾驶员注意的故障时，故障检测页面会弹出故障监测界面。

<table>
<tr><th>页　面</th><th>功　能</th></tr>
<tr><td>检测到故障</td><td>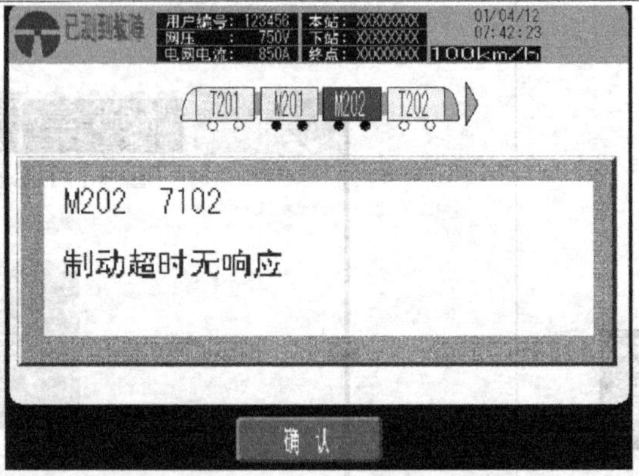

说明：
故障检测界面会弹出在操作端显示界面，并用蜂鸣器报警。
该界面显示如下状态：
1）运行方向：橙色箭头表示前方。
2）电客车配置：电客车编组的车辆数目。
3）车辆数目：由 TIMS 单元的维护者设置，现有 T 与 M 型号。
4）驾驶室状态：表示电客车 TIMS 中有效的一方。
5）图形化表示故障所在列车配置中的位置。
6）检测到故障及代码的说明与位置。</td></tr>
<tr><td>
</td><td>确认按键用以确认操作者已看到故障，按下此键界面会自动切换到当前故障显示页面</td></tr>
<tr><td>当前故障

</td><td>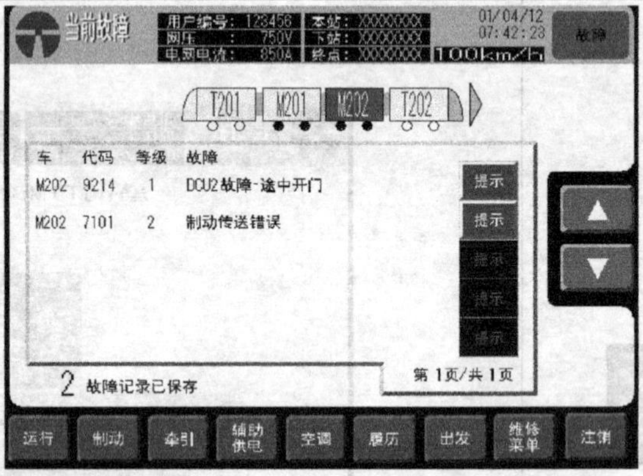

说明：
当故障确认后会显示该界面。
如未清除所有故障，操作者按上角闪烁的故障键可返回当前故障界面；当所有的故障被清除后，此页面不再有效。
该界面显示如下状态：
1）运行方向：橙色箭头表示前方。
2）电客车配置：电客车编组的车辆数目。
3）车辆数目：由 TIMS 单元的维护者设置，现有 T 与 M 型号。
4）驾驶室状态：表示电客车 TIMS 中有效的一方。
5）车辆：故障所在位置。
6）故障及代码的说明。
7）图形化表示故障所在电客车配置中的位置。</td></tr>
</table>

（续）

页 面	功 能
提示	提示键用以显示检测到故障的相关提示

10. 提示界面

页 面	功 能
提示 提示	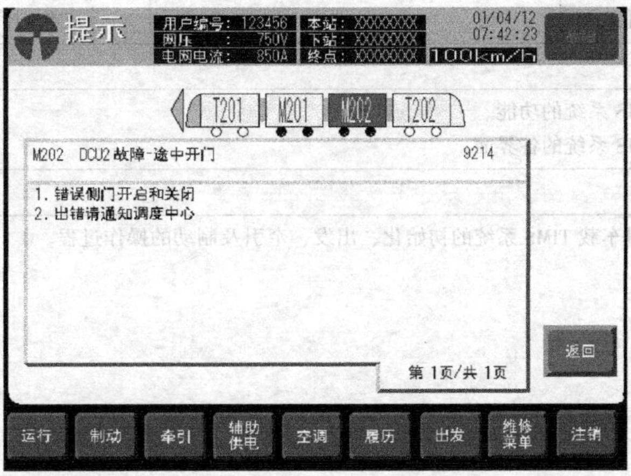 说明： 提示页面用以提示操作者解决问题与故障。 提示页面显示如下的状态与信息： 1）运行方向：操作驾驶室的橙色箭头表示前方，另一个表示反向。 2）电客车配置：电客车编组的车辆数目。 3）车辆数目：由 TIMS 单元的维护者设置，现有 T 与 M 型号。 4）驾驶室状态：表示电客车 TIMS 中有效的一方。 5）故障及代码的说明。 6）图形化表示故障所在列车配置中的位置。 7）解决故障的提示信息。

【实践与训练】

学习工作单

工 作 单	车载 TIMS 系统的操作		
任　　务	1. 熟知车载 TIMS 系统的功能。 2. 掌握车载 TIMS 系统的初始化、操作员登录、注销的操作方法。 3. 熟知车载 TIMS 系统的出发、运行、制动、牵引辅助供电、空调、故障界面。		
班　　级		姓　　名	
学习小组		工作时间	

知识认知

1. 车载 TIMS 系统的功能。
2. 车载 TIMS 系统的各界面。

能力训练

1. 逐人练习车载 TIMS 系统的初始化、出发、牵引及制动的操作过程。

2. 分组练习车载 TIMS 系统的辅助供电、空调、故障界面操作过程（要求清楚各种状态）。

任务学习其他说明或建议：

指导老师评语：

任务完成人签字：　　　　日期：　年　月　日

指导老师签字：　　　　日期：　年　月　日

项目五　城市轨道交通信号系统

任务一　城市轨道交通信号的分类及基本显示意义

【知识要点】

1. 熟练掌握城市轨道交通信号的分类。
2. 了解天津地铁的信号显示。
3. 了解南京地铁的信号显示。
4. 了解北京地铁的信号显示。

【任务目标】

1. 针对不同城市轨道交通信号显示的异同进行操作演练。
2. 对城市轨道交通信号的不同分类进行现场观摩。

【任务准备】

1. 所需物品

信号旗、信号牌、信号灯、口笛。

2. 相关要求

相关的安全措施。

【相关理论知识】

一、城市轨道交通信号系统概述

城市轨道交通信号系统是保证行车安全的设备，是指示电客车及调车作业的命令，行车有关人员必须熟知信号的显示方式，按照信号显示要求进行行车及调车作业。

城市轨道交通的信号技术有其固有的特点，主要反映在以下5个方面：

1）由于城市轨道交通往往承担巨大的客流量，因此对最小行车间隔的要求远高于大铁路，这就对电客车速度监控提出了极高的要求，即要求其能提供更高的安全保证。

2）由于城市轨道交通车辆的电客车运行速度远低于大铁路干线上的列车运行速度，因此在信号系统中可以采用较低速率的数据传输系统。

3）由于城市轨道交通的大多数车站仅有上、下乘客的功能，在大多数车站上并不设置道岔，甚至也不设置地面信号机（依靠机车信号及速度监控设备驾驶列车），仅在少数联锁站及车辆段才设置道岔及地面信号机，如上海地铁一号线仅在4个联锁站及1个车辆段上设置道岔及地面信号机。因此，联锁设备的监控对象远远少于一般铁路的客、货站，通常一个电气集中控制中心即可实现全线的联锁功能。

4）城市轨道交通车辆段的功能较为简单，其行车组织工作主要包括编解、接发及调车，因而，车辆段的信号设备远多于其他车站，通常独立采用一套电气集中装置，但在采用微机联锁时，往往也仅作为一套微机联锁中的一部分。其他车站的行车组织作业与车辆段相比就更为简单了。

5）由于城市轨道交通的线路长度、站间距离都较短，电客车种类单一，行车时刻表的规律性很强，日复一日地按照同一运行计划周而复始地运行，因此，在城市轨道交通的信号系统内，通常都包含有进路自动排列功能，即按事先预定的程序自动排列进路，只有运行图变更时才有人工介入。

二、城市轨道交通信号分类

1. 视觉信号和听觉信号

视觉信号是以信号灯的颜色、显示数目及灯光状态来表达的信号，其设备主要有地面信号机、手信号旗、信号牌等。

听觉信号是以声音的强度、长短等方式来表示信号意义，如电客车鸣笛等。

在《行车组织规则》中关于电客车鸣笛的规定如下：

1）鸣笛的作用是发出警告或要求协助，长声为3s，短声为1s，音响间隔为1s。重复鸣示时，须间隔5s以上。

2）为避免对站内乘客及线路沿途的居民造成滋扰，列车在正线上运行时只可在必要时鸣笛。

3）列车鸣笛鸣示方式见表5-1。

表5-1 列车鸣笛鸣示方式表

情况	鸣示方式	情况	鸣示方式
表示看到手信号	1短声	电客车倒车或退行时	2长声
发出警报（请求支援）	连续短声	呼唤信号（请求车站开放信号）	2短1长声
电客车将不停站（通过开放站台）	1长声	回示起动信号	1短声
驶过危险信号之前	1短1长声		

2. 固定信号和移动信号

固定信号是固定设置在规定位置的信号装置，如地面信号机等。

移动信号是根据需要临时设置的信号装置，如实施临时限速时设置的限速告示牌和限速终止标牌等。

3. 地面信号和车载信号

地面信号是设置在线路附近供驾驶员辨识的信号。

车载信号是将地面信号通过传输设备或其他传输方式引入电客车的信号。车载信号设备通常安装在电客车的两端。

城市轨道交通地面采用色灯信号机，除了在车辆段和有道岔的正线车站外，其他地方一般不设置地面固定显示的信号机。

城市轨道交通的自动化程度比较高，一般采用“地面信号显示与车载信号系统相结合、以车载信号系统为主”的运用方式，电客车的运行速度不取决于地面信号机的显示，地面信号只起辅助作用。

4. 信号颜色及其表示意义

（1）基本颜色

1）红色。停车信号，禁止越过该信号机（信号熄灭或显示不明时，也应视为停车信号）。

2）绿色。允许信号，信号处于正常开放状态，可按规定速度通过该信号机。

3）黄色。警惕信号，信号处于有限开放状态，要求列车注意或减速运行。

（2）辅助颜色

1）月白色。用于指示调车作业时，表示允许越过该信号机调车；用于指示正线列车作业时，同时显示一个红灯信号，构成引导信号，表示准许列车越过显示红灯的信号机，并随时准备停车。

2）蓝色。用于调车信号机，表示禁止越过该信号机调车。

需要说明的是，我国城市轨道交通的信号系统没有对地面信号的显示方式和显示意义进行统一规定，因此信号显示存在一定差异，例如有的城市轨道交通公司采用一个红色灯光和一个黄色的灯光构成引导信号。

【任务实施】

一、北京地铁信号显示

1. 信号显示颜色及意义

固定信号机采用色灯信号机，规定有五种颜色，见表5-2。

表5-2　北京地铁信号显示颜色及意义

序　号	信号灯颜色	显 示 意 义
1	绿色	表示可以按规定最高运行速度行驶
2	黄色	限速运行，并准备在下一显示停车信号前方停车
3	月白色+红色	表示准许电客车以不超过15km/h的速度，越过所被引导的显示红色灯光的主体信号，随时准备停车
4	红色	表示要求停车
	白色	用于进路表示器，表示防护信号机是开放的侧向进路
5	月白色	用于调车信号机时，表示可以调车

（1）进站信号机显示下列信号的意义

一个绿色灯光——表示接车线路空闲，准许电客车进站；

一个黄色灯光——表示接车线路空闲，准许电客车进站（限速）；

一个红色灯光——表示电客车须在该信号机前停车。

（2）出站信号机显示下列信号的意义

一个绿色灯光——表示发车进路上的有关道岔开通于发车方向，准许电客车由车站出发。

一个闪动绿色灯光——表示发车进路上的有关道岔开通于发车方向，站间区间空闲，准许电客车由车站出发。（表示发车条件具备，有预告作用）。

一个黄色灯光——表示发车进路上的有关道岔开通于发车方向，发车前方至少有一个闭塞区间空闲，准许电客车按有关规定出发；实行电话闭塞法行车时，该信号机由人工控制，表示发车前方站间区间空闲。

一个红色灯光——表示电客车须在该信号机前停车。

(3) 防护信号机显示下列信号的意义

一个绿色灯光——表示所防护的道岔开通直向线路，准许电客车按规定速度运行。

一个绿色灯光及下侧一个白色灯光——表示所防护的道岔开通侧向线路，准许电客车按规定速度通过道岔区段向侧向线路运行。

一个黄色灯光——表示电客车运行前方至少有一个闭塞区间空闲，要求电客车减速运行，并准备在下一个信号机前停车。

一个黄色灯光及其下侧一个白色灯光——表示所防护的道岔开通侧向线路，准许电客车按规定速度通过道岔区段向侧向线路运行。

一个红色灯光——表示电客车须在该信号机前停车。

(4) 通过信号机显示下列信号的意义

一个绿色灯光——表示电客车运行前方至少有两个闭塞区间空闲，准许电客车按规定速度运行。

一个黄色灯光——表示电客车运行前方的下一个信号机显示停车信号，电客车准备在下一个信号机前停车。

一个红色灯光——表示电客车须在该信号机前停车。

(5) 预告信号机显示下列信号的意义

一个绿色灯光——表示该信号机后方的信号机显示运行信号。

一个黄色灯光——表示该信号机后方的信号机显示停车信号。

一个红色灯光——表示电客车须在该信号机前停车。

(6) 调车信号机显示下列信号的意义

在车辆段时：

一个月白色灯光——表示调车进路在开通状态，准许电客车越过该信号机调车。

一个红色灯光——表示电客车须在该信号机前停车。

在地下时：

一个黄色灯光——表示调车进路在开通状态，准许调车机越过该信号机调车。

一个红色灯光——表示调车机须在该信号机前停车。

(7) 阻挡信号机显示下列信号的意义

反向阻挡信号机定位显示一个红色灯光——表示调车电客车须在该信号机前停车。

顺向阻挡信号机定位显示一个绿色灯光——表示此架信号机兼有通过信号机的作用。

顺向阻挡信号机采用人工控制方式，显示一个红色灯光——表示调车电客车在该信号机前停车后，不能进行折返调车。

(8) 引导信号显示下列信号的意义　当信号机因故障而显示一个红色灯光时，使设于其下方的引导信号显示一个月白色灯光——表示准许电客车以不超过 20km/h 的速度越过该信号机进站、调车或继续运行。

2. 移动停车信号牌显示方式

昼间——红色方牌。

夜间——柱上红色灯光。

3. 行车手信号

电客车运行时，有关人员应遵守下列手信号的显示，见表5-3。

表5-3 北京地铁行车手信号的显示

序号	手信号	显示方式	
	类别	昼间	夜间
1	停车信号：要求电客车停车	展开的红色信号旗，昼间无红色信号旗及在地下紧急情况时，两臂高举在头上向两侧上下急剧摇动	红色灯光，夜间无红色灯光时，用白色灯光上下急剧摇动
2	临时停车信号：必须是电客车临时停车时显示的信号，要求电客车立即采取停车措施	展开的红色信号旗高举头上左右摇动	红色灯光高举头上左右摇动
3	减速信号：要求电客车降低到要求的速度	展开的黄色信号旗，昼间无黄色信号旗时，用绿色信号旗下压数次	黄色信号灯光，夜间无黄色灯光时，用白色或绿色灯光下压数次
4	发车信号：要求电客车发车	展开的绿色信号旗上弧线向电客车方向作圆形转动	绿色灯光上弧线向电客车方向作圆形转动
5	通过手信号：是在出站信号机故障，而行车凭证具备的条件下，向准许由车站通过的电客车显示的信号	展开的绿色信号旗	绿色灯光
6	引导信号：准许电客车进入车站或车场（站台部分）	展开的黄色信号旗高举头上左右摇动	黄色灯光高举头上左右摇动
7	道岔开通信号：表示进路准备妥当，准许电客车通过道岔区段	拢起的黄色信号旗高举头上左右摇动	白色灯光高举头上

4. 调车手信号（见表5-4）

表5-4 北京地铁调车手信号的显示

序号	调车手信号	显示方式	
	类别	昼间	夜间
1	停车信号	展开的红色信号旗。无信号旗时，双臂高举向两侧上下急剧摇动	红色信号灯光。无红色灯光时，用绿色以外灯光上下急剧摇动
2	减速信号	展开的绿色信号旗下压数次	绿色灯光下压数次
3	指挥调车机向显示人方向来的信号	展开的绿色信号旗在下部左右摇动	绿色灯光在下部左右摇动
4	指挥调车机向显示人相反方向去的信号	展开的绿色信号旗上下摇动，昼间用单臂	绿色灯光上下摇动，夜间可用白色灯光依次中转（瞭望信号的距离过远时，需中间的信号机中转一下）
5	指挥调车机向显示人方向稍行移动的信号	拢起的红色信号旗直立平举，再用展开的绿色信号旗左右小动	绿色灯光下压数次后，再左右小动
6	连接信号：表示连挂作业	两臂高举在头上，使拢起的手信号旗成水平，末端相接	红、绿色灯光（无绿色灯光的人员，用白色灯光）交互显示数次
7	三、二、一车距离信号表示推进车辆的前端距被连挂车辆的距离	展开的绿色信号旗单臂平伸	绿色灯光，在距离停留车三车（约60m）时连续下压三次，二车（约40m）时连续下压两次，一车（约20m）时下压一次

5. 进路表示器

1）调车或防护信号机显示一个绿色或黄色灯光，进路表示器显示一个白色灯光——表示进路开通，准许电客车越过该信号机向侧向线路行驶。

2）车挡表示器设置在线路终端的车挡上，其表示方式为：昼间——一个红色方形板；夜间——一个红色灯光，地下行车时采用夜间的表示方式。

6. 听觉信号

听觉信号，长声为3s，短声为1s，音响间隔为1s。重复鸣示时，须间隔5s以上。为减少隧道内噪声，除危及行车及人身安全的事情外，一般均取消起动鸣笛。鸣笛鸣示方式，见表5-5。

表5-5 北京地铁听觉信号的鸣示方式

序号	名　称	鸣示方式	使用时机
1	注意信号	一长声 —	电客车起动或前进时； 接近车站、鸣笛标、遭口、地面隧道口、行人、施工地点或天气不良时； 自动闭塞区间，电客车在通过信号机前停车后，能继续运行通知车长时
2	退行信号	二长声 ——	电客车开始退行时
3	召集信号	三长声 ———	要求防护人员撤回时
4	呼唤信号	二短一长声 · · —	电客车要求出入库时； 在车站要求显示信号时
5	报警信号	一长声三短声 — · · ·	发现线路有危及行车安全的不良处所时； 电客车发生重大、大事故及其他需要救援情况时； 电客车在区间停车后，不能立即运行，通知车长时
6	紧急停车信号	连续短声 · · · · ·	要求操纵电客车采取紧急停车措施时

7. 车内听觉信号

车内听觉信号，是以车内蜂鸣器或电铃发出的音响来表示的信号，其鸣示的方式见表5-6。

表5-6 北京地铁车内听觉信号的鸣示方式

序号	名　称	鸣示方式	使用时机
1	发车信号	一长一短声 — ·	指示驾驶员发车
2	请注意信号	一长一短一长声 — · —	告诉对方注意将要表示的信号时
3	再次表示信号	二长二短声 — — · ·	要求对方再次表示信号时
4	紧急停车信号	连续短声 · · · · ·	要求对方采取紧急停车措施时

（续）

序号	名　称	鸣示方式	使用时机
5	取消信号	一短一长一短声 ·—·	表示信号一方因故取消其所表示的信号
6	离车信号	一短一长声 ·—	因防护或其他事由离开电客车时

二、天津地铁信号显示

1. 信号显示颜色及意义（见表5-7）

表5-7　天津地铁信号显示颜色及意义

序号	信号灯显示	行车指示
1	绿灯	前方区段空闲，正常通过
2	黄灯	允许通过（限速驶过该区段）
3	黄灯＋红灯	引导信号，限速通过
4	红灯	前方区段禁止进入，停车（在该信号机前方停车）
5	月白灯	调车信号，限速通过
6	蓝灯	调车信号，禁止驶入，停车

2. 行车手信号（见表5-8）

表5-8　天津地铁行车手信号的显示

序号	手信号	显示方式	
	类　别	昼　间	夜　间
1	停车信号	展开红色的信号旗。无信号旗时，双臂高举向两侧上下急剧摇动	红色信号灯光。无红色灯光时，用绿色以外灯光上下急剧摇动
2	发车信号	展开绿色的信号旗，上弧线向电客车方向作圆形转动	绿色信号灯光，上弧线向电客车方向作圆形转动
3	通过信号	展开绿色的信号旗	绿色信号灯光
4	引导信号	展开黄色的信号旗，高举头上左右摇动	黄色信号灯光，高举头上左右摇动
5	减速信号	展开黄色的信号旗。无黄色信号旗时，用绿色信号旗下压数次	黄色信号灯光，无黄色灯光时，用白色或绿色灯光下压数次
6	开门信号	双臂高举头上或拢起的信号旗，作左右分开式	白色信号灯光胸前左右摇动
7	不开门信号	双臂高举头上或拢起的信号旗，作交叉式	红色信号灯光胸前左右摇动
8	关门信号	单臂高举头上，作左右摇动。或拢起的信号旗，尾端连续对接	手持信号灯，红、白两色灯光交替显现

3. 调车手信号（见表5-9）

表5-9　天津地铁调车手信号的显示

序号	调车手信号	显示方式	
	类　别	昼　间	夜　间
1	停车信号	展开红色的信号旗。无信号旗时，双臂高举向两侧上下急剧摇动	红色信号灯光。无红色灯光时，用绿色以外灯光上下急剧摇动
2	减速信号	展开的绿色信号旗下压数次	绿色灯光下压数次
3	指挥调车机向显示人方向来的信号	展开的绿色信号旗在下方左右摇动	绿色灯光在下方左右摇动
4	指挥调车机向远离显示人方向去信号	展开绿色的信号旗，在上下摇动	绿色信号灯光，在上下摇动
5	指挥调车机向显示人方向稍行移动的信号（包括连挂）	左手拢起红色信号旗直立平举，右手展开绿色信号旗在下方左右小摆动	绿色信号灯光，下压数次后，再左右小动
6	指挥调车机向显示人反方向稍行移动的信号（包括连挂）	左手拢起红色信号旗直立平举，右手展开绿色信号旗在下方上下小动	绿色信号灯光，上下小动
7	三、二、一车距离信号	右手展开绿色的信号旗下压三、二、一次	绿色灯光下压三、二、一次
8	车辆连挂信号	双臂高举头上，使拢起的信号旗成水平末端相接	红绿色信号灯光交互显示数次。无绿色灯光时，用白色灯光代替

4. 听觉信号（见表5-10）

表5-10　天津地铁听觉信号的鸣示方式

序号	名　称	鸣示方式	使用时机
1	注意信号	一长声 ——	电客车启动前； 电客车被迫在区间停车，再次启动前； 通过电客车接近车站站台时
2	退行信号	二长声 —— ——	电客车开始退行
3	召集信号	三长声 —— —— ——	解除电客车防护，并召回防护人员上车
4	呼唤信号	二短一长声 · · ——	电客车驾驶员发现信号显示不正确或不清楚； 电客车需要进入车辆段或停车场
5	报警信号	连续长声 ————————	发现线路上有危及行车安全的不良处所； 电客车发生重大事故时，需要救援时
6	推进信号	一长一短声 —— ·	电客车由尾部驾驶室控制电客车运行； 两组电客车连挂后，由后一组电客车控制运行

（续）

序号	名　称	鸣示方式	使用时机
7	紧急停车信号	连续短声 · · · · ·	驾驶员发现邻线发生影响行车的故障，向邻线运行的驾驶员发出紧急停车信号时； 两组电客车连挂后，正在运行的电客车牵引端或被牵引端需要紧急停车时

三、南京地铁信号显示

1. 信号显示颜色及意义（见表5-11）

表5-11　南京地铁信号显示颜色及意义

序　号	类　别	信号灯显示	行车指示意义
1	正线进路防护信号	绿 灯	开通直向允许越过
2		黄 灯	开通侧向允许越过
3		黄灯 + 红灯	引导信号允许越过
4		红 灯	禁止越过
5	基地调车信号	月白灯	允许调车（进行）
6		红灯	停止（禁止越过）

2. 行车手信号

特殊情况下，电客车运行时有关人员应遵守下列手信号的显示，见表5-12。

表5-12　南京地铁行车手信号的显示

序号	手信号	显示方式	
	类　别	昼　间	夜　间
1	停车信号：要求电客车停车	展开的红色信号旗，无红色信号旗时，两臂高举头上，向两侧急剧摇动	红色灯光，无红色灯光时，用白色灯光上、下急剧摇动
2	紧急停车信号：要求驾驶员紧急停车	展开红旗下压数次，无信号旗时，两臂高举头上，向两侧急剧摇动	红色灯光下压数次，无红色灯光时，用白色灯上下急剧摇动
3	减速信号：要求电客车降低速度运行	展开的黄色信号旗，无黄色信号旗时，用绿色信号旗下压数次	黄色信号灯光，无黄色灯光时，用白色或绿色灯光下压数次
4	发车信号：要求驾驶员发车	展开的绿色旗上弧线向电客车方面作圆形转动	绿色灯光上弧线向电客车方面作圆形转动
5	通过手信号：准许电客车由车站通过	展开的绿色信号旗	绿色灯光
6	引导信号：准许电客车进入车站或小行基地	展开黄色信号旗高举头上左右摇动	黄色灯光高举头上左右摇动
7	好了信号：某项作业完成	用拢起信号旗作圆形转动	白色灯光作圆形转动

3. 调车手信号（见表5-13）

表5-13 南京地铁调车手信号的显示

序号	调车手信号	显示方式	
	类别	昼间	夜间
1	停车信号	展开红色信号旗	红色灯光
2	减速信号	展开的绿色信号旗下压数次	绿色灯光下压数次
3	指挥调车机向显示人方向来的信号	展开的绿色信号旗在下方左右摇动	绿色灯光在下方左右摇动
4	指挥调车机向显示人反方向去的信号	展开的绿色信号旗上、下摇动	绿色灯光上、下摇动
5	指挥调车机向显示人方向稍行移动的信号（包括连挂）	左手拢起红色信号旗直立平举，右手展开的绿色信号旗在下方左右小摆动	绿色灯光下压数次后，再左右小动
6	指挥调车机向显示人反方向稍行移动的信号（包括连挂）	左手拢起红色信号旗直立平举，右手展开的绿色信号旗在下方上、下小动	绿色灯光平举上、下小动
7	三、二、一车距离信号	右手展开的绿色信号旗下压三、二、一次	绿色灯光平举下压三、二、一次
8	连挂作业	两臂高举头上，拢起的手信号旗杆成水平，末端相接	红、绿色灯光（无绿色灯用白色灯光代替）交互显示数次
9	试拉信号（连挂好后试拉）	按本表第5或第6项的信号显示，当电客车起动后立即显示停车信号	
10	取消信号：通知前发信号取消	拢起的手信号旗，两臂于前下方交叉后，左右摇动数次	红色灯光作圆形转动后，上下摇动

4. 试验电客车自动制动机的手信号显示方式

1）制动：昼间——用拢起信号旗高举头上；夜间——白色灯高举。

2）缓解：昼间——用拢起信号旗在下部左右摇动；夜间——白色灯光在下部左右摇动。

3）试验完了（或其他作业完成的显示）：昼间——用拢起信号旗作圆形转动；夜间——白色灯光作圆形转动。

5. 听觉信号

听觉信号，长声为3s，短声为1s，间隔为1s。重复鸣示时，须间隔5s以上。

1）电客车的鸣示方式，见表5-14。

表5-14 南京地铁电客车听觉信号的鸣示方式

序号	名称	鸣示方式	使用时机
1	起动注意信号	一长声 —	电客车起动或前进时； 接近车站、鸣笛标、隧道、施工地点、黄色信号、引导信号、天气不良时； 在区间停车后，继续运行时，通知车长
2	退行信号	二长声 ——	电客车、开始退行
3	召集信号	三长声 ———	要求防护人员撤回时
4	呼唤信号	二短一长声 ·· —	客车要求出入小行基地时； 在车站要求显示信号时

（续）

序号	名　　称	鸣 示 方 式	使 用 时 机
5	警报信号	一长三短声 — · · ·	发现线路有危及行车安全的不良处所时； 客车发生重大、大事故及其他需要救援情况时； 电客车在区间内停车后，不能立即运行，通知车长时
6	试验自动制动机复示信号	一短声 ·	试验制动机开始减压时； 接到试验制动结束的手信号，回答试风（试验电客车制动机空气压力情况）人员时； 调车作业中，表示已接受调车员所发出的信号时
7	缓解信号	二短声 · ·	试验制动机缓解时
8	紧急停车信号	连续短声 · · · · ·	驾驶员发现邻线发生障碍，向邻线上运行的电客车发出紧急停车信号时，邻线电客车驾驶员听到后，应立即紧急停车

2）口笛鸣示方式，见表5-15。

表5-15　南京地铁口笛鸣示方式

序　　号	工 作 项 目	鸣 示 方 式	
1	发车、指示电客车向显示人反方向移动	一长声	——
2	指示电客车向显示人方向移动	一短一长声	· ——
3	指示发车	一长一短声	—— ·
4	制动机减压	一短声	·
5	制动机缓解	二短声	· ·
6	取消	二长一短声	——　—— ·
7	再显示	二长二短声	——　—— · ·
8	电客车接近通报信号 上行 下行	 二长声 一长声	 ——　—— ——
9	停车信号	连续短声	· · · · · ·

6. 徒手信号显示

在日常运作中，调车员或管理人员及行车有关人员检查工作或遇电客车救援、发生紧急情况，没有携带信号灯或信号旗时，可用下列徒手信号显示，见表5-16。

表5-16　南京地铁徒手信号的显示

序号	徒手信号类别	显 示 方 式
1	紧急停车信号（含停车信号）	两手臂高举头上，向两侧急剧摇动
2	三、二、一车信号	单臂平伸后，小臂竖直向外压直，反复三次为三车、二次为二车、一次为一车
3	连挂信号	紧握两拳头高举头上，拳心向里，两拳相碰数次
4	向显示人方向稍行移动	左手高举直伸，右手平伸小臂前后摇动
5	向显示人反方向稍行移动	左手高举直伸，右手向下斜伸，小臂上下摇动
6	好了信号	单臂向电客车运行方向上弧圈做圆形转动

【实践与训练】

学习工作单

工 作 单	城市轨道交通信号的分类及基本显示意义		
任　　务	1. 了解城市轨道交通信号的基本分类。 2. 掌握各种信号的显示意义。 3. 比较不同城市信号显示（包括手信号和音响信号）的区别。		
班　　级		姓　名	
学习小组		工作时间	

知识认知

1. 简述城市轨道交通信号的分类。

2. 通过对天津地铁一号线和南京地铁、北京地铁信号的显示意义、手信号、音响信号的介绍，总结其共同点和不同点？

能力训练

1. 分组对城市轨道交通信号的基本颜色及显示意义进行训练。

2. 指导教师对学生分组训练信号旗和口笛的使用及其意义。

任务学习其他说明或建议：

指导老师评语：

任务完成人签字：　　　　　　　　　　　　　日期：　年　月　日

指导老师签字：　　　　　　　　　　　　　　日期：　年　月　日

任务二　地面信号机的设置

【知识要点】

1. 掌握信号机的设置要求。
2. 熟知信号机的显示。

【任务目标】

1. 根据不同的站场设置信号机。
2. 对信号机的不同显示进行识别训练。

【任务准备】

1. 所需设备

现场不同用途的信号机。

2. 相关要求

安全防护措施。

【相关理论知识】

一、地面信号机设置原则

1. 信号机位置

城市轨道交通采用右侧行车制，不论在正线还是车辆段，地面信号机均应设置于列车运行方向的右侧，特殊情况下，可以设置在列车运行方向左侧或其他位置。地面信号机地下部分一般安装在隧道壁上。

2. 设备限界

设备限界是用以限制设备安装的轮廓线，信号机不得侵入设备限界。车辆轮廓线是限制列车横断面最大容许尺寸的轮廓，将其扩大一定尺寸后，便构成车辆限界。直线地段的设备限界是将直线地段车辆限界向外扩大一定安全间隙后形成的。曲线地段设备限界应在直线地段设备限界的基础上，按平面曲线不同半径过超高或欠超高引起的横向或竖向偏移量，以及车辆、轨道参数等因素计算确定。在《行车组织规则》中对各设备限界的数据都有具体说明。

二、正线信号机及表示器

城市轨道交通有的车站设有道岔，有的车站没有道岔，仅有两条正线，因此应根据各站设备的具体情况设置信号机。在正线常用的信号机包括防护信号机、阻挡信号机、通过信号机、进站信号机、出站信号机和发车表示器等。

【任务实施】

一、防护信号机

在正线道岔岔前和岔后适当地点设置防护信号机。防护信号机采用三显示机构，自上而下灯位为黄（或月白）、绿、红，具体显示意义为：

1）红色——禁止越过该信号机。

2）绿色——道岔开通直向位置，允许电客车按照规定速度越过该信号机进入区间。

3）黄色——道岔开通侧向位置，允许电客车按照规定速度（一般限速不超过30km/h）越过信号机，运行至折返点。

4）黄色+红色——引导信号，允许电客车以不超过25km/h的速度越过该信号机，有条件地进入区间。

二、阻挡信号机

在正线尽头处设置阻挡信号机，表示电客车停车位置。阻挡信号机采用单显示机构，只有一个红灯。当阻挡信号机显示红灯时，电客车应在距阻挡信号机至少10m的安全距离前停下。

信号机的命名：正线上防护信号机用“X”、“F”等命名，以数字序号作为下标，下行咽喉编为单号，上行咽喉编为双号，从站外向站内顺序编号。当车站设置有阻挡信号机时，按与防护信号机共同的顺序编号。

三、通过信号机

通过信号机采用三显示机构，自上而下灯位为黄、绿、红。对于采用ATC系统的城市轨道交通，由于其采用自动闭塞法，通过信号机已经失去主体信号的作用，所以一般在区间不设置通过信号机。但为便于驾驶员在ATP设备发生故障时控制电客车运行，可以根据需要设置通过信号机。

四、进、出站信号机

车站可根据需要设置进、出站信号机，或仅设置出站信号机。通常进站信号机设置在车站入口外适当距离处，用于防护车站内作业安全。进站信号机显示一个红色灯光时，表示不准电客车越过信号机进入站内；显示一个绿色灯光时，表示允许电客车按规定速度越过信号机进入站内。

出站信号机设置在车站出口处，即在车站的正线和到发线上，指示电客车能否由车站进入区间。出站信号机显示一个红灯表示不准电客车出站，显示一个绿灯表示允许电客车出发进入区间。

五、发车表示器（倒计时发车牌）

车站可在正向出站方向站台的一侧、电客车停车位置前方适当地点设置发车表示器，向驾驶员表示能否关闭车门及发车的时间。发车表示器平时不亮灯，电客车停靠后发车表示器无显示表示不能关闭车门、不能发车；距发车还有5s时发车表示器显示白色闪光，提醒驾驶员关闭车门；当发车表示器显示白色稳定灯光时，表示可以发车。

六、车辆段（车厂）信号机

在车辆段（车厂）入口转换轨外方应设置进段（厂）信号机。进段（厂）信号机显示及灯光配列可与防护信号机相同，也可采用双机构。

图5-1所示为某地铁公司车辆段与正线连接部分，图中XJ1、XJ2为进段（厂）信号机，XJ1显示红灯表示禁止电客车进入车辆段（车厂）；显示一个黄色灯光表示允许1号道岔开通直向位置；显示两个黄色灯光表示允许电客车进入车辆段（车厂），道岔1开通侧向位置；显示一个红色灯光和一个白色灯光表示引导信号。

车辆段（车厂）出口处设置出段（厂）信号机，如图5-1中SC1、SC2，其显示及灯光配列可与防护信号机相同。

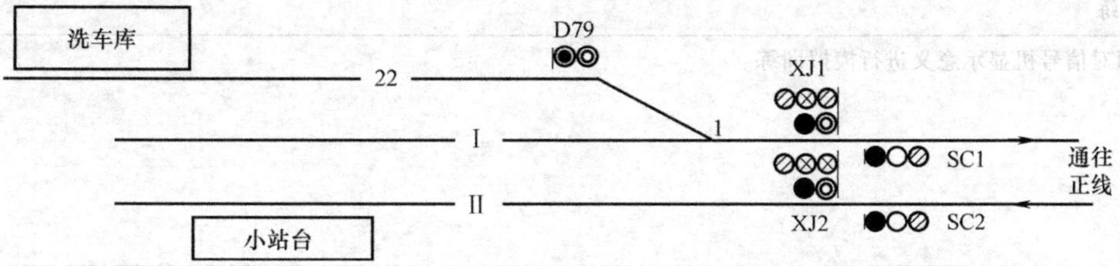

图5-1　进、出段（厂）信号机

车辆段（车厂）内其他地点可根据需要设置调车信号机，调车信号机显示蓝色灯光表示禁止越过该信号机调车，显示白色灯光表示允许越过该信号机调车。

在进段（厂）信号机内端的转换轨靠近车辆段（车厂）的一端，设置红、白两显示电客车阻挡信号机，红灯与白灯显示意义如下：

1）红灯——禁止电客车越过该信号机。

2）白灯——允许电客车以不超出25km/h的速度越过该信号机进行调车。

地面设置的信号机平时应处于亮灯状态，其经常保持的显示状态称为信号机的定位显示，除自动闭塞通过信号机外，其他信号机一律以显示禁止灯光（红灯或蓝灯）为定位显示。

信号开放后，当电客车第一轮对越过信号机所对应的绝缘后，该信号机应及时自动关闭。根据调车作业实际情况，结合铁路信号设备的设计要求，调车信号机开放后需待电客车全部越过信号机后才自动关闭。

【实践与训练】

学习工作单

工 作 单	地面信号机的设置		
任　　务	掌握地面信号机的设置要求，以及不同用途信号机的显示意义和设置		
班　　级		姓　　名	
学习小组		工作时间	

知识认知

1. 信号机的设置原则。
2. 不同信号机的显示颜色及其意义。
3. 不同用途信号机设置的要求。

能力训练

1. 分组对信号机显示意义进行模拟训练。

2. 指导教师进行现场教学，指导学生认识不同用途的信号机。

3. 在指导教师的指导下，根据不同的站场平面图设计信号机。

任务学习其他说明或建议：

指导老师评语：

任务完成人签字：　　　　　　　　　　　　　　　　日期：　年　月　日

指导老师签字：　　　　　　　　　　　　　　　　　日期：　年　月　日

任务三　道岔及转辙机

【知识要点】

1. 掌握道岔的作用和基本结构。
2. 了解普通单开道岔的组成。
3. 掌握转辙机的基本要求及分类。

【任务目标】

1. 现场教学辨别不同道岔的类型。
2. 实物演练道岔的结构组成安装。
3. 现场实习 ZD6 型转辙机的内部结构及拆装。

【任务准备】

1. 所需设备

现场道岔及转辙机。

2. 相关要求

相关的安全准备措施。

【相关理论知识】

一、道岔

道岔是一种使机车车辆能从一股道转入或越过另一股道的线路连接设备，大量铺设在车站内，以满足各种作业需要，最常见的是普通单开道岔。

1. 普通单开道岔

普通单开道岔由转辙器、辙叉及护轨、连接部分所组成，如图 5-2 所示。

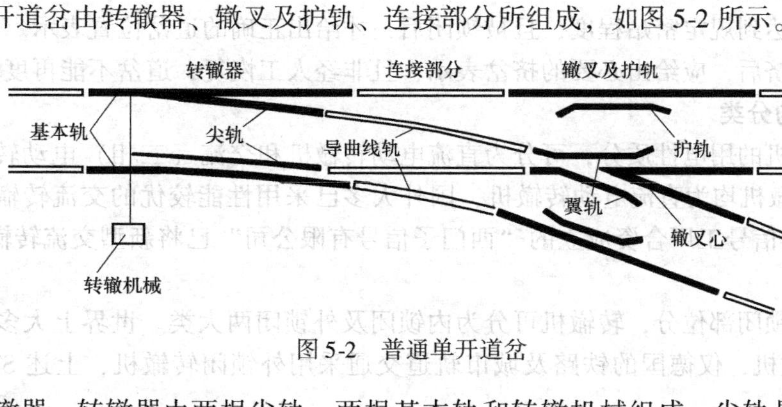

图 5-2　普通单开道岔

（1）转辙器　转辙器由两根尖轨、两根基本轨和转辙机械组成。尖轨是转辙器的主要部件，通过连接杆与转辙机械相连，所以操纵转辙机械可以改变尖轨的位置，以确定道岔的开通方向。

(2) 辙叉及护轨　辙叉及护轨包括辙叉心、翼轨及护轨，其作用是保证车轮安全通过两股轨线的相互交叉处。

(3) 连接部分　连接部分是连接转辙器和辙叉及护轨的部分，通过连接部分使之成为一组完整的道岔。它包括两根直轨和两根导曲线轨。在导曲线轨上一般不设缓和曲线和超高，所以电客车在侧向过岔时，速度要受到限制。

2. 道岔号数

道岔因其辙叉角的大小不同，有不同的道岔号（N），道岔号数表明了道岔各部分的主要尺寸。

地铁线路常用的标准道岔有7号、9号、12号。正线及折返线上统一采用9号道岔。为了行车安全平稳，列车过岔的速度应有一定的限制，具体规定见表5-17，其中车厂内基本为7号道岔，其侧向通过最高速度为25km/h。

表5-17　道岔侧向允许通过速度

辙叉号	7	9	12
速度/(km/h)	25	30	50

二、转辙机

转辙机是重要的信号基础设备，用于实现对道岔的转换和锁闭，是直接关系行车安全的设备，对于保证行车安全、提高运输效率，起着非常重要的作用。

1. 转辙机的基本要求

转辙机是用于转换道岔的装置，在电气集中设备中，它接收到转换命令后即带动道岔转换；在道岔转换到位后将道岔锁闭在规定位置上，从而确保安全；在道岔到位（定位或反位）的同时，向电气集中给出定位或反位的表示。对转辙机的主要要求为：

1）有足够的转换力。

2）当岔尖达到规定密贴程度时才对岔尖锁闭，其锁闭力应保证道岔不致因电客车通过时的震动而解锁移位。

3）当岔尖达到规定密贴程度，且被锁闭后，才给出正确的道岔位置表示。

4）道岔被挤后，应给出必要的挤岔表示，且非经人工恢复，道岔不能再度转换。

2. 转辙机的分类

1）按转辙机的用电性质分，可分为直流电动转辙机和交流（三相）电动转辙机。国产ZD系列电动转辙机均为直流电动转辙机，国外大多已采用性能较优的交流转辙机，德国西门子公司与西安信号工厂合资成立的“西门子信号有限公司”已将新型交流转辙机S700K-C推向市场。

2）按道岔锁闭部位分，转辙机可分为内锁闭及外锁闭两大类。世界上大多数国家采用内锁闭方式转辙机，仅德国的铁路及城市轨道交通采用外锁闭转辙机，上述S700K-C型即为外锁闭转辙机。

3）按转辙机的动力来分，可分为电动与液压两大类转辙机，后者因其机械结构简单，近年来普遍受到重视，我国也已在引进的基础上逐步推广使用液压转辙机。

【实践与训练】

学习工作单

工 作 单	道岔及转辙机		
任　　务	1. 掌握道岔的作用和基本结构，转辙机的基本要求及分类。 2. 了解普通单开道岔的组成		
班　　级		姓　　名	
学习小组		工作时间	

知识认知

1. 道岔的作用是什么？
2. 普通单开道岔的组成各部分名称。

能力训练

1. 组织学生到现场认识道岔及转辙器。

2. 指导教师带领学生指认道岔各部分名称。

3. 学生独立画出单开道岔并标出各部分名称。

任务学习其他说明或建议：

指导老师评语：

任务完成人签字：　　　　　　　　　　　　　　　　日期：　年　月　日

指导老师签字：　　　　　　　　　　　　　　　　　日期：　年　月　日

任务四　电客车自动控制（ATC）系统操纵

【知识要点】

1. 掌握 ATC 系统的组成及基本功能。
2. 掌握信号系统运营模式。
3. 掌握电客车驾驶模式。

【任务目标】

1. 对 ATC 系统电客车驾驶模式进行模拟操作。
2. 到现场进行不少于 2 周的实习。

【任务准备】

1. 所需设备

ATC 模拟操作系统。

2. 相关要求

相关的安全准备措施。

【相关理论知识】

一、ATC 系统的作用

电客车自动控制系统简称为 ATC（Automatic Train Control）系统。城市轨道交通的主要作用是运送旅客，它的运营线路封闭，并且运营线路不长，站与站之间的距离较短，电客车以中低速行驶，这些特点为线路上的电客车进行安全高效运营提供了有利条件。因此在城市轨道交通中，ATC 系统的作用便是保障电客车行车安全和提高运营效率。

1. 保障行车安全

电客车行车安全是由电客车自动控制系统中的电客车自动防护系统，即 ATP（Automatic Train Protection）系统来完成。ATP 系统与电客车的牵引制动系统一同控制电客车运行速度，防止电客车超速行驶。ATP 设备在故障情况下遵循故障导向安全原则，确保运营安全。

2. 提高运营效率

电客车自动控制系统能实现电客车自动驾驶，使电客车根据运营计划自动完成运营作业，这样可以有效减少电客车驾驶员、调度和车站人员的工作强度，确保电客车正点运营，有效提高运营作业效率。

二、ATC 系统构成

城市轨道交通的信号系统通常包括两大部分：联锁装置和电客车运行控制系统（后者又称为 ATC 系统），其中 ATC 系统又包括电客车超速防护 ATP 系统（Automatic Train Protection）、电客车自动驾驶 ATO 系统（Automatic Train Operation）及电客车自动监控 ATS 系统

(Automatic Train Supervision) 3 个子系统，简称“3A”系统。图 5-3 给出了城市轨道交通信号功能结构的框图说明。

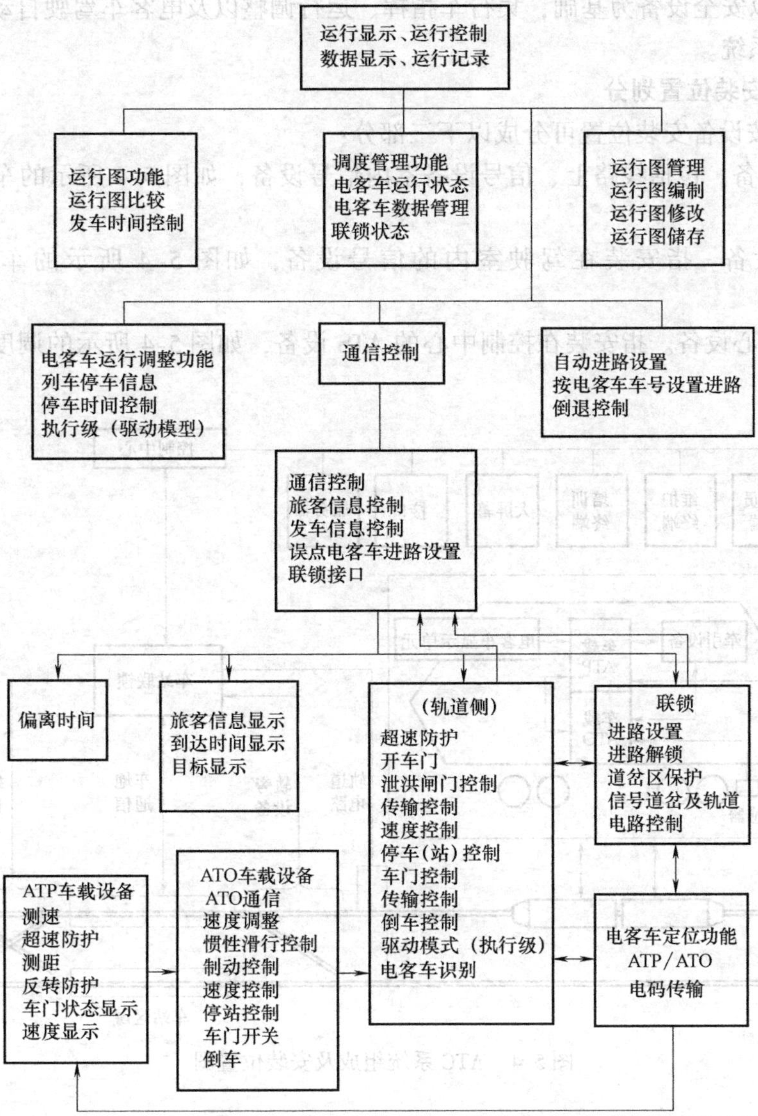

图 5-3　城市轨道交通信号功能结构图

1. 按设备功能划分

ATC 系统从功能分主要包括以下三个子系统：

1）电客车自动防护系统（Automatic Train Protection，简称 ATP），主要作用是防止电客车追尾、冲突事故的发生，并控制电客车的运行速度不超过允许的最高速度。

2）电客车自动运行系统（Automatic Train Operation，简称 ATO），主要作用是实现电客车自动驾驶，并使电客车在设定的车站自动停车。

3）电客车自动监控系统（Automatic Train Supervision，简称 ATS），主要作用是对线路上运行的所有电客车进行监督和管理，控制电客车根据电客车运行图完成运营作业。

三个子系统的功能既能相对独立，又紧密相连，通过信息交换网络构成闭环系统，实现地面控制与车上控制结合、现地控制（车站值班员直接操纵车站联锁设备）与中央控制结合，构成一个以安全设备为基础，集行车指挥、运行调整以及电客车驾驶自动化等功能为一体的自动控制系统。

2. 按设备安装位置划分

ATC 系统按设备安装位置可分成以下三部分：

1）轨旁设备。包括线路上、信号设备室内信号设备，如图 5-4 所示的车站联锁、轨旁设备等。

2）车载设备。指安装在驾驶室内的信号设备，如图 5-4 所示的车载 ATP、车载 ATO 等。

3）控制中心设备。指安装在控制中心的 ATS 设备，如图 5-4 所示的调度员终端、服务器等。

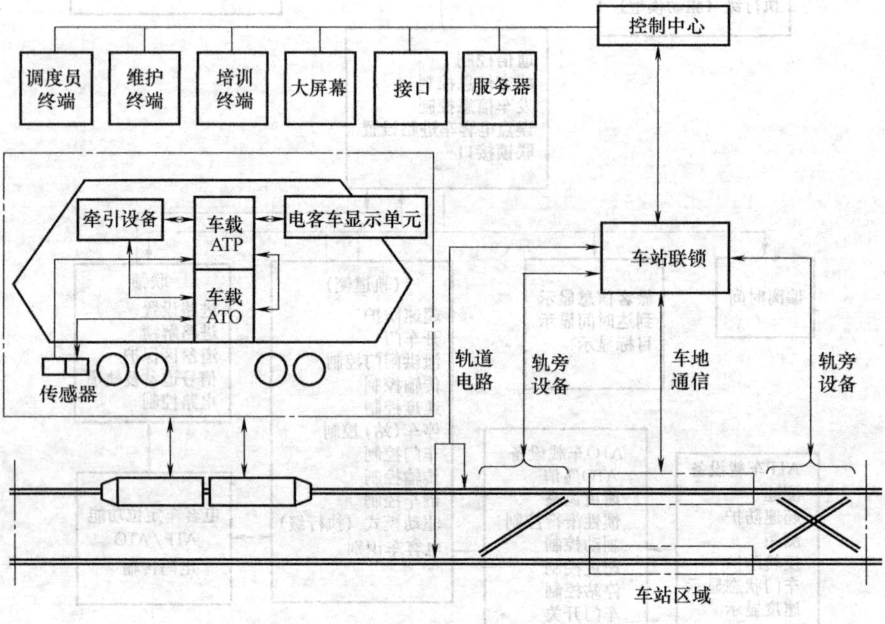

图 5-4　ATC 系统组成及安装位置图

3. 按对电客车实施的控制方式分类

信号系统对电客车实施的最终控制方式，一般分为阶梯式速度曲线和速度—距离模式曲线两种控制方式。

（1）阶梯式速度曲线控制方式　基于传统的音频轨道电路，其传输的信息量少，对应每个闭塞分区只能传送一个信息代码，即该区段所规定的最大速度命令码或入口/出口速度命令码。电客车速度监控采用闭塞分区出口检查的方式，当电客车速度超过规定速度时，施行常用制动或紧急制动，即施行常用制动时，若制动率达不到要求，会自动转为紧急制动。

（2）速度—距离模式曲线控制方式　该方式由命令编码单元通过轨道电路、查询应答器、电缆环线、裂缝波导管或无线设施向电客车提供目标及限制速度等命令信息，同时还向电客车提供目标速度、目标距离、线路状态等信息，在电客车的每一个确切位置，车载 ATP

设备均可据此计算出电客车运行的速度、距离曲线，保证电客车在最高安全速度下运行。

4. 按闭塞制式分类

目前，用于城市轨道交通系统的闭塞方式有三种：固定闭塞、准移动闭塞和移动闭塞。

固定闭塞将线路划分为固定的区段，不论前、后电客车位置，还是前、后电客车的间距都是用固定的地面设备（如轨道电路）检测和表示的。线路条件和电客车参数等均需在闭塞设计过程中加以考虑。准移动闭塞（也可称为半固定闭塞）可解释为：预先设定电客车的安全追踪间隔距离，根据前方目标状态设定列车的可行车距离和运行速度，是介于固定闭塞和移动闭塞之间的一种闭塞方式。移动闭塞不设固定闭塞区段，前、后两列电客车都采用移动式的定位方式，可解释为：电客车的安全追踪间隔距离不预先设定，而随电客车的移动不断移动并变化的闭塞方式。

（1）固定闭塞 ATP 系统　ATP 系统采用阶梯式控制方式，这对电客车运行控制精度不高，会降低电客车运行舒适度、增加驾驶员劳动强度，并且限制了电客车通过能力的进一步提高。固定闭塞分区的划分依赖于特定电客车的性能，当线路上有不同性能的电客车时，为保证安全，需按最严格条件设计，这样便会影响运行效率，而且也不适应今后电客车类型变更。

（2）准移动闭塞 ATP 系统　一般采用数字式音频无绝缘轨道电路、音频无绝缘轨道电路与感应电缆环线或计轴与感应电缆环线方式作为电客车占用监测和 ATP 信息传输媒介，其具有较大的信息传输量和较强的抗干扰能力。

三、ATC 系统功能

1. ATP 系统

ATP 系统通过对电客车运行速度的控制，保证电客车在允许的运行速度值范围内运行，确保电客车一旦超过规定速度，立即施行制动。其主要实现以下功能：

1）自动连续地对电客车位置进行检测，并向电客车发送必要的速度、距离、线路条件等信息，以确定电客车运行的最大安全速度；提供电客车速度保护，在电客车超速时提供常用制动或紧急制动，保证前行与后续电客车之间的安全间隔，以满足正向行车时所设计的行车间隔和折返间隔；对反向运行电客车能进行 ATP 防护。

2）确保电客车进路正确及电客车的运行安全；确保同一路径上的不同电客车之间具有足够的安全距离，以及防止电客车侧面冲撞等。

3）防止电客车超速运行，保证电客车速度不超过线路、道岔、车辆等规定的允许速度。

4）为电客车车门的开启提供安全、可靠的信息。

5）根据联锁设备提供的电客车在进路上轨道区间的运行方向，确定相应轨道电路方向发送信息码。

6）任何车—地通信中断以及电客车的非预期移动（含退行）、电客车完整性电路的中断、电客车超速（包含临时限速）、车载设备故障等，均将产生安全性制动。

7）实现与 ATS 接口和进行有关的交换信息。

8）系统的自诊断、故障报警、记录。

9）电客车的实际速度、推荐速度、目标速度、目标距离等信息的记录和显示。具有人工或自动轮径磨耗补偿功能。

2. ATO 系统

ATO 系统是控制电客车自动运行和车站自动停车的设备，在 ATP 系统的保护下，根据 ATS 的指令实现电客车运行的自动驾驶、车辆识别、速度的自动调整、电客车车门控制、性能调整和发车测试等，具体表现为：

1）自动完成对电客车的起动、牵引、巡航、惰行和制动的控制，以较高的速度进行追踪运行和折返作业，确保达到设计间隔和运行速度。

2）在 ATS 系统监控范围的入口及各站停车区域（含折返线、停车线）进行车—地通信，将电客车有关信息传送至 ATS 系统，以便于 ATS 系统对在线电客车进行监控。

3）控制电客车按照运行图运行，以达到节能及自动调整电客车运行的目的。

4）ATO 系统自动驾驶时，实现车站站台定点停车控制、舒适度控制及节能控制。

5）能根据停车站台的位置及停车精度，自动的对车门进行控制。

6）与 ATS 系统和 ATP 系统结合，实现电客车自动驾驶、有人或无人驾驶。

3. ATS 系统

ATS 系统通过 ATP 系统和 ATO 系统，实现对电客车运行的自动监控，并实现以下基本功能：

1）获取控制和监督电客车运行的基础信息。通过 ATS 车站设备获取轨道占用与空闲状态、进路状态、电客车识别、信号设备故障等信息。

2）实现进路控制。根据联锁表、计划运行图及列车位置，自动生成输出进路控制命令，并传送至车站联锁设备，设置列车进路、控制电客车停站时分。进路控制包括控制中心自动控制、控制中心人工控制、车站自动控制及车站人工控制几种形式。

3）电客车识别号跟踪、传递和显示。系统能自动完成正线区段内电客车识别号（服务号、目的地号、车体号）跟踪。电客车识别号可由中央 ATS 自动生成或由调度员人工设定、修改，也可由电客车用车—地通信向 ATS 发送识别号等信息。

4）电客车时刻表编制和管理。ATS 系统具有电客车计划与实迹运行图的比较和计算机辅助调度功能，能根据电客车运行实际的偏离情况，自动生成调整计划供调度员参考或自动调整电客车停站时分，控制电客车发车时间。

5）电客车运行的自动调整及人工调整。在计算机辅助下完成对电客车基本运行图的编制及管理，并具有较强的人工介入能力。ATS 设备设在车辆段的终端，向车辆段管理及行车人员提供必要的信息，以便编制车辆运用计划和行车计划。

6）电客车运行及信号设备的监督和报警。电客车运行显示屏及调度台显示器，能对轨道区段、道岔、信号机和在线运行电客车等进行监视，能在行车调度员工作站上给出设备故障报警及故障源提示。

7）系统故障时降级处理及故障复原处理。中央 ATS 设备故障情况下的降级处理，由调度员人工介入设置进路，对电客车运行进行调整，由车站 ATS 系统完成自动进路或根据电客车识别号进行自动信号控制，由车站人工进行进路控制。

8）培训和演练。能在中央专用设备上提供模拟和演示功能，用于培训及参观。

9）为旅客提供向导显示信息。向无线通信、广播、旅客向导系统提供必要的信息，主要内容有电客车到达时间、目的地及电客车最终到达时间、末班电客车等。

10）数据记录、统计和打印。自动进行运行报表统计，并根据要求进行显示打印。

11）与其他系统接口。

【任务实施】

一、信号系统运营模式

1. ATS 自动监控模式

正常情况下 ATS 系统自动监控在线路上运行的电客车，自动向联锁设备下达列车进路命令，电客车在 ATP 系统的安全保护下由驾驶员按规定的运行图/时刻表驾驶电客车运行。控制中心行车调度员仅需监督电客车和设备的运行状况。每天开班前，控制中心调度员选择当日的行车运行图/时刻表，经确认或做必要的修改后，作为当日行车指挥的依据。

2. 调度员人工介入模式

调度员可通过工作站发出有关行车命令，对全线运行的电客车进行人工干预。调整电客车运行计划包括对电客车实施“扣车”、“终止站停”、改变电客车进路、增减电客车等。

3. 电客车出入车厂调度模式

车辆调度员根据当日电客车运行图/时刻表编制车辆运用计划和厂内行车计划，并传至控制中心。车厂信号值班员按车辆运行计划设置相应的进路，以满足电客车出入段作业要求。

4. 车站现地控制模式

除设备集中站外，其他车站不直接参与运营控制，车站联锁和车站 ATS 系统结合实现车站和中央两级控制权的转换。在中央 ATS 设备故障或经车站值班员申请，中央调度员同意放权后，可改由车站现地控制。

在车站现地控制模式下，车站值班员可直接操纵车站联锁设备，可将部分信号机置于自动模式状态，也可将全部信号机设为自动模式状态，控制中心行车调度员应通过通信调度系统与电客车驾驶员、车站值班员保持联系。

5. 车厂控制模式

电客车出入车厂和厂内的作业均由车厂值班员根据用车计划，直接排列进路。车厂与正线之间设置转换轨，出入厂线与正线间采用联锁照查（指敌对进路未建立）联锁，以保证行车安全。

二、电客车驾驶模式

城市轨道交通电客车的主要驾驶模式应包括：电客车自动运行驾驶模式；电客车自动防护驾驶模式；限制人工驾驶模式；非限制人工驾驶模式。此外，还有自动折返驾驶模式。

1. 电客车自动运行驾驶模式（ATO 模式或 AM 模式）

ATO 模式即 ATO 自动运行模式，此模式是正线上电客车运行的正常模式，即用于正线上电客车的正常运行。在这种模式下，电客车在车站之间的运行是自动的，不需驾驶员驾驶，驾驶员只负责监视 ATO 显示，监督车站发车和车门关闭，以及电客车运行所要通过的轨道、道岔和信号的状态，并在必要时人工介入。

驾驶员给出电客车关门指令关闭车门后，通过按压起动按钮给出出发指令。车载 ATP

确认车门已关闭后，电客车便可起动。如果车门还开着，ATP 会不允许电客车出发。电客车出发后站间运行的速度调整、至下站的目标制动以及开车门都由 ATO 自动操作。ATP 确保电客车各阶段自动运行的安全，在车站之间的运行将根据控制中心 ATS 的优化时刻表指令执行，确定其走行时间。

在 ATO 模式下，ATO 根据 ATP 编码和电客车位置生成运行电客车的行驶曲线，完全自动地驾驶电客车；ATO 还能根据到停车点的距离计算出电客车的到站停车曲线；ATO 速度曲线可以由 ATS 的调整命令修改；ATP 系统可以控制电客车的紧急制动。

2. 电客车自动防护驾驶模式（SM 模式）

SM 模式即 ATP 监督人工驾驶模式，是一种受保护的人工驾驶模式。在这种模式下，驾驶员根据驾驶室中的指示手动驾驶电客车，并监督 ATP 的显示，以及电客车运行所要通过的轨道、道岔和信号的状态，可以在任何时候操作紧急制动。ATP 连续监督人工驾驶的电客车运行，如果电客车超过允许速度将产生紧急制动。ATO 故障时电客车可用 SM 模式在 ATP 的保护下降级运行。

在 SM 模式下，电客车由驾驶员人工驾驶，电客车的运行速度受 ATP 监控；ATO 此时对电客车不进行控制，但会根据地图数据随时监督电客车的位置；如果 ATO 能与 PAC 通信，它可控制车门开启；ATP 向驾驶员提示安全速度和距离信息；在电客车实际行驶速度到达最大安全速度之前，ATP 可实施常用制动，防止电客车超速；由 ATP 系统来控制电客车的紧急制动。

3. 限制人工驾驶模式（RM 模式）

RM 模式即 ATP 限制允许速度的人工驾驶模式，这是一种受约束的人工操作，必须谨慎运行。在这种模式下，电客车由驾驶员根据轨旁信号驾驶，ATP 仅监督允许的最大限速值。该运行模式在下列情况下使用：电客车在车辆段范围内（非 ATC 控制区域）运行时；正线运行中联锁设备或轨道电路或 ATP 轨旁设备或 ATP 电客车天线或地对车通信发生故障时；电客车紧急制动以后；启动 ATP/ATO 以后。

此时，车载 ATP 将给出一个 25km/h 的限制速度。

在 RM 模式下，电客车由驾驶员人工驾驶，没有轨道编码的参与，不要求强制使用地面编码。此时 ATO 退出控制；由驾驶员负责电客车运行的安全，并监督电客车所要通过的轨道、道岔和信号的状态，如有必要，对电客车进行制动；电客车行驶速度一旦超出限制速度，ATP 系统就会实施紧急制动。

4. 非限制人工驾驶模式（关断模式或 URM 模式）

关断模式是不受限制的人工驾驶（无 ATP 监督）模式，用于车载 ATP 设备故障以及车载设备测试情况下完全关断时的电客车驾驶。电客车是由驾驶员根据轨旁信号和调度员的口头指令驾驶的，没有速度监督。ATP 的紧急制动输出被车辆控制系统切断，驾驶员必须保证电客车运行不超过限制速度（最大 25km/h），并监督电客车所要通过的轨道、道岔和信号的状态，必要时采取措施，对电客车进行制动。

在关断模式下，电客车由驾驶员人工驾驶，没有 ATP 保护措施。使用这种模式必须进行登记，此时电客车的运行安全完全有驾驶员负责。此模式下 ATO 退出控制。

5. 自动折返驾驶模式（AR 模式）

电客车在站端（没有折返轨道的终端）调转行车方向或使用折返轨道进行折返操作，

就要求能进入自动折返驾驶模式。

为使自动折返操作具有高度的灵活性，自动折返模式有下列几种：ATO 自动运行折返模式；ATO 无人自动折返模式；ATP 监督人工驾驶折返模式。

折返命令是由 ATS 中心根据需要生成并传输至电客车，或由设计固定的 ATP 区域（如终端站）的轨旁单元发出。ATP 车载设备通过接收轨旁报文而自动启动 AR 模式，并通过驾驶室显示设备指示给驾驶员，驾驶员必须按压“AR”按钮确认折返作业。是否折返，使用折返轨道折返，由无人驾驶执行，还是由驾驶员执行，这些完全由驾驶员决定。

采用无人折返或有驾驶员折返取决于驾驶员采取的不同折返模式。

若采用 ATO 自动运行折返模式，在驾驶员按压 ATO 启动按钮后，电客车自动驶入折返轨，并改变车头和轨道电路发送方向；在折返轨至发车站台的进路排列完成后，再次按压 ATO 启动按钮，电客车自动驶入发车站台，并精确地停在发车站台。

若采用 ATO 无人自动折返模式，在驾驶员下车后按压站台上的无人折返按钮，电客车在无驾驶员的情况下，自动完成启动电客车驶入折返轨，改变车头和轨道电路发送方向，并在折选轨至发车站台的进路排列完成后，再自动启动电客车驶入发车站台，并精确地停在发车站台。

若采用 ATP 监督人工驾驶折返模式，在人工驾驶过程中 ATP 将对电客车速度、停车位置进行监督，并在电客车驶入折返轨后自动改变车头和轨道电路发送方向。

除 URM 模式外，其他所有的模式都有一个 5m 的退车限制，如果超过这个限制，ATP 将实施紧急制动。

【实践与训练】

学习工作单

工 作 单	电客车自动控制（ATC）系统的构成及操纵		
任 务	了解城市轨道交通信号 ATC 系统的产生和发展，掌握 ATC 系统的组成及基本功能，掌握信号系统运营模式，掌握电客车驾驶模式。		
班 级		姓 名	
学习小组		工作时间	

知识认知

1. 简述 ATC 系统的组成。
2. 简述 ATC 系统的功能。
3. 说明 ATC 系统的分类。

能力训练

1. 在指导教师的带领下，分组对 ATC 系统电客车驾驶模式进行模拟操作演练。

2. 在指导教师的带领下，分组对 ATC 系统信号系统运营模式进行模拟操作演练。

任务学习其他说明或建议：

指导老师评语：

任务完成人签字： 日期： 年 月 日

指导老师签字： 日期： 年 月 日

任务五　电客车超速防护（ATP）系统操纵

【知识要点】

1. 掌握ATP系统的基本功能。
2. 掌握点式ATP系统地面设备及车载设备。
3. 掌握连续式ATP系统。

【任务目标】

1. 练习用ATP系统进行电客车间隔控制。
2. 模拟训练掌握ATP系统的基本功能。
3. 操作点式ATP系统和连续式ATP系统，体会之间的差别。

【任务准备】

1. 所需设备

ATP模拟操作系统。

2. 相关要求

相关的安全准备措施。

【相关理论知识】

一、ATP系统概述

电客车自动防护系统（ATP）由地面ATP设备和车载ATP设备组成，是完成电客车间隔控制和电客车超速防护的行车安全保证设备。根据联锁设备提供的进路、道岔、信号状态、电客车作业形式及电客车运行方向等信息，地面ATP设备向车载ATP设备传送电客车安全运行的控制信息（主要包括目标速度、目标距离等），以确保电客车之间的安全距离，不发生追尾事故。

二、ATP系统的功能

1. 停车点防护

停车点有时即是危险点。例如站内有车时，车站的起点即是必须停车点，如图5-5所示。在停车点的前方通常还设置一段防护段。ATP系统计算得出的紧急制动曲线即以P点为基础，保证电客车不会超越P点。有时也可在P点设置一个电客车滑行速度值，例如$v_p = 5$ km/h，一旦需要，电客车可在此基础上加速，或者停在危险点前方。

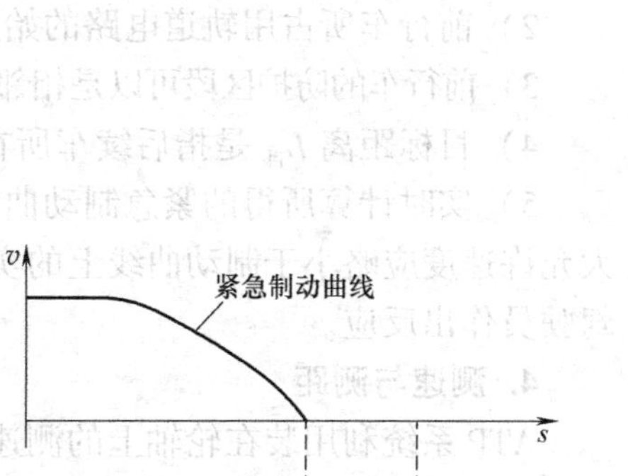

图5-5　停车点防护的说明

2. 速度监督与超速防护

在城市轨道交通中的速度限制分为两种。一种是固定速度限制，如区间最大允许速度（取决于线路参数）、电客车最大允许速度（取决于电客车的物理特性）；另一种是临时性的速度限制，例如线路维修时临时设置的速度限制。ATP 系统始终严密监视这类速度限制不被超越，一旦超越，系统先作告警，后起动紧急制动，并做记录。

3. 电客车间隔控制

电客车间隔控制又称为移动闭塞，是一种既能保证行车安全（防止两电客车发生追尾事故），又能提高运行效率（使两电客车的时间间隔最短）的信号概念。移动闭塞与过去的以划分闭塞分区、设立防护信号机为基础的自动闭塞概念有很大的不同。移动闭塞的闭塞分区长度与位置均是不固定的，是随前方目标点（前行电客车）的位置、后续电客车的实际速度以及线路参数（如坡度）而不断改变的。相对于过去的固定闭塞分区而言，这里的“闭塞分区”是移动的，所以称之为移动闭塞。图 5-6 所示为电客车间隔控制的说明：

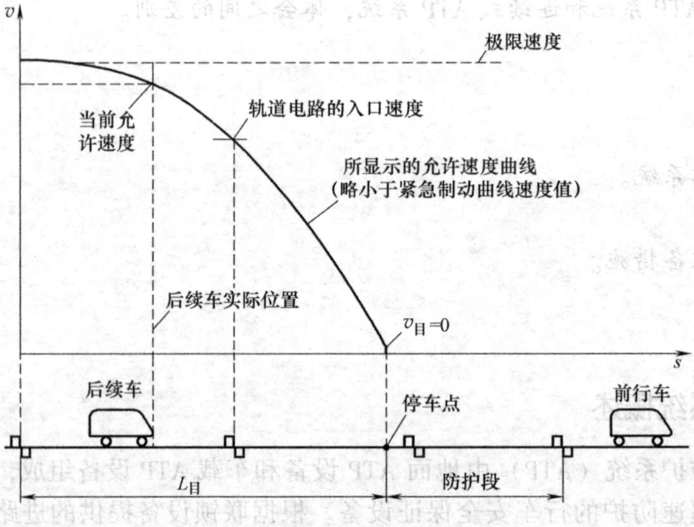

图 5-6　电客车间隔控制的说明

1）轨道电路必须采用多信息音频轨道电路，轨道区段长度通常在 300m 以下。

2）前行车所占用轨道电路的始点被当作为危险点。

3）前行车的防护区段可以是相邻轨道电路，也可以大于轨道分区的长度，视具体情况而定。

4）目标距离 $L_目$ 是指后续车所在轨道电路的始端到停车点（防护段的始端）的距离。

5）实时计算所得的紧急制动曲线与电客车的最大减速度有关；在驾驶室内显示出的最大允许速度应略小于制动曲线上的实际最大允许速度，以便留出时间空隙可以进行告警及由驾驶员作出反应。

4. 测速与测距

ATP 系统利用装在轮轴上的测速传感器来测量电客车的即时速度，并在驾驶室内显示出来。ATP 系统的电客车定位是以轨道电路为基础的，而在轨道电路内的运行距离测量则可依赖于所记录的车轮转数及已知的车轮直径加以转换。

5. 车门控制

城市轨道交通车辆的车门控制是重要的安全措施之一。车门是自动开闭还是由驾驶员手动操纵，这并不重要，关键是要对安全条件进行严格的监督。ATP 系统的车门控制功能之一是防止如下情况的发生：

1）电客车在站外时打开车门。

2）电客车在站内时打开非站台侧的车门。

3）在车门打开时电客车起动。

只有在 ATP 系统检查所有安全条件均已满足时，给出一个信号，车门才能被打开。

6. 其他功能

上述五项功能是 ATP 系统的主要功能。除此之外，视具体用户的要求，ATP 系统还可具有其他一些功能，例如：

1）紧急停车功能。在特殊紧急情况下，按压设在车站上的紧急停车按钮（平时加铅封），就可通过轨道电路将停车信息传递给区间上的电客车，启动紧急制动，使电客车停止运行。

2）给出发车命令。ATP 系统检查有关安全条件（如车门是否关闭、驾驶员的操作手柄是否置于零位、ATO 系统是否处于 OK 状态），并确认符合安全后，给 ATO 系统一个信号，驾驶员在得到显示后即可进行人工发车。在自动驾驶时，ATO 系统得到 ATP 系统的发车确认信息后，即操纵电客车自动起动。

3）电客车倒退控制。根据不同的用户协议，ATP 系统可以实现各种电客车倒退控制。例如有的用户要求防止电客车退行，或要求电客车退行超过一定距离，或者越过轨道电路分界点时，即起动紧急制动。

【任务实施】

一、点式电客车超速防护系统（点式 ATP 系统）

点式 ATP 系统因其成本低廉（约为连续式 ATP 系统的 70% 左右）、安全可靠、使用方便而深受欢迎。

该系统的基本运行方式如下：在电客车正常运行时（在限速点及时降速、停站前及时降速确保站内停车、在前方有车时及时按信号指示降速……），该系统对电客车不起作用。当电客车速度达到并稍微超过当时当地的允许速度时，则首先音响会向驾驶员报警，提醒驾驶员及时降速，如果驾驶员仍然没有作出反应，则该系统自动地起动制动器，并根据用户的要求和电客车制动设备的条件，或者马上起动强迫制动，强迫电客车在发生危险前停住，并作为超速运行而记录下来；或者先启用常用制动。当电客车速度降至极限速度下某个定值时，制动设备自动缓解。只有当启用常用制动后电客车继续超出极限速度更多（表明用常用制动已不足以使电客车在应停车处停住或不能使电客车降至规定速度以下），系统才启用强迫制动。

1. 点式 ATP 工作原理

点式电客车超速防护系统是一种点式传递信息，用车载微计算机实现信息处理，最后达到电客车速度防护目的的系统。

系统在结构上分为地面设备（主要是地面应答器）和车载设备两部分，如图 5-7 所示。

地面应答器通常放置在原来应设置信号机的位置上（如进站信号机、自动闭塞信号机等）或者一段需要降速的缓行区间的始、终端，通常置于两条钢轨之间，为平板型（瑞典 ABB 公司的制式）或者置于一条钢轨的任一侧（内侧或外侧），呈极靴状（德国西门子公司制式）。地面应答器是无源的，它的内部主要包括如下三部分电路：

（1）电源接收装置　地面应答器平时是无源的，当电客车驶过其上方时，由车载应答器通过高频电磁波的方式将能量辐射给它。这部分电源接收装置在收到来自电客车的高频电磁能量后，经检波、电压变换作为地面应答器的工作电源。

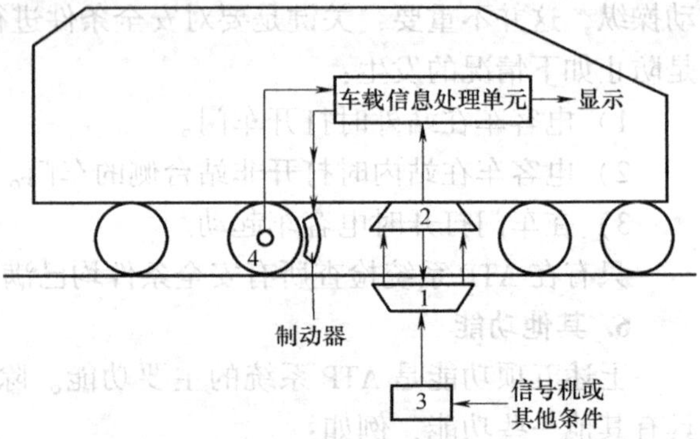

图 5-7　点式 ATP 系统的地面、车载设备

1—地面应答器　2—车载应答器

3—地面接口　4—轮脉冲发生器

（2）EPROM 可编程存储器　在 EPROM 可编程存储器里事先寄存有一些它所防护区间的固定数据，如前方目标点的距离、区间的坡度、该区间线路允许的最高速度等，以及由地面接口实时输入的数据，主要是前方目标的允许速度（例如，前方目标点是停车点，信号机应显示红灯，则在地面应答器中储存的是前方目标点的允许速度为零）。

（3）发送设备　当电客车驶过地面应答器上方时，地面应答器获得电能，发送设备即以频移键控 FSK 方式（载频通常为几十万赫至几兆赫），以数码形式将所存储的信息内容经由车载应答器传递给车载信息处理单元。

车载设备在获得来自地面应答器的信息后，根据轮脉冲发生器形成的电客车实时速度，以及事先储存在车载计算机内的列车自重、车长、制动率等参数，由车载计算机按固定的程序算法计算出本信息点和下一个目标点（也可能是信息点）之间的速度曲线。此速度曲线即表示在这两点之间的极限速度，亦即该系统对电客车速度监控的依据。

图 5-8 所示为两种情况下的速度曲线示例。图 5-8a 表示前方轨道电路区段有车的情况，电客车从地面应答器 T_1 获得目标点距离、目标点速度等有关数据后，计算得出 T_1、T_2 点之间的极限速度曲线，该系统随时监视电客车实际运行情况是否超出此速度限制，从而作出是否用起动制动的方式来干预驾驶员的驾驶决定。由图 5-8 可见，若把目标点（T_2）速度定为零，则当前方电客车出清（不占用）此轨道区段时，电客车也只能停在 T_2 点，这将导致行车效率的降低。所以一般设置一个“开口速度”，如 5 km/h，当电客车驶过 T_2，获得新的信息后便可重新加速。

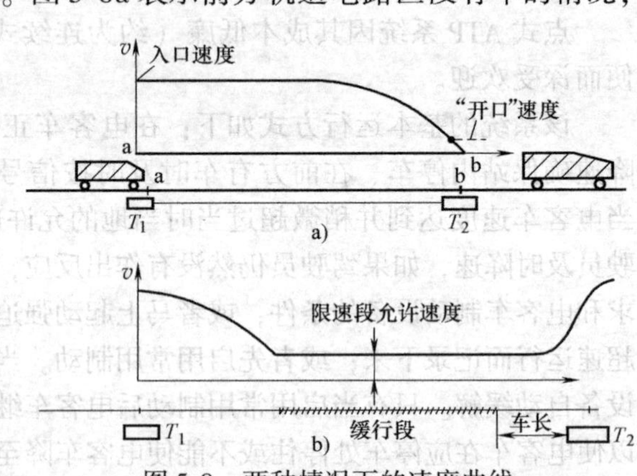

图 5-8　两种情况下的速度曲线

图 5-8b 表示由于施工、大修等原因形成的临时缓行段减速情况。可在缓行段前方合适距离处（此距离应确保行车能降至限速值）及后方加上电客车长度处分别设置地面应答器 T_1 及 T_2。当电客车驶过 T_1 时，应按计算所得限速曲线运行，即此时电客车速度控制系统是按图 5-8b 所示速度曲线监视电客车运行。电客车车尾出清缓行段后才能从地面应答器 T_2 获得新的信息，然后电客车才能加速。

2. 车载设备

在城市轨道交通中，由于驾驶室位于电客车两端，所以通常要设置两套车载设备，如果仅设置1套设备，则必须在车内设置联系电路，以保证列车在任何运行方向时系统都能起作用。

图5-9所示为点式电客车超速防护系统车载设备框图。点式列车超速防护系统包括机车应答器、路程脉冲发生器、接收和发送单元、中间存储器、微计算机、用于输出制动命令的继电器组、速度表、操作及指示盘等。图5-10所示为适用于该系统的双指针速度表，其中长针表示电客车实际速度，短针表示电客车实时允许的极限速度（即车载计算机算得的速度曲线的值），当长针与短针重合或稍微超越短针，则即会产生报警及起动制动。

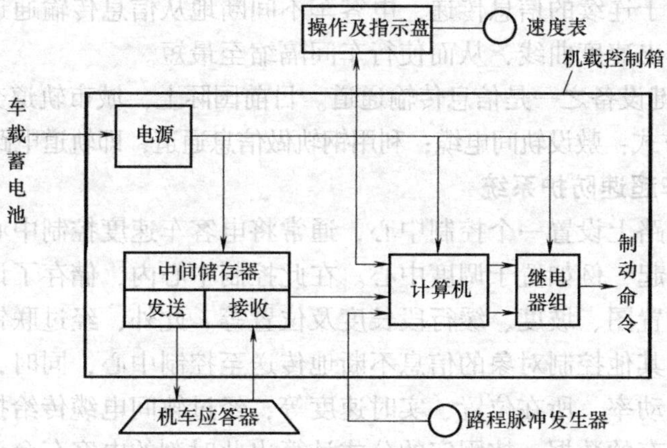

图5-9　点式电客车超速防护系统车载设备框图

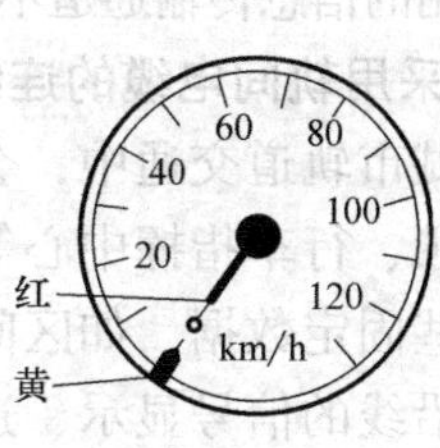

图5-10　双指针速度表

车载设备由车载蓄电池供电，经稳压电源给各部分供电。

路程脉冲发生器有多种型号，如SIEMENS 16P型，其核心部分是一个16极的凸轮。随着车轮的转动，路程脉冲发生器发出一系列脉冲，车速越快，脉冲数越多，只要记录下在一定时间内的脉冲数目，即能换算成列车的实时速度。

机车应答器安装在机车转向架上。不论采用何种类型点式电客车超速防护系统，都必须注意地面应答器与机车应答器安装尺寸之间的配合。例如德国西门子公司生产的ZUB100型机车应答器，其两类应答器的几何尺寸都是726mm×147mm×197mm，地面应答器安装位置为其中心距钢轨内侧400mm，机车应答器平面与轨面持平；机车应答器也应距钢轨内侧400mm，高出轨面180mm。

车载操作及指示盘是根据用户的要求而设置的，其显示应该是多信息的。除了速度表上表示出允许速度和实际速度外，指示盘上还可显示出离目标点的距离、目标点的速度等值，这些值对驾驶员正确驾驶十分有用。

3. 点式电客车超速防护系统的主要特点

1）该系统可有效地实现超速防护功能，其与自动停车装置最大的不同在于：该系统能随时随地进行速度监控，其安全程度远高于自动停车装置。

2）该系统能给驾驶员充分、确切的显示，包括最大允许速度、目标点距离等，远比以往依赖信号灯给出的信号显示得详细，这有利于驾驶员最优地驾驶电客车。

3）地面应答器是无源的，且安装方便，使用时不必加敷电缆，十分灵活。

4）在地面上增设环线，在机车上加设相应接口后，便可实现从电客车向地面传送信息，如可把电客车的车次号、电客车所在地点等传送至控制中心，这对实现全线运行指挥自动化十分有利。

5）车载计算机采用符合“故障—安全”准则的计算机系统，所以安全性较高。

6）该系统的主要缺点是信息传递是间断的，即当电客车从一个信息点获得地面信息后，要到下一个信息点才可更新地面信息，若其间地面情况发生变化，就无法立即传递给电客车。要克服这个缺点，只有采用连续式电客车超速防护系统。

二、连续式电客车超速防护系统（连续式 ATP 系统）

连续式电客车超速防护系统是基于连续的信息传递，电客车不间断地从信息传输通道获得信息，车载计算机也不间断地计算出速度曲线，从而使行车间隔缩至最短。

连续式电客车超速防护系统的关键设备之一是信息传输通道。目前国际上，城市轨道交通普遍采用的信息传输通道不外乎两种方式：敷设轨间电缆；利用钢轨做信息通道，即轨道电路。

1. 采用轨间电缆的连续式电客车超速防护系统

在城市轨道交通中，会在整条线路上设置一个控制中心，通常将电客车速度控制中心与微机联锁、行车指挥中心等放置在一起，例如置于调度中心。在此控制中心内，储存了该线路的一些固定数据，如区间的线路布置图、坡度、缓行段长度及位置等。此外，经过联锁装置，将沿线的信号显示、道岔位置及其他控制对象的信息不断地传送至控制中心，同时，电客车又将它自身的数据，如车长、制动率、所在位置、实时速度等，经过轨间电缆传给控制中心。在控制中心内的计算机根据已有的数据，按固定的公式计算出此时刻的电客车允许速度。此电客车允许速度值经由轨间电缆传递给在线路区间上运行的相应电客车，如图 5-11 所示。在某一时刻，电客车 B 获得实时最大允许速度为 v_{max}；随着电客车 A 的运动，目标点的距离一直在改变，电客车 B 的实时最大允许速度随列车 A、B 间的距离而变化。与点式速度控制系统比较，显然连续式的行车效率更高。连续式速度控制系统的车与地面信息的传递是用轨间电缆来实现的。电客车从控制中心获得最大允许速度值之后，一方面在双指针速度表上显示出来，另一方面，依据此值对电客车速度进行监控：若电客车实际速度高于最大允许速度，则先报警后下闸（常用制动）。如果制动设备条件许可，则可在电客车实际速度低于最大允许速度时缓解制动机，从而避免了列车停车及重新起动。其工作原理如图 5-11 所示。

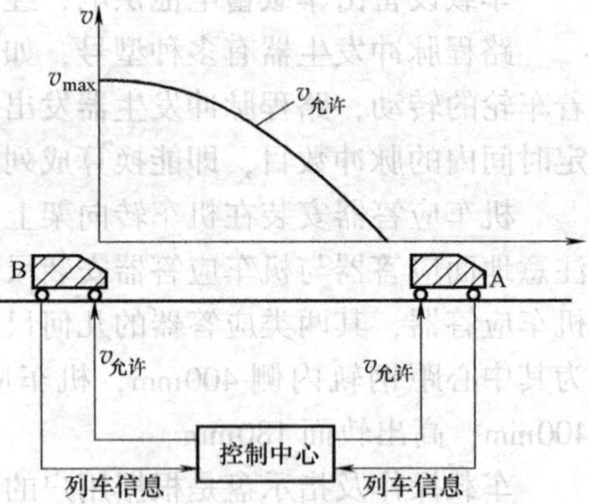

图 5-11　采用轨间电缆的连续式电客车超速防护系统原理图

2. 采用轨道电路的连续式电客车超速防护系统

前面分别讨论了点式和连续式电客车超速防护系统的原理和结构。点式系统的价格相对低廉，能有效地实现超速防护，但由于信息传递的不连续性，会对电客车运行造成不利（并非不安全）影响。用轨间电缆实现车上—地面信息连续传递，克服了点式超速防护系统的缺点，但这是以昂贵的轨间电缆为代价的，而且轨间电缆给线路养护工作带来了麻烦，也容易受到养路工作的损害。鉴于以上所述，一些西方工业国家研制开发了利用轨道电路作为信息传输通道的连续式电客车超速防护系统，我国上海地铁、广州地铁都采用此种系统。

应该指出，钢轨本身并不是一种理想的信息通道，铁质材料对高频信号的衰耗很大，限制了轨道电路的长度。然而，对于站间距离短、车速不高的城市轨道交通而言，上述问题并不影响系统的使用，所以这类系统在城市轨道交通中有着广泛使用的前景，其系统的结构如图 5-12 所示。

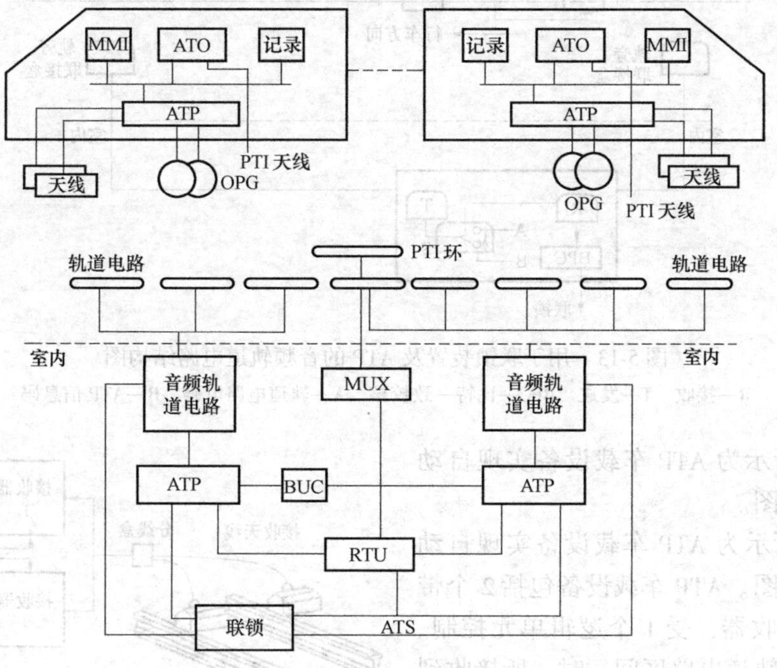

图 5-12　ATP 结构框图

OPG—轮脉冲发生器　MUX—多路转换器　RTU—远程传输单元
BUC—母线集中控制　PTI—列车定位识别　MMI—人机接口

3. ATP 车载设备的自动调谐

为了防止相邻轨道电路之间的串音，应有多种频率供挑选使用，使相邻轨道电路区间的传输频率尽可能有较大差别。另外，由于钢轨又兼作牵引电流的回流导线，所以在选择轨道电路传输频率时，应该考虑到尽量避开牵引电流的谐波分量，以使牵引电流对 ATP 车载设备的干扰减到不起作用的程度。随着电客车交流传动技术的发展，交流变频调速技术已普遍使用，在牵引电流中的高次谐波分量已十分丰富，因此，从这个角度出发，轨道电路的传输频率应尽可能选得高。但是，考虑到钢轨衰耗随频率升高而迅速增加，轨道电路的有效长度随频率升高而迅速减少，从这个角度出发，轨道电路的传输频率又不能选得太高。目前欧美各国大多采用 9.5～16.5kHz 作为轨道电路的传输频率，我国上海地铁二号线、广州地铁一号线也都是采用这个频率。以广州地铁一号线为例，其轨道电路有 8 种频率可供选用，见表 5-18。

表 5-18　广州地铁一号线使用频率

9.5kHz	10.5kHz	11.5kHz	12.5kHz
13.5kHz	14.5kHz	15.5kHz	16.5kHz

由于各轨道电路区间采用不同的频率，于是就产生了一个问题：接收装置如何自动适应所在轨道电路的传输频率？图 5-13 所示为多用途音频轨道电路的结构图。

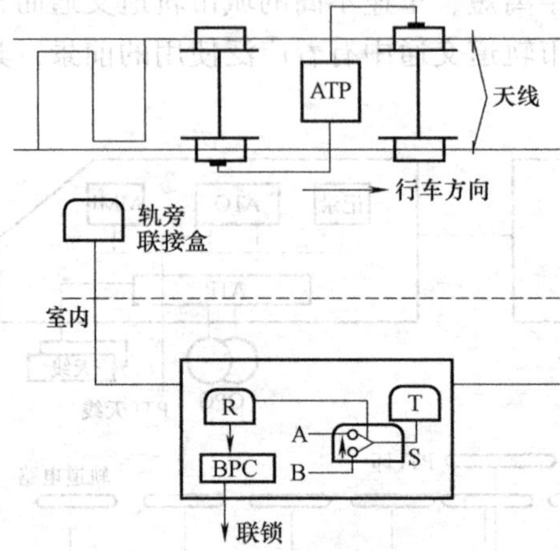

图 5-13　用于联锁装置及 ATP 的音频轨道电路结构图

R—接收　T—发送　BPC—比特一致校核　A—轨道电路电码　B—ATP 信息码

图 5-14 所示为 ATP 车载设备实现自动频率跟踪的框图。

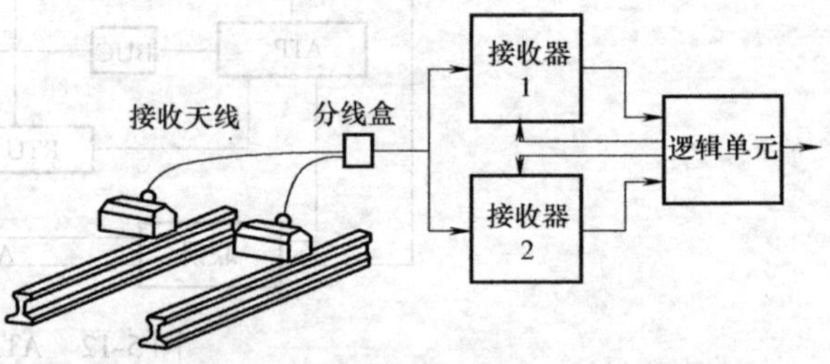

图 5-14　ATP 车载设备自动频率跟踪框图

图 5-14 所示为 ATP 车载设备实现自动频率跟踪的框图。ATP 车载设备包括 2 个带电子调谐的接收器，受 1 个逻辑单元控制。当电客车进入轨道电路区间 n 时，所接收到的电码中包含有后续轨道电路区间 $n+1$ 的传输频率值，由逻辑单元识别并控制接收器 2 调谐至 $n+1$ 轨道电路区间的传输频率，做好接收准备。

图 5-15 所示为 2 个接收器在电客车依次从轨道电路行驶至 $n+3$ 时交替实现调谐接收与调谐准备。

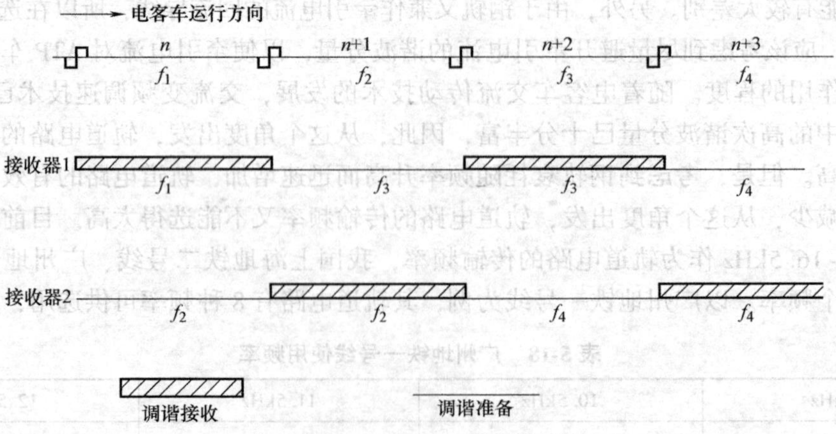

图 5-15　2 个接收器交替实现调谐接收与调谐准备

【实践与训练】

学习工作单

工 作 单	电客车超速防护（ATP）系统操纵		
任　　务	掌握ATP系统的基本功能；掌握点式ATP系统的基本运行方式；了解连续式ATP系统的特点。		
班　　级		姓　　名	
学习小组		工作时间	

知识认知

1. 简述ATP系统车载设备及地面设备的组成。
2. 简述ATP系统的功能?
3. 简述点式ATP和连续式ATP系统的区别?

能力训练

1. 在指导教师的指导下，对车载ATP系统的基本功能进行模拟操作演练。

2. 分组演练ATP系统的电客车间隔控制。

任务学习其他说明或建议：

指导老师评语：

任务完成人签字：　　　　日期：　年　月　日

指导老师签字：　　　　日期：　年　月　日

任务六 电客车自动驾驶（ATO）系统操纵

【知识要点】

1. 了解电客车自动驾驶系统设备组成。
2. 掌握电客车自动驾驶系统基本功能。

【任务目标】

1. 针对ATO系统车载驾驶设备进行模拟演练。
2. 对电客车自动驾驶系统（ATO）实现车站精确停车实操练习。
3. 进行2周的ATO设备的现场实习。

【任务准备】

1. 所需设备

ATO模拟操作系统。

2. 相关要求

相关的安全措施。

【相关理论知识】

城市轨道交通车辆上装有自动驾驶系统后，就可用2种方式运行：手动或自动。然而，不论是由电客车驾驶员手动驾驶还是由ATO系统自动驾驶，ATP系统始终执行其速度监督和超速防护功能。

驾驶员人工驾驶+ATP系统=手动驾驶

ATO系统自动驾驶+ATP系统=自动驾驶

所以可以这样认为：ATP系统是城市轨道交通车辆运行时必不可少的安全保障，ATO系统则是提高城市轨道交通车辆运行水平的技术措施。

一、电客车自动驾驶系统设备组成

电客车自动驾驶系统是由车载设备和地面设备组成。

1. 电客车自动驾驶系统车载设备

电客车自动驾驶系统车载设备包括车载ATO模块、ATO车载天线、人机界面。

（1）车载ATO模块　车载ATO模块是电客车自动驾驶系统的核心组成部分，它包含硬件和软件两部分。车载ATO模块从车载ATP子系统获得必要的信息，如电客车运行速度和电客车位置等，车载ATO模块软件对这些数据进行实时处理，计算出电客车当前所需的牵引力或制动力，向电客车发出请求，电客车牵引或制动系统收到请求指令后，对电客车施加牵引或制动，对电客车进行实时控制。

车载ATO模块与电客车的牵引和制动系统相互作用，实现电客车在站台区精确对位停车。

（2）ATO 车载天线 电客车自动驾驶系统的车载模块与地面设备之间的信息交换是通过 ATO 车载天线来完成，以实现电客车自动驾驶系统与电客车自动监控系统（ATS）之间的信息交换。

ATO 车载天线一般安装在电客车第一列编组的车体下，它接收来自电客车自动监控系统的信息，同时向电客车自动监控系统发送有关的电客车状态信息。这些信息一般包括以下内容：

1）从电客车向地面发送的信息。电客车自动驾驶系统车载模块通过 ATO 车载天线向地面自动监控系统发送的信息有电客车识别号信息，该电客车识别号信息包括了电客车的车组号、车次号、目的地编码等内容。电客车向地面发送的信息还有电客车运行方向、电客车车门状态、车轮磨损指示、电客车车轮打滑和空转情况、车载 ATO 模块状态和报警信息等。

2）从地面向电客车 ATO 车载设备发送的信息。从地面向列车 ATO 车载设备发送的信息有电客车开关门命令、电客车车次号确认、电客车测试指令、门循环测试、主时钟参考信号、跳停/扣车指令和电客车运行等级等。

（3）人机界面 电客车驾驶员通过人机界面可以将电客车运行的模式选择为“ATO”，起动电客车在 ATO 模式下运行。

2. 电客车自动驾驶系统地面设备

电客车自动驾驶系统地面设备由地面信息接收发送设备和轨道环线组成。这些地面设备接收来自电客车 ATO 车载天线所发送的信息，并把 ATS 有关信息通过轨道环线发送到线路上，由电客车 ATO 车载设备进行接收和处理。

地面信息接收发送设备的谐调控制部分安装在信号设备室内，轨道环线安装在线路上。

二、ATO 系统的功能综述

ATO 系统的主要功能是实现正常情况下高质量的自动驾驶。将 ATO 系统的功能细化，可分项说明如下。

1. 停车点的目标制动

车站停车点作为目标点，ATO 系统采用最合适的减速度（制动率）使电客车准确、平稳地停在规定的停车点。与电客车定位系统相配合，可使停车位置的误差达到 0.5m 以下。

2. 打开车门

电客车车门可以自动或手动打开。由 ATP 系统监督开门条件，当 ATP 系统给出开门命令时，可以由驾驶员手动打开正确一侧的车门，也可按事前的设定由 ATO 系统自动地打开车门。

3. 电客车从车站出发

用 ATO 系统装备的城市轨道交通车辆从车站出发应遵循以下顺序：

电客车停站时间等于或大于预置停站时间 t_s→驾驶员根据起动出发命令（通常是自动的或由 ATS 系统给出，该出发命令一般以信号灯方式给出——地面的或机车的）关闭车门→检查车门准确关闭并符合发车条件，ATO 系统给出起动显示→驾驶员按（拨）起动按钮，ATO 系统使电客车从制动停车状态转为驱动状态。

这里指出，只有当发车安全条件符合时（由 ATP 系统监视），才会给出 ATO 起动显示；否则，即使按（拨）起动按钮，起动命令无效，电客车仍然处在制动停车状态。

4. 电客车加速

电客车起动后开始加速。ATO 系统按事前规定的数据提供给电客车驱动控制机构。鉴于现代城市轨道交通车辆的驱动都装备有专用的控制软件（例如德国西门子公司提供的 SIBAS16 或 SIBAS32），因此在 ATO 系统和电客车驱动控制软件之间需有专门的接口。

由 ATO 系统给出电客车加速命令后，电客车平稳地加速到预定速度，然后惰行。

5. 区间内临时停车

由 ATP 系统给出目标点位置（例如前方有车）及制动曲线，经 ATO 系统起动电客车制动器，使电客车停在目标点前方。此时，车门还是由 ATP 系统锁住，一旦前方停车目标点取消，ATO 系统能使电客车自动起动。

6. 限速区间

临时性限速区间的数据由轨道电路电码传输给 ATP 车载设备，再由 ATP 车载设备将减速命令经 ATO 系统传达给电客车驱动、制动控制设备。此时 ATO 车载设备的功能犹如 ATP 系统与驱动、制动控制设备之间的一个接口。对于长期的限速区间，数据可事前输入给 ATO 系统，在执行自动驾驶时，ATO 系统会自动考虑到该限速区间。

7. 驾驶员手动驾驶

驾驶员手动驾驶及由 ATO 系统驾驶之间可在任何时候转换。手动驾驶时，由 ATP 系统负责安全速度监督；自动驾驶时，由 ATO 系统给出对驱动、控制设备的命令，ATP 系统仍然是负责速度监督。

8. 记录运行信息

在 ATO 系统的环形缓冲区可以存储一些用户认为最重要的运行信息，从而在发生非正常运行时，可以调用所记录的信息，进行必要的分析研究。通常可记录 24h 的重要运行信息。

从本质上看，由 ATO 系统执行的自动驾驶过程是一个闭环反馈控制过程，其基本关系框图如图 5-16 所示。

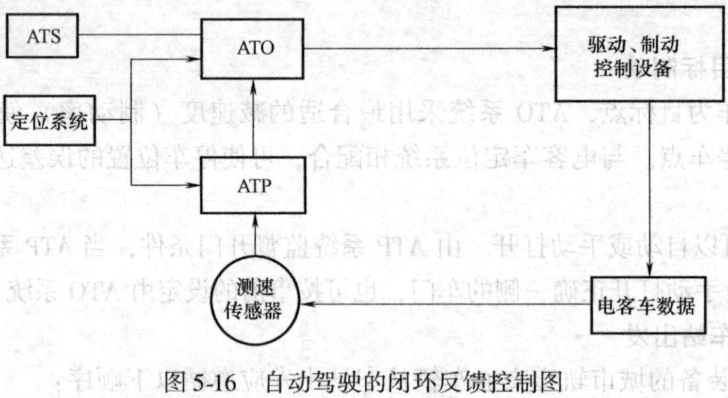

图 5-16　自动驾驶的闭环反馈控制图

【任务实施】

一、电客车出库

电客车整备完毕，状态符合要求后，向信号值班员报告电客车整备完毕。驾驶员确认出厂信号开放，按该电客车出车厂时刻以“RM”模式驾驶电客车出库（“RM”模式即 ATP 限制允许速度的人工驾驶模式，是一种受约束的人工驾驶模式)，整列离开库门前限速5km/h。在车库大门前、平交道口停车，确认线路状况良好后动车。电客车运行到转换轨停车。待显示屏收到速度码，“ATO”灯亮后，驾驶员确认进入始发站方向进路防护信号开放，以ATO模式运行至始发站。当收不到速度码或有需要从另一站出发时驾驶员应报告行车调度员。

二、正线运行

电客车在ATO驾驶模式下，驾驶员应不间断瞭望，左手置于鸣笛按钮处，右手握住主控手柄。电客车运行期间，驾驶员要观察电客车显示屏、指示灯和仪表的显示、开关的状态。电客车驾驶员要瞭望前方进路状态，发现异常情况时，及时采取紧急措施，并报告行车调度员。电客车接近进站时，驾驶员要观察站台乘客情况，遇乘客较多或有越出站台安全线，应鸣笛示警，遇危及电客车运行或人身安全时，立即采取紧急措施。

电客车发生车故障或其他原因需临时停车，驾驶员可通过电客车紧急广播或人工广播安抚乘客。在车站如已知前方受阻延误时间较长，驾驶员可以开启客室门。电客车在ATO驾驶模式下发生紧急制动，需要“SM”或“RM”驾驶模式运行时，驾驶员要遵循进路防护信号显示、ATP允许速度。(“SM”模式即ATP监督人工驾驶模式，是一种受保护的人工驾驶模式)。

在采用“URM”驾驶模式（非限制人工驾驶模式）起动电客车时，控制手柄置于牵引区不低于40%处，运行中严格控制速度，防止越出停车标。电客车驾驶员遇有身体不适，应及时转告派班员或车长，请求协助。

三、站台作业（开关车门）

电客车在ATO模式下，进站自动对标停车后，电客车显示屏出现相应侧车门释放信息，车门自动打开，无特殊情况下（电客车无故障或无接听行车调度员电话）驾驶员须在7s以内于在驾驶室侧门旁观察站台乘客上下车情况。电客车在“SM”、“RM”、“URM”模式及折返对标停车后，电客车显示屏无相应侧车门释放信息，需人工打开车门时，须严格执行四步作业程序，即“确认、呼唤、跨半步、开门”，确认首先停靠站台和需要打开的车门，然后执行车门呼唤制度，再跨出站台一脚（另一脚在驾驶室），最后按压一次“强行开门”按钮，打开相应侧站台车门，谨防错开门。

电客车关门前观察倒计时显示，对照运营时刻表发车时刻，提前侧转身体，按压“关”按钮，然后转身，立正面向电客车尾部瞭望，待车门全部关好，所有车门黄色指示灯和运行状态黄色灯关闭，确认安全后，进入驾驶室，在起动客车之前通过侧望监视镜确认车门关闭后，起动电客车。

在客流较大的情况下，驾驶员注意气压表显示状态，超过0.28MPa以上时，关门作业加强“重开门”按钮的运用（防止夹人夹物），同时报告行车调度员。当车门发生故障后，原则上运行方向前三节车组由驾驶员负责处理，后三节车组由站台人员负责处理。当后三节车组车门发生故障，经驾驶员重开门简单尝试，未能恢复而需切除该故障车门时，驾驶员面向电客车尾部高举手臂轻拍车体，示意站台岗进行车门切除程序；当驾驶员确认该故障车门黄色指示灯及该车组运行状态灯黄色灯灭、车门控制盘“关”按钮绿灯亮和驾驶室设备柜内无继电器响声，证明车门切除成功，进入驾驶室按照规定起动电客车。

四、终点站折返

到达电客车进入终点站接近停车标处，显示屏出现折返图标，AR 黄灯亮，电客车停稳后左、右侧车门相继打开。电客车驾驶员按压“AR”按钮，显示屏上的折返图标由蓝色变为黄色背景，“AR”黄灯灭，此时关闭主控钥匙，锁好驾驶室侧门，折返上行端驾驶室。

终点站有折返驾驶员时，与之对口交接电客车运行状态及行车安全事项，完毕后在换乘处等候转为下一趟折返驾驶员；无折返驾驶员时，本务驾驶员应抓紧时间激活上行端驾驶室内设备，确认电客车状态良好。

到达电客车停稳后，折返驾驶员进入另一端驾驶室，确认“AR”折返按钮黄灯闪烁，“RM”指示红色灯亮，表示折返成功。此时闭合主控钥匙确认显示屏显示正确，注册无线电，改变车次号，按规定在驾驶室侧立岗。“URM”模式下折返时，如无折返驾驶员，本务驾驶员应先开左边门下客（右边门不开），清客完毕后关上左门，折返另一端驾驶室，激活操纵台，打开左门上客。如有折返驾驶员，应等待电客车停稳后进入另一端驾驶室，与本务驾驶员交接后，再激活操纵台，开左门上客（如需切除 ATP 应在激活操纵台前完成）。

五、电客车进入车厂

电客车结束运营服务到达终点站后，使用标准用语告知乘客，确认全部乘客下车后，按站务人员给的关门信号关门；再完成驾驶室折返，步行至另一端驾驶室，确认进路防护信号开放正确后，启动以 ATO 模式或“RM”模式（该模式可自行转换）驾驶电客车至转换轨停车。

确认入厂信号黄灯开放后驾驶电客车入厂。电客车无线电转为“车厂”模式时，信号员即与驾驶员联系告知该电客车停放股道，驾驶员需进行原文复诵。在库门前停车标或平交道口前停车。电客车停稳后，清扫驾驶室卫生，检查灭火器、电客车备品，确认是否齐全良好，与公里数一起填写在“电客车状态卡”上。电客车停在规定的位置后，控制方向手柄回零，分开主断，施加停制动，分空调，分照明，空压机停止工作后，鸣笛降弓，关闭蓄电池，下车锁好驾驶室侧门。

【实践与训练】

学习工作单

工 作 单	电客车自动驾驶（ATO）系统操纵		
任　　务	了解电客车自动驾驶系统（ATO）设备组成；掌握电客车自动驾驶系统基本功能，并能熟练应用；掌握电客车自动驾驶系统实现车站精确停车的程序。		
班　　级		姓　　名	
学习小组		工作时间	

知识认知

1. 简述 ATO 系统的功能。
2. 简述 ATO 系统的设备组成。

能力训练

1. 在指导教师的带领下，进行电客车自动驾驶模拟系统操作演练。

2. 在熟练掌握电客车自动驾驶系统实现车站精确停车程序的前提下，进行实际操作。

任务学习其他说明或建议：

指导老师评语：

任务完成人签字：　　　　　　　　　　日期：　年　月　日

指导老师签字：　　　　　　　　　　　日期：　年　月　日

项目六　电客车驾驶员乘务作业

任务一　电客车驾驶员检车作业

【知识要点】

1. 掌握电客车驾驶员检车作业流程。
2. 掌握电客车驾驶员检车作业标准及重点检查项目。

【任务目标】

1. 熟悉检车流程，能按流程独立进行工作。
2. 熟记检车作业标准重点项目，并能按标准独立作业。

【任务准备】

所需设备、工具：检点锤、手电筒等。

【相关理论知识】

熟悉电客车的组成，主要设备的位置及作用。熟悉检查重点部位的有关要求，如：轮对、空气弹簧、减震器、车钩、制动装置及电器设备的结构原理和技术要求，特别是影响行车安全的关键部位，必须熟练掌握。

【任务实施】

1. 驾驶员下车巡视及目视检查

（1）车体外壳检查

1）车体外壳无破损。

2）车门、安全门作用良好。

3）车窗无损坏且关闭良好，车窗外部文字端正，清晰，标记无损坏。

4）电客车目的地、车次号显示完好。

5）外部照明、指示灯与灯罩齐全良好。

（2）车体下部检查

1）转向架构架良好。

2）抗倒滚扭杆良好。

3）空气弹簧良好，无裂纹。

4）阀门良好。

5）垂直减震器良好。

6）人字形橡胶簧等无机械损坏。

7）车钩状态良好无损坏。

8）气动设备阀、阀门无损坏且阀门位置准确、无泄漏。

9）各设备箱锁闭良好。

（3）电客车内部物件检查

1）车体客室内各装饰件清洁、完好、无机械性损坏。

2）车顶通风格栅完好。

3）内部照明无损坏。

4）灯管良好。

5）乘客座椅清洁无损坏。

6）电客车门窗玻璃无损坏，嵌条无损坏。

7）锁闭器件完好。

8）安全疏散门安全销锁闭、无损坏。

9）应急设备无缺失（灭火器，脚踏泵等）。

（4）客室设备柜检查

1）驾驶员应检查客室设备柜各个部件齐全完好，无损坏。

2）各短路器、开关位置正确。

3）设备应锁闭良好。

（5）驾驶室设备检查

1）驾驶室设备柜内各部件齐全完好，无损坏。

2）各开关位置正确，若有铅封的开关其铅封应齐全。

2. 电客车驾驶员检车程序（见表 6-1）

表 6-1 电客车驾驶员检车程序

顺序	项目	检查内容	确认	方法
1	车体	倾斜程度	不超过 30°	目视
2	车头	1. 风窗玻璃	无破损，无刮伤	目视
		2. 刮水刷	外观无折损、脱落，水管接口完好	
		3. 头尾灯、行车灯	灯罩无破损，密封牢固	
		4. 车头外观	无破损，无裂纹	
3	密结式车钩	1. 钩体外观	无机械破损，无裂纹	目视
		2. 解钩外观	活动灵活，检查钩舌及车钩连接杆是否正常	手动
		3. 风管	密封良好，无漏风，风管无老化，截断塞门位置正确	目视
		4. 钩舌油润状况	油润良好	
		5. 弹簧	连接良好，无断裂	
		6. 调整角度	正常	
		7. 接地线	牢固	目视

（续）

顺　序	项　　目	检查内容	确　　认	方　法
4	驾驶室门及脚踏板	车门及锁闭、脚踏板	车门无破损，锁闭良好，脚踏板无裂纹、锈蚀，紧固螺钉牢固	目视锤触
5	钩缓及塞门	1. 缓冲插接器	连接紧密，热缩管无老化，开口销安装良好	
		2. 塞门	位置正确	
6	拖车一位端二、四轴转向架	1. 排障器	安装牢固，无破损	目视
		2. ATP 安装梁	安装牢固，开口销齐全，开度正常	
		3. 拖车车轮踏面、轮缘	无擦伤或擦伤面积小于 $75mm^2$ 无剥离或剥离深度小于 0.7mm 轮缘厚度正常为 22～32mm	
		4. 构架	无开焊，无裂纹	
		5. 空调排水管	无老化脱落，无断裂	
		6. 一系弹簧	完整、无裂纹，安装螺钉紧固	
		7. 轴箱弹簧及防滑传感器	螺钉紧固，无松动，铅封齐全，轴温正常	目视锤触
		8. 降噪阻尼器	安装牢固，防松铁丝完整	目视
		9. 垂向减震器	安装螺丝坚固、无漏油	目视
		10. 闸瓦及制动装置	闸瓦完整，无破损，安装牢固，闸瓦销位置正确，闸瓦厚度大于 15mm，不偏磨	目视
		11. 中心销、牵引杆	安装螺母紧固，穿销正确	
		12. 空气弹簧	充、排气正常，橡胶无老化、龟裂，风管无漏风	
		13. 安全钢索	无折断，无锈蚀，活头端活动正常、油润良好	目视、手触、锤触
		14. 集电靴	安装牢固，母线无老化、变形，接头牢固呈水平状	目视
		15. 高度调整阀	安装牢固，连接管状态良好	目视手触
		16. 轴箱及定位装置、轴温	螺钉紧固、连接紧固，托板螺钉紧固轴温正常	目视、手触、锤触
7	拖车车下风缸及电器箱	1. 接地回流装置	插座盖紧固，吊挂牢固	目视
		2. 接地开关箱 SPS 和高压接电箱	吊挂牢固，锁闭良好，接线安装牢固，线路无老化	
		3. 辅助电源箱 IVS 和辅助电路器箱 IVHB	安装牢固，无过热	
		4. 滤波电抗器	安装吊挂牢固，箱盖锁闭牢固，无异物	
		5. VVVF 牵引逆变器	吊挂牢固，锁闭良好，散热器无异物	
		6. 制动电阻	安装牢固，绝缘瓷瓶无破损、无异物，电阻带完整无异物	

（续）

顺序	项目	检查内容	确认	方法
8	动车二位端六、八轴侧转向架	同第6项1～24，本转向架有牵引电动机	牵引电动机吊挂牢固，外皮无破损	
9	动车与拖车连接部	1. 制动管	管路无漏风，橡胶无龟裂、老化，塞门位置正确	目视
		2. 钩缓装置	缓冲器安装牢固	
		3. 半自动式车钩	安装牢固，螺母无松动，无漏风	
		4. 钩缓装置	缓冲器安装牢固	
		5. 连接线	安装牢固，无老化	
		6. 棚布外部	无老化、变形、破漏，安装牢固	
10	动车二位端五、七轴侧转向架	1. 同第6项1～16，本转向架有牵引电动机		目视、手触锤触
		2. 应急通风逆变器箱	吊挂牢固，锁闭良好，接线正常，无老化	
		3. 扩展供电箱	安装牢固，锁闭良好	
11	动车一位端一、三轴侧转向架	同第6项1～16，转向架有牵引电动机		
12	动、拖车连接部	同第9项1～16	同第9项	
13	拖车二位端五、七轴侧转向架	同第6项1～16	本转向架无集电靴，无排障器或ATP安装梁	
14	拖车车下风缸及电器箱	1. 蓄电池箱及带电触点塞门位置正确	吊挂牢固，锁闭良好，工作时无异声、异味，接线正常	目视
		2. 接地开关箱及应急通风逆变器	吊挂牢固，锁闭良好，接线正常，无老化	
		3. 母线高速段路器	吊挂牢固，锁闭良好	
15	拖车一位端一、三轴侧转向架	同第6项1～16		
16	驾驶室门及脚踏板	同第4项		
17	车头	同第2项1～4		
18	密接式车钩	同第3项1～7		

【实践与训练】

学习工作单

工 作 单	电客车驾驶员检车作业		
任　　务	了解电客车驾驶员检车作业流程，掌握电客车驾驶员检车作业标准及重点检查项目。		
班　　级		姓　　名	
学习小组		工作时间	

知识认知

1. 简述电客车驾驶员检车项目。
2. 简述电客车驾驶员检车作业流程。

能力训练

按照检查工作示意图，归纳出电客车驾驶员的重点检查项目及工作流程。

任务学习其他说明或建议：

指导老师评语：

任务完成人签字：　　　　　　　　　　　　　　　　　　　日期：　年　月　日

指导老师签字：　　　　　　　　　　　　　　　　　　　　日期：　年　月　日

任务二 电客车驾驶员静调作业

【知识要点】

1. 了解电客车静调作业的内容。
2. 掌握电客车静调作业过程及标准。

【任务目标】

1. 熟悉作业内容，了解静调作业的目的。
2. 熟记作业过程及标准，并能按标准独立作业。

【任务准备】

所需设备：电客车模拟操纵设备。

【相关理论知识】

静调作业是安全行车工作必不可少的主要保障环节之一，应在确保安全的前提下全面、细致地进行，使驾驶员做到心中有数，确保以完好的电客车质量完成运营生产任务，更好地为乘客服务。

静调作业时，要求电客车驾驶员必须提前掌握电器设备的动作原理及顺序、保护装置的作用等相关理论知识。

【任务实施】

一、电客车驾驶员静调要求

本程序适用于每天领取行车日志后的电客车驾驶员进行投入运行前电客车性能检查。其他调试电客车投入运用前可参照执行。

1. 对驾驶员的要求

1）静调工作只能由驾驶员完成，学习驾驶员可在驾驶员的监护下进行。

2）静调前应确认没有人员在车下作业。

3）送电前应高声呼唤。

4）严禁在“复位”后进行调试。

5）发现有悬挂的“禁动牌”时，应及时上报，不得盲目起动列车调试。

6）报告调试结果。

7）及时发现问题并填写日志。

2. 对学习驾驶员的要求

1）学习驾驶员的一切工作必须在驾驶员的监护、指导下进行。

2）主动配合驾驶员工作，帮助检查确认。

3）如必须在“启车”状态下进行走行部检查，应遵循“没有电当有电处理”的原则，发现故障及时向驾驶员报告，不得擅自处理。

注：本程序只是在头端驾驶室的工作程序，实际工作中驾驶员要按此程序到尾端驾驶室再试验，以确保整车以良好的性能上线运行。

二、电客车驾驶员静调工作程序（见表6-2）

表6-2　电客车驾驶员静调工作程序

静调前的检查确认（一）

项目	顺　序	内　容	确　认	方　法	备　注
驾驶室	1	驾驶台	无破损、刮伤，表面无异物	目视、手动	综合控制柜内以下脱扣开关不闭合（BOUN、PEN、FRBN、EMVN、EFCN、ATOFN、QF16、QF25、BDQN）
	2	开关钥匙	取下		
	3	主手柄、方向手柄	在“0”位		
	4	指示灯	全部在“灭”状态		
	5	操纵台面按钮	全部在“断位”		
	6	各扳键开关（SIV除外）	全部在“断位”		
	7	风压表	显示实际风压指数		
	8	网压表，110V、24V电压表	显示“0”		
	9	控制柜及柜内脱扣开关	控制柜门锁闭良好，各脱扣开关处于闭合状态（含动车）		
	10	风窗玻璃	干净、无破损		
	11	各种板、壁	安装牢固、无破损		
	12	配电柜、微机柜	玻璃无破损，锁闭良好		
	13	TIMS显示屏、列广显示屏	屏幕表面无破损、划伤		
	14	驾驶员座椅	无破损，活动正常		
	15	驾驶室灭火器	齐全、不过期、取用方便、安装牢固		
	16	手动塞拉门	玻璃无破损，开闭正常		
	17	扶手	安装牢固		
	18	逃生门	良好		

静调前的检查确认（二）

项目	顺　序	内　容	确　认	方　法	备　注
客室	1	中顶板	干净、整洁，安装牢固	目视、手动	
	2	灯带	干净、整洁，安装牢固		
	3	座椅、电热护网	安装牢固、干净，无破损		
	4	侧顶板、侧墙板	安装牢固、干净，无污迹		
	5	地面	干净、无污物、无刮伤		
	6	扶手	安装牢固，无缺少、脱落		
	7	门罩板	安装牢固，无油污		
	8	通风格栅	安装牢固，无裂纹、缝隙		
	9	间壁	安装牢固、干净，无污迹		
	10	车窗、座椅挡板玻璃	玻璃无破损、刮伤		
	11	电动塞拉门	外观无破损、刮伤		
	12	紧急锤	齐全		
	13	动态显示屏、电子地图、车内液晶显示屏	屏幕无破损		

（续）

项目	顺　序	内　容	确　认	方　法	备　注
客室	14	空调控制柜	各开关位置正确，柜门锁闭良好	目视、手动	
	15	电器控制柜	各脱扣开关位置正确，柜门锁闭良好		
	16	灭火器	齐全、不过期，安装牢固，取用方便		
	17	驾驶室后门	安装良好		
后驾驶室			内容同前驾驶室		

静调程序

序号	项　目	步　骤	确认内容	要　求
1	起动	网压	确认网压在 DC500V ~ DC925V	
		头尾开关	确认开关在头位置（尾车在“尾”位置）	
		闭合蓄电池电源按钮	DC110V 电压表 DC24V 电压表	显示电压为 110V、24V（电压不低于 77V）
			TIMS 显示屏	被激活进入程序
			客室动态地图	有显示
			前、后尾灯	亮“红”灯
			前、后行车灯	灭
		将 TIMS 调至辅助界面	确认 SIV 有输出	380V
		下车接近 SIV	SIV 处于工作状态	无异声，无异味
		将 TIMS 调至运行界面	客室门无隔离	
		将 TIMS 调至空调界面	正常	
		将 TIMS 调至制动界面	安全环旁通开关作用良好 制动缸压力开关闭合 制动缸隔离开关闭合 制动电器控制单元 保持制动缓解	
		闭合空压机扳键开关	确认 TIMS 制动界面正常 确认空压机起动工作	1. 0 ~ 7.5bar⊖时，两台空压机工作 2. 7.5 ~ 9bar 时，一台空压机工作 3. 0 ~ 9bar 时，泵风时间为 10min 4. 7.5 ~ 9bar 时，泵风时间应小于 2min
			下车接近空压机	无异声，无剧烈震动，无漏油
		客室照明	闭合驾驶台客室照明控制开关	客室灯全亮
		驾驶室照明	闭合驾驶台驾驶室灯控制开关	驾驶室灯亮
		试灯	闭合驾驶台试灯按钮	电客车指示灯均应点亮

⊖　1bar = 10^5 Pa

（续）

序号	项目	步骤	确认内容	要求
2	静调	将TIMS调至牵引界面	确认高速断路器断开	必须断开
		将主控手柄拉至电紧急位，建立紧急回路		
		将主控手柄由电紧急位逐级推至0位	1. 制动表压力值由4bar逐渐减少至2bar 2. TIMS制动界面制动极位逐级减小（保持制动项应为绿色）	
		将主控手柄由缓解位推至牵引Ⅰ位	制动压力表值由2bar缓解至“0”（保持制动项应为绿色）	
		将主控手柄由牵引Ⅰ位拉至缓解位	制动压力值为“0”	
		将主手柄逐渐拉至最大常用制动	TIMS制动级位逐级增大	
		将主手柄逐渐推至缓解位	TIMS制动级位逐级减小至0位	
		按下紧急制动按钮	制动压力值由“0”升至4bar	
		将主手柄由“0”位拉至电紧急位后，将紧急制动按钮释放，再推至缓解位	制动压力值由4bar缓解至2bar	
		将头尾开关由“头”位打至“尾”位	制动压力值由2bar升至4bar	
		停放制动	按下停放制动施加按钮	停放制动施加并且停放制动指示灯灭
			按下停放制动缓解按钮	停放制动缓解并且停放制动指示灯亮
		开/关门试验	开左门：将门选择开关扳到“手动左”位置	门允许指示灯亮
			按下驾驶台面板开左门按钮或者按下左侧屏上的开门开关	门全关指示灯灭，TIMS显示左门全开
			关左门：按下驾驶台上关门按钮或者按下左侧屏上关门按钮	客室门蜂鸣器响，驾驶台门全关闭指示灯亮，TIMS显示左门关
			开右门：将门选择开关扳到“手动右”位置	门允许指示灯亮
			按下驾驶台面板开右门按钮或者按下右侧屏上的开门开关	门全关指示灯灭，TIMS显示右门全开
			关右门：按下驾驶台上关门按钮或者按下右侧屏上关门按钮	客室门蜂鸣器响，驾驶台门全关闭指示灯亮，TIMS显示右门关

（续）

序号	项　　目	步　　骤	确 认 内 容	要　　求
2	静调	前灯	闭合驾驶台前灯控制转换开关（近光灯\远光灯\停止）	电客车近光灯亮 电客车远光灯亮 电客车前灯灭 确认信号灯照明正常
		刮水器	先按下喷水开关，再将右侧屏上刮雨器开关放在低速位置	刮水器喷水并以低速摆动，刮水器不能在无水状态下干刮
		遮阳帘	使用右侧屏上操作开关	遮阳帘上升或下降
		电笛	按下电笛按钮	车下电笛发出鸣叫声
		玻璃电热、驾驶室电热	该功能根据季节进行调节	
		无线电台	起动无线电台	进行通信测试
		电客车广播	确认电客车广播正常	
待以上静态实验完成后，应将主手柄、方向手柄回到“0”位，头尾开关置于“尾”后，进行倒台作业，至另一端驾驶室进行静态调试				
3	关车	关闭客室照明	客室照明已全部关闭	
		车载无线电话	车载无线电话已关闭	
		空压机	空压机处于停机状态	
		空调和电热	TIMS 中显示已关闭	
		将驾驶控制手柄及方向手柄回“0”位，取出钥匙，再将头尾开关打到尾位	制动压力值升至 4bar	
		申请停电	确认所有负载（SIV 除外）已关闭后，申请停电	
		关闭蓄电池	确认网压为“0”后，关闭蓄电池，110V 及 24V 电压表为“0”位	

【实践与训练】

学习工作单

工作单	电客车驾驶员静调作业		
任　　务	了解电客车静调作业的内容，掌握电客车静调作业过程及标准。		
班　　级		姓　　名	
学习小组		工作时间	

知识认知

1. 简述电客车静调的作用。
2. 简述电客车驾驶员静调作业标准。

能力训练

按照驾驶员操纵台结构示意图，归纳出受静调项目、方法及注意事项。

任务学习其他说明或建议：

指导老师评语：

任务完成人签字：　　　　　　　　　　　　　　日期：　年　月　日

指导老师签字：　　　　　　　　　　　　　　　日期：　年　月　日

任务三　电客车驾驶员开关门作业

【知识要点】

1. 了解电客车驾驶员开关门作业流程。
2. 掌握电客车驾驶员开关门作业标准。

【任务目标】

1. 熟悉工作流程，能按流程独立进行工作。
2. 熟记作业标准，并能按标准独立作业。

【任务准备】

所需设备、工具：电客车模拟操纵设备。

【相关理论知识】

开关门作业是行车安全的必要保障，特别是站台不在同一方向时，要求驾驶员必须熟悉站场设施，严格执行开关门作业程序。

【任务实施】

1. 双人值乘驾驶员开关门作业程序

正线运营电客车进入车站对标停车后，双人值乘驾驶员应严格按照以下程序进行开关门作业：

1）操纵驾驶员与非操纵驾驶员呼唤应答“开左门”或“开右门”，得到应答后，操纵开门按钮打开车门。

2）非操纵驾驶员到站台确认开门状态时，需执行以下步骤：

① 确认客室门是否全部打开。如果未全部打开，立即通知操纵驾驶员。操纵驾驶员通过 TIMS 确认客室门开启状态，非操纵驾驶员继续执行以下操作。

② 若客室门全部未打开，应通知驾驶员尝试重新操作。

③ 若部分客室门未打开，则严禁重新操作。应立即通知操纵驾驶员用电客车广播进行人工广播，用语如下：“各位乘客，由于本次列车个别车门发生临时故障，请下车的乘客从其他客室门下车。”连续播放两次。

④ 确认站台安全门是否打开。

⑤ 若安全门全部没有打开，应立即用钥匙进行人工手动操作，打开安全门。

⑥ 若部分安全门未打开，通知操纵驾驶员，由操纵驾驶员用电客车广播进行人工广播，用语如下：“各位乘客，由于站台安全门发生临时故障，请下车的乘客换其他车门下车。”

3）非操纵驾驶员观察站台没有乘客乘降（曲线站台，站务员发出关门信号）后，通知操纵驾驶员关闭车门。操纵驾驶员通过车载监视系统再度确认没有乘客乘降，方可关闭车门。

4）车门关闭后，非操纵驾驶员执行以下步骤：

① 确认客室门是否完全关闭。如果没有完全关闭，通知操纵驾驶员。操纵驾驶员通过TIMS确认关门状态。

② 若客室门未全部关闭，尝试重新操作。

③ 若客室门仍未全部关闭，非操纵驾驶员5min内将故障客室门隔离，并同时通知行车调度员。

④ 客室门全关闭后，确认站台安全门是否全关闭。如果未全关闭，通知站务员进行监护。没有站务员监护时，由操纵驾驶员通知行车调度员“＊＊＊次列车，在＊＊＊站上行（或下行）站台，安全门没有全部关闭，是否可以发车”，然后等待行车调度员指示。

⑤ 安全门全关闭后，驾驶员必须确认发车表示器显示绿灯方可进入驾驶室，进行发车作业。

2. 单人值乘驾驶员开关门作业程序

正线运营列车进入车站对标停车后，单人值乘驾驶员应严格按照以下程序进行开关门作业：

1）驾驶员手指指向门选择开关，呼唤应答“开左门”或“开右门”，操纵开门按钮打开车门。

2）驾驶员通过TIMS确认车门开启状态后，到站台确认开门状态，此时需执行以下步骤：

① 确认客室门是否全部打开。

② 若客室门全部未打开，尝试重新操作。

③ 若部分客室门未打开，则严禁重新操作。应立即用电客车广播进行人工广播，用语如下：“各位乘客，由于本次列车个别客室门发生临时故障，请下车的乘客换其他客室门下车。”连续播放两次。

④ 确认站台安全门是否打开。

⑤ 若安全门全部没有打开，立即应立即用钥匙进行人工手动操作，打开安全门。

⑥ 若部分安全门未打开，应用电客车广播进行人工广播，用语如下：“各位乘客，由于站台安全门发生临时故障，请下车的乘客换其他车门下车。”

3）驾驶员观察站台没有乘客乘降（曲线站台，站务员发出关门信号）后，关闭车门。

4）车门关闭后，驾驶员执行以下步骤：

① 确认客室门是否完全关闭。

② 若客室门未全部关闭，尝试重新操作。

③ 若客室门仍未全部关闭，驾驶员在5min之内将故障车门隔离，并同时通知行车调度员。

④ 客室门全关闭后，确认站台安全门是否全关闭。如果未全关闭，通知站务员进行监护。没有站务员监护时，由驾驶员通知行车调度员“＊＊＊次列车，在＊＊＊站上行（或下行）站台，安全门没有全部关闭，是否可以发车”，然后等待行车调度员指示。

⑤ 安全门全关闭后，驾驶员必须确认发车表示器显示绿灯方可进入驾驶室，进行发车作业。

3. 驾驶员开关门作业流程图（图 6-1）

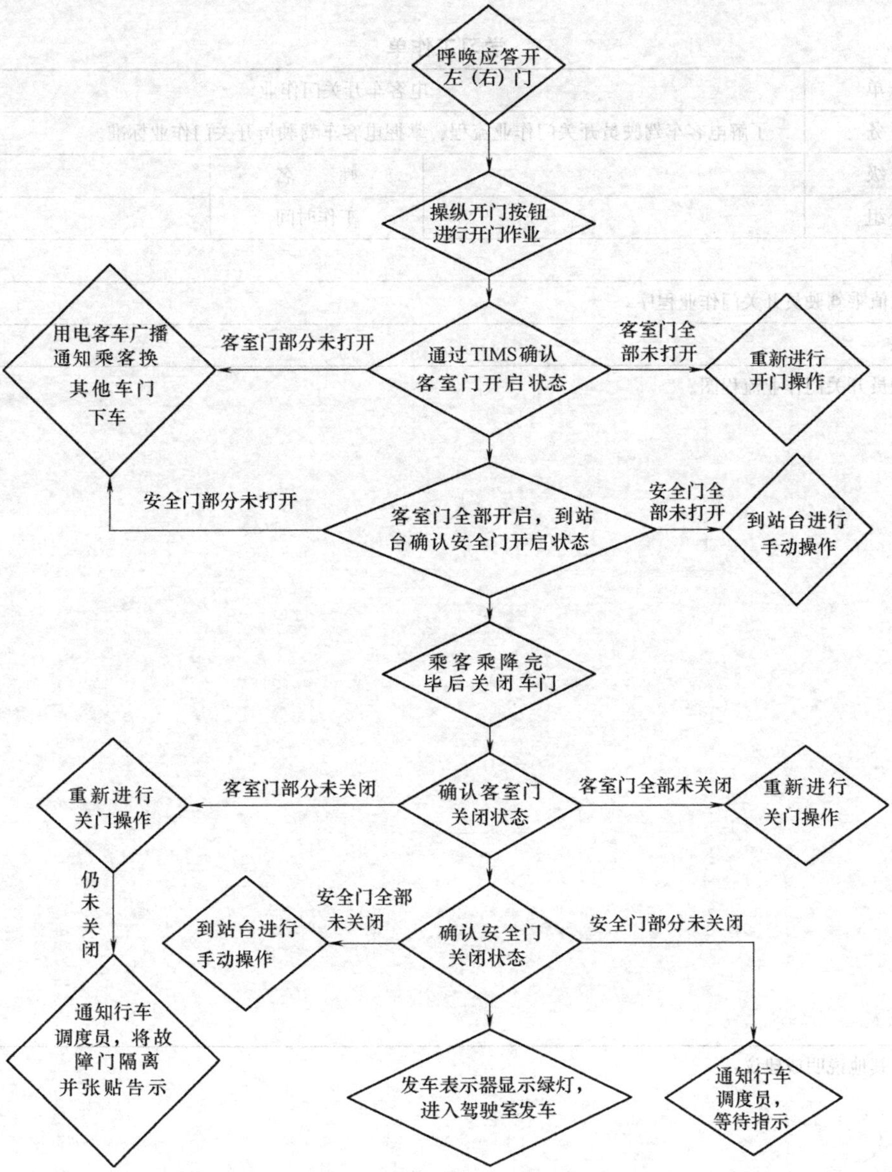

图 6-1　驾驶员开关门作业流程图

【实践与训练】

学习工作单

工 作 单	电客车开关门作业		
任　　务	了解电客车驾驶员开关门作业流程，掌握电客车驾驶员开关门作业标准。		
班　　级		姓　　名	
学习小组		工作时间	

知识认知

简述单人值乘驾驶员开关门作业程序。

能力训练

绘制驾驶员开关门作业流程图。

任务学习其他说明或建议：

指导老师评语：

任务完成人签字：　　　　　　　　　　　　日期：　年　月　日

指导老师签字：　　　　　　　　　　　　　日期：　年　月　日

任务四　电客车驾驶员试车线作业

【知识要点】

1. 了解电客车试车线工作流程。
2. 掌握电客车试车线作业标准。

【任务目标】

1. 熟悉工作流程，能按流程独立进行工作。
2. 熟记作业标准，并能按标准独立作业。

【任务准备】

所需设备、工具：电客车模拟操纵设备。

【相关理论知识】

熟悉电客车的各项操纵基础技能，掌握试车线安全规定，熟悉站场主要设备的位置及作用。

【任务实施】

试车线实际操纵电客车工作流程

1. 目的

体验操纵过程，掌握驾驶技术，提高职业水平，合理地使用电客车，更好地为正线驾驶服务。

2. 适用范围

段内试车线驾驶训练。

3. 地点

段内试车线。

4. 要求

1）树立安全意识是做好训练工作的必要条件。

2）车内严禁吸烟及大声喧哗，文明用语。

3）保持车内卫生。

4）训练时必须在列车驾驶员的监护下进行，不得擅自动车及触动车内任何设备。

5. 库内至试车线运行过程情况说明

1）库内车辆整备符合要求。

2）利用车载无线电话告之信号楼车辆整备完毕可以出库。

3）出库前三确认：信号、道岔、进路。

4）沿信号楼所排进路，到达 D7 后倒台至另一端驾驶室，确认信号、道岔、进路后，开往试车“1”轨，对标停车，倒台至另一端驾驶室。

5）联系信号楼准备进入试车线。

6）进入试车线后，开始驾驶训练。

6. 训练内容

1）驾驶室电器控制开关柜的作用及名称。

2）动车电器柜开关的作用及名称。

3）驾驶台各开关的作用。

7. 实操

1）牵引时，起动电客车要起速平稳，主手柄应逐量地推至最大牵引位，使电客车平稳提高到线路规定的速度，手柄回“零”位，并随时观察 TIMS 显示。要经济合理地使用牵引手柄，尽量一次牵引到位，途中应充分利用惰力运行。

2）制动时，要适时逐量增加，使电客车平稳降速，防止冲撞；应有足够的制动距离，以防止再制动时由于制动距离不够而不能按规定地点停车，并且要做到缓解停车，以保证停车时的舒适度。

3）训练当中，当电客车发生磁车或感觉有所异常时，应及时采取措施，查明原因，立即上报，妥善处理，不可盲目行驶。

8. 注意事项

1）库内最高运行速度不得超过 5km/h。

2）段内最高运行速度不得超过 20km/h。

3）试车线最高运行速度不得超过 50km/h。

4）无特殊情况不得使用紧急制动。

5）训练当中不得进行开关门作业（以免影响正线行车）。

6）训练室内一次不得超过 3 人。

【实践与训练】

学习工作单

工 作 单	电客车驾驶员试车线作业标准		
任　　务	了解电客车试车线工作流程，掌握电客车试车线作业标准。		
班　　级		姓　　名	
学习小组		工作时间	
知识认知			
简述试车线操纵目的。			
能力训练			
归纳出试车线安全规定及操纵要求。			
任务学习其他说明或建议：			
指导老师评语：			
任务完成人签字：		日期：　年　月　日	
指导老师签字：		日期：　年　月　日	

任务五 电客车驾驶员安全行车作业

【知识要点】

1. 了解电客车安全行车工作流程。
2. 掌握电客车驾驶员行车安全控制点。

【任务目标】

1. 熟悉工作流程，能按流程独立进行工作。
2. 熟记作业标准，并能按标准独立作业。

【任务准备】

所需设备、工具：电客车模拟操纵设备。

【相关理论知识】

熟悉电客车行车的各项安全规定，并能熟练掌握安全控制点。

【任务实施】

1. 出勤前准备

1）驾驶员在出乘前必须保证经过充分休息，当班乘务长在驾驶员出勤报班时严格确认驾驶员状态，状态不合格的驾驶员应调整其出乘计划，当其状态合格后再准许其上岗出乘。

2）驾驶员在出乘前严禁饮酒，当班乘务长在确认驾驶员状态时如果发现驾驶员饮酒，应立即阻止其上岗出乘，并对其进行教育，作出处理。

3）驾驶员出乘前应熟知本班出乘计划，驾驶员每人由乘务室提供出乘表一份。

4）乘务室全体驾驶员出乘时应着装整齐，脚穿绝缘防砸鞋。

5）全体驾驶员出乘前均应熟知各项安全规章、规定、文本，熟知线路状况，必须熟知电客车状况。

6）乘务长应掌握本班驾驶员精神状况。

7）乘务长在驾驶员出乘前将驾驶员出乘所用安全物品准备齐全，并且确认所有物品良好，保证向驾驶员发放到位。

8）乘务长在驾驶员出乘前向驾驶员宣读当班应掌握的注意事项、安全规定和所有文本。

9）乘务主任负责乘务室所有安全工作。

10）乘务主任应确保乘务室所有安全用品的齐全可用。

11）乘务主任负责对乘务室所有安全工作给予支持。

12）乘务主任负责乘务室在安全工作上与其他部门的协调、沟通工作。

2. 出勤作业

（1）库内检车作业

1）驾驶员在出乘时必须向运转室领取乘务包并确认乘务包内物品齐全可用，领取安全帽，确认出乘时刻表，所有物品经确认后当班乘务长签字。

2）当班驾驶员将本班所有应知注意事项记入驾驶员手账。

3）驾驶员在进行检车作业时必须佩戴安全帽，确认带电轨没电，确认所有带电部位没电。

4）驾驶员在进行检车作业时确认库内走廊上无影响走动的异物，确认库内顶棚无可能脱落的物品，并确认库内信号灯等可能造成危险的物品安全可靠。

5）整备作业时驾驶员保证使用手电电源充足，光源明亮。

6）整备作业时遇没电情况应按照有电处理，严禁触摸电客车带电部位。

7）检车作业时驾驶员应观察确认没有其他人员在电客车周围走动，以防其他人员受伤。

8）如果双人作业时，要先确认两人所处位置，不应盲目蛮干。

9）检修人员作业时应在电客车上悬挂禁动牌，作业结束前任何人不得擅自取下。

10）驾驶员使用的手持无线电话必须开机，以备及时联系。

11）驾驶员在进行检车作业前，必须与检修人员取得联系，以防出现不应出现的工作失误。

12）驾驶员在进行检车作业时，还应注意一切可能引发安全问题的行为。

13）驾驶员检车完毕，确认一切良好后通知运转室请求送电。停、送电作业的申请必须由运转室联系。

14）当班乘务长在接到本务驾驶员的送电请求后，应与信号楼进行联系，请求送电。

（2）库内静调作业

1）静调开始前，驾驶员必须确认电客车两边确实没有人员侵界后，方可请求送电。

2）如果双人值乘时，必须确保两名驾驶员全部到达指定位置，并且要经过呼唤应答进行确认。

3）送电时驾驶员要确保电客车具备送电条件的要求。

4）确认送电完毕后，任何人员不得以任何原因下车，当发现车下有人时应进行劝阻，并使其远离机车。

5）静调开始后，驾驶员要严格按照静调程序进行静调，不得任意使用任何其他工具对操纵台进行激打等动作。

6）倒台进行后端驾驶室静调时，开启客室应急照明，以防在经过客室时造成磕碰。

7）进入另一端驾驶室时，需确认另一端驾驶室没有其他人员。

8）静调作业时严禁触动驾驶室开关柜内任何脱扣开关，如有需要，必须得到授权方可进行作业。

9）驾驶员在静调作业完成后将 TIMS 上时钟显示调整到正确的北京时间。

10）静调作业结束后，驾驶员应确认没有影响机车出库的人或事时，方可通知信号楼电客车具备出库条件。

（3）双人值乘驾驶员应执行的规定

驾驶员呼唤应答制度见表 6-3。

表 6-3 驾驶员呼唤应答制度

序号	呼唤时机	呼唤内容	应答内容	共同复颂及操纵者采取措施
1	三轨送电	送电啦	送电啦	送电。确认网压表显示
2	电客车出库	注意信号，注意库门	信号白灯，库门开好	信号白灯，库门开好。牵引列车，缓慢出库
3	电客车运行接近道岔	道岔定（反）位，信号×色	道岔定（反）位，信号×色	道岔定（反）位，信号×色。信号若是绿（黄）色，按规定速度通过该信号机；信号若是红色，立即采取停车措施，停于红灯前
4	接近停车位置标或一度停车标	注意停车、对标或注意一度停车	停车，对标或一度停车	停车，对标或一度停车。采取停车措施，停车对标或在一度停车标前停车
5	停车开门	停车开左（右）门	停车开左（右）门	停车开左（右）门。执行开门作业，并确认状态
6	关闭客室车门	关左（右）门	关左（右）门	执行关门作业，确认门关好后高呼：门关好了
7	电客车接近曲线地段	注意接近曲线	限速××公里	好了，限速××公里。随即采取调速措施，按照曲线限制速度运行
8	电客车接近坡道	注意上（下）坡道	好了，进入坡道	进入坡道，采取相应措施
9	电客车接近限速地段	注意限速	限速××公里	好了，限速××公里。随即采取调速措施
10	复线会车	注意会车	会车	接近临线列车时头灯减光
11	电客车入（出）洞体	注意入（出）洞	入（出）洞	开启（关闭）头灯
12	行车中发现信号不明或停车信号	信号不明（红灯）停车	停车、停车	采取停车措施
13	接近被挂车 5m 时	注意距离，一度停车	注意距离，一度停车	采取一度停车措施
14	连挂指挥人发出连挂信号时	注意连挂	好了，注意连挂	鸣笛，以 3km/h 的速度进行连挂
15	连挂指挥人发出试拉信号时	注意试拉	好了，注意试拉	好了，试拉。试拉列车并随时注意停车，确认连挂状态
16	遇有突发情况危及行车安全时	危险，停车，停车	停车，停车	采取紧急停车措施

（4）出库作业

1）驾驶员在准备出库时，必须确认电客车两边没有人员走动、没有物品侵界，方可准备动车。

2）驾驶员在动车前，先鸣笛后动车。

3）驾驶员在出库前通过车载监视系统确认库门前平交道口无人，方可动车。

4）驾驶员在动车前确认信号显示正确，并通过呼唤应答后方可动车。

5）驾驶员在动车后首先严格确认各个道岔位置正确，然后经呼唤应答、手指确认正确后，方可驾驶电客车通过。当瞭望不清时，应立即停车，及时与信号楼值班员联系。

6）出库电客车到达折返线时，电客车应停于停车标处，不得过标停车，以防造成电客车冲撞车挡或发生冒进信号事故。

7）当班乘务长在驾驶员进行以上作业时应时刻注意 ATS 系统显示，当发现有异常情况发生时，应立即通知驾驶员停车。

8）各当班乘务长要时刻做到精神高度集中，不得松懈，严防事故发生。

9）各当班乘务长必须做到车辆一动，心中有数。

（5）正线值乘

1）电客车由试车进入站台，驾驶员必须严格确认信号显示及道岔位置是否正确，若发现显示不正确时驾驶员严禁动车，必须查明原因，由行车调度员授权后方可动车。

2）动车后速度不得高于 25km/h 进入站台。

3）进入站台后电客车必须停于停车标处，不得越标停车。停车后，驾驶员应进行呼唤应答，进行开右门作业，并且观察监视系统显示。

4）驾驶员在开门作业完成后，应再一次核对车载 TIMS 与车站时钟显示是否一致，如果不一致，应将时钟调整为一致。

5）驾驶员在此时应进一步核对发车时间表的时间，当时间确认后，要时刻注意发车时间。

6）当时钟显示距离发车时间提前 15s 并且确认没有乘客上下车时，驾驶员应到车外站到站台上，进行关门作业，并且观察安全门与客室门是否关闭良好。当客室门与安全门关闭良好后，驾驶员必须确认出站信号机显示为稳定的绿色灯光，方可进入驾驶室。

7）驾驶员进入驾驶室后，必须进行呼唤应答、手指确认，确认门选择开关为中间位、车载监视系统显示正常、出发信号机显示绿色灯光并且操纵台其他显示正常时方可动车。

8）当遇有安全门或客室门没有关闭、出站信号机显示为红色灯光时，驾驶员应报告行车调度员，听从行车调度员指挥。如果行车调度员授权可以动车，驾驶员应立即动车，不得以任何借口不执行行车调度员的命令。

9）动车时，牵引、制动手柄首先必须由制动位放于“0”位，再由“0”位放于牵引一位，当停放制动全部缓解车辆速度达到 5km/h 以上时，才允许进行提升车速的牵引，但不允许将牵引手柄一次置于最大牵引位，造成起车冲撞。牵引手柄必须逐渐加大牵引力。

10）车辆运行时驾驶员必须确认道岔、信号显示是否正常，若显示不正常时，驾驶员应果断停车并利用通信设施立即报告行车调度员，听从行车调度员指挥。

11）驾驶员倒台后，确认信号道岔进路是否正确，当显示正确后方可动车，如果显示不正确，应问明原因，不可贸然行车。

12）动车后驾驶员应打开车载监视系统，以便观察车站乘客乘降情况。

（6）回库作业

1）驾驶员首先应在电客车清客完毕后确认信号道岔进路是否正确，尤其进路是否显示为开通试车 1 轨进路，如果发现信号错误，驾驶员应立即报告行车调度员，并且按照行车调度员命令执行。

2）驾驶员在进入试车时，应将电客车停于停车标处，不得不达标停车。

3）电客车进入停车对标，驾驶员倒台后确认信号显示，如果显示红灯则不得动车，并立即联系段信号楼，并按信号楼指示行车。

4）电客车动车后，驾驶员应确认停放股道，若发现股道不对应立即停车，不得贸然行车。

5）进入库内后，驾驶员在关车后申请断电，不得带有负载关车、断电。

6）驾驶员下车后，观察线路情况，确认邻线没有动车方可穿越平交道。

（7）退勤作业

1）驾驶员在运转室退勤，特殊地点退勤按运转室退勤标准执行。

2）驾驶员填写电客车技术状况，有无遗留故障。

3）驾驶员记录电客车运行中的安全情况。

4）驾驶员与值班员办理交接手续。

5）驾驶员交驾驶员报单及电客车钥匙，做好当班行驶情况小结，交值班员鉴定。

6）若电客车运行晚点、运行中发生故障以及值班员认为有必要的事情，需填写退勤记录。

7）驾驶员回库后应写出书面材料交运转值班室。

3. 其他特殊情况

（1）标准作业

1）正线行车所有限速区段必须执行限速规定，所有驾驶员不得超速行驶。

2）电客车进站停车时若越过停车标，驾驶员应及时通知行车调度员，按照行车调度员指挥退车，绝不可擅自退行。

3）特殊情况时，驾驶员应按照《行车组织规则》或《乘务室临时规定》执行。

4）驾驶员在正线行车时，如果遇到突发事件必须进行应急处理，不得以任何借口拖延处理时间。

5）所有乘务室人员必须执行一切文本的规定规章，不得违章作业。

6）所有乘务长应对驾驶员工作加以检查，发现问题及时解决，不得隐瞒不报。

7）乘务主任对所有乘务室人员进行监督，对乘务室的安全工作负责。

（2）紧急逃生门操作程序

1）驾驶员首先拉动驾驶室内左侧紧急逃生门的横拉管，进行钢丝解锁。

2）解锁后，增力臂组件转动，支撑到门框上，增力臂开始工作。

3）驾驶员用手继续推进增力臂，直至由空气弹簧支撑，并最终打开逃生门。

4）逃生门打开后，驾驶员放下紧急逃生梯，并且确认梯子平稳牢固后方可指挥乘客由紧急逃生门逃生。

【实践与训练】

学习工作单

工 作 单	电客车驾驶员安全行车作业		
任　　务	了解电客车安全行车工作流程，掌握电客车驾驶员行车安全控制点。		
班　　级		姓　　名	
学习小组		工作时间	
知识认知			
1. 简述出乘前的要求。 2. 简述特殊情况作业程序。			
能力训练			
归纳出行车安全控制点。			
任务学习其他说明或建议：			
指导老师评语：			
任务完成人签字：　　　　日期：　年　月　日 指导老师签字：　　　　日期：　年　月　日			

项目七　电客车调车作业

任务一　电客车调车工作的基本要求

【知识要点】

1. 了解调车工作的种类和主要设备。
2. 掌握调车工作的基本要求。

【任务目标】

1. 熟悉工作流程，能按流程独立进行工作。
2. 熟记作业标准，并能按标准独立作业。

【任务准备】

所需设备、工具：现场平面示意图。

【相关理论知识】

除电客车在车站的到达、出发、通过及在区间内运行外，凡电客车、轨道车进行一切有目的的移动统称为调车。通常调车工作利用轨道车为动力，在车辆段停车场范围内进行。

调车作业的特点是：作业地点涉及面广、作业对象多种多样、作业人员工种多、经常在存有车辆的线路上摘挂取送车辆。

【任务实施】

一、工作流程

1. 调车的种类

（1）解体调车　将到达的电客车或车组，按车辆去向、目的地或车种，分解到指定的线路上。

（2）编组调车　根据《技术管理规程》和列车编组计划的要求，将车辆选编成车列或车组。

（3）摘挂调车　为电客车补轴、减轴、换挂车组或摘挂车辆。

（4）取送调车　为了装卸货物或检修车辆，向装卸线、检修线送车或取回车辆。

（5）其他调车　如车列或车组转场、货车检斤、整理车场存车及在站线上放行机车等。任何一种调车工作都是由若干调车钩或若干调车程序这两种基本因素组成的。调车钩通常是指机车连挂或摘解一组车辆的作业，它是用以衡量调车工作量的一种基本单位。调车作业计划就是以调车钩为单位，按作业顺序排列的作业进程表。

2. 调车的工作要求

1）按照调车作业标准，及时、准确地执行调车作业计划，保证调车作业的完成。

2）合理安排调车作业计划，保证按电客车运行图的规定时刻发车，不影响接车。

3）及时取送检修的车辆。

4）不断总结工作经验，充分运用调车机车及一切技术设备，采用先进工作方法，用最少的时间完成调车任务，提高调车工作效率。

5）必须牢固树立安全生产的思想，正确处理安全与生产的关系，认真学习和执行安全生产的规章制度，保证调车有关人员的人身安全及行车安全。

3. 调车信号

（1）调车信号机　要熟悉调车作业中信号机显示的命令要求，严格按照信号指示进行作业，如图 7-1 所示。调车信号机显示信号规则如下：

1）月白灯光——准许越过该信号机调车。

2）蓝色灯光——不准许越过该信号机调车。

3）当信号机的灯光熄灭，显示不明显或显示不正确时，应视为列车的停车信号。在尽头线，设置的起阻挡列车运行作用的阻挡信号机，只显示红色信号。

图 7-1　调车信号机

（2）手信号显示的规定

1）手信号显示要求：位置适当，正确及时，横平竖直，灯正圈圆，角度准确，显示阶段分明。

2）手信号持旗要求如下：

① 在显示手信号时，凡昼间持有手信号旗的人员，应将信号旗拢起，左手持红旗，右手持绿旗。

② 调车员登乘列车车辆，一手扶把手，一手显示展开的绿色信号旗时，必须将拢起的红色信号旗置于绿色信号旗对向驾驶员方向的前面，以便能随时展开红色信号旗。

（3）调车手信号的显示方式和机车、电客车鸣笛的意义

1）调车手信号显示方式见表 7-1。

表 7-1　调车手信号显示方式

序号	名　称	手信号显示方式	
		昼　间	夜　间
1	停车	展开红色信号旗；无信号旗时，双臂高举向两侧上下急剧摇动	红色信号灯光；无红色灯光时，用绿色以外灯光上下急剧摇动
2	减速	展开绿色信号旗下压数次	用绿色信号灯光下压数次
3	指挥机车、电客车向显示人方向来的信号	展开绿色信号旗，在下方左右摇动	用绿色信号灯光，在下方左右摇动
4	指挥机车、电客车向显示人方向稍行移动的信号	左手拢起红色信号旗直立平举，右手展开绿色信号旗在下方左右小幅度摇动	将绿色信号灯光下压数次后，再左右小幅度摇动
5	指挥机车、电客车向显示人反方向去的信号	展开绿色信号旗，上下摇动	将绿色信号灯光，上下摇动
6	指挥机车、电客车向显示人反方向稍行移动的信号	左手拢起红色信号旗直立平举，右手展开绿色信号旗在下方上下小幅度摇动	将绿色信号灯光下压数次后，再上下小幅度摇动

2）机车、电客车鸣笛的意义见表7-2。

表7-2　机车、电客车鸣笛的意义

序号	名　称	鸣示方式	使用时机
1	注意信号	一长声	1. 电客车或轨道车起动前 2. 车辆被迫在区间停车后再次起动前 3. 通过电客车接近车站站台时
2	退行信号	两长声	电客车开始退行前
3	推进信号	一长声一短声	1. 电客车由尾部驾驶室控制运行时 2. 两组电客车连挂后，由后一组电客车驾驶室控制全部列车运行时
4	报警信号	连续长声	1. 发现线路上有危及行车安全的不良处所时 2. 电客车发生重大事故需要救援时
5	呼唤信号	两短一长声	1. 驾驶员发现信号显示不正确或不清楚时 2. 轨道车、电客车需进入车辆段或停车场时
6	召集信号	三长声	解除电客车防护，并召回防护人员到车上时
7	紧急停车信号	连续短声	1. 驾驶员发现邻线发生影响行车的故障，向邻线运行的电客车驾驶员发出紧急停车信号时 2. 两组电客车连挂后，正在运行的电客车牵引端或被牵引端需要紧急停车时
8	制动缓解信号	三短声	缓解制动时
9	回应信号	重复本务电客车发出的鸣示	1. 在连挂的电客车中本务电客车鸣笛后，跟随电客车要回示 2. 邻线运行的电客车驾驶员发出紧急停车信号时，本线电客车驾驶员听到后要立即回示

4. 各种线路设备及标志

（1）警冲标　图7-2所示为警冲标。

1）警冲标是用来指示轨道车、电客车停车时不准越过道岔或线路交叉点，以防停留在该线上的轨道车、电客车与邻线上的轨道车、电客车发生侧面冲撞的标志。

2）警冲标设在两会合线路间距离为4m的中间。线间距离不足4m时，设在两线路中心线最大间距的起点处。

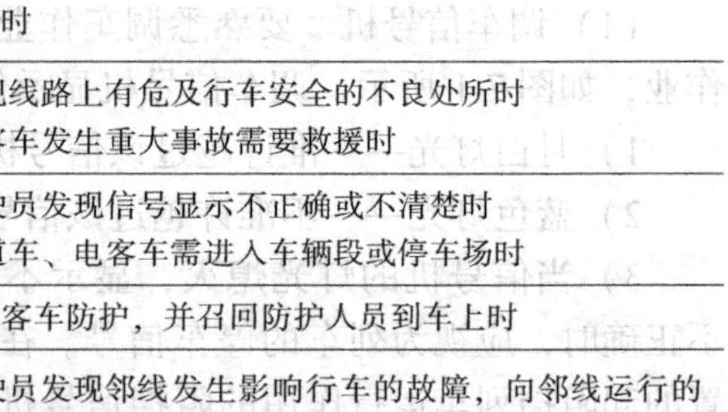

图7-2　警冲标

（2）限速标　图7-3所示为限速标，用来表示该线上电客车运行的最高限速度。

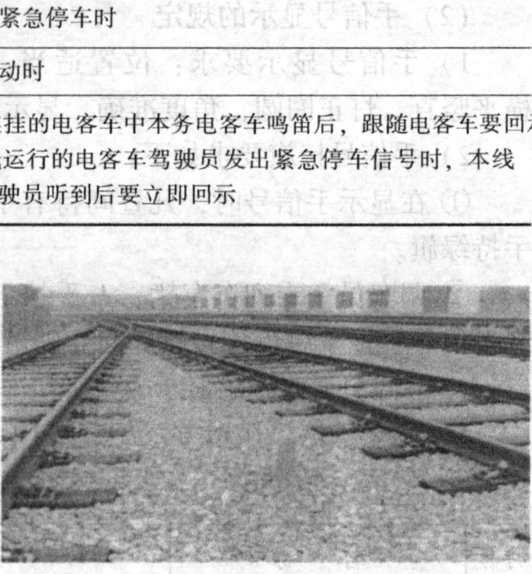

图7-3　限速标

二、调车作业

1. 对调车机的要求

1）调车作业需要在短距离内起动牵引或推送车组，不需要较高的构造速度，但需要有一定的牵引力。

2）调车作业中调车机需要经常前进或后退，需要有良好的瞭望条件。

3）调车作业时经常要通过较小半径的曲线，故调车机的固定轴距要小。

4）调车作业时需要经常起停车，故要求调车机操作灵活，制动性能良好。

5）调车机经常在夜间作业，头尾灯照明要求亮度好。

6）调车机应便于调车人员安全上下车。

2. 对调车人员的基本要求

轨道车驾驶员应熟悉所用调车机的结构、各部件名称及工作状态，掌握调车机容易出现故障的部件和关键部件，掌握常见故障的现象及检查方法，正确使用工具。常用调车机如图 7-4 所示。

图 7-4　调车机

(1) 日常检车要求

1）调车驾驶员，负责轨道车的检车及故障处理。

2）检车前由各当班班、组长负责召开班前会，进行人员分工，检车人员准备好检车工具，穿戴好防护用品。

3）车底作业时应戴好安全帽，检车前应在车辆两端明显位置挂禁动牌。严格按照谁检车谁摘挂的原则进行操作。驾驶控制台应放置“机车作业禁止动车”禁动牌。

4）检车过程按照“先四周，后地沟，先上后下，先里后外”的顺序对以上部分进行检查。

5）起车前要在车下、机械间巡视，并高声提示，确认无人后才能起动。起车后驾驶员应观察发动机运行状态，并通过操纵台压力表观察各风缸压力是否正常，制动管泄漏每分钟不大于 10kPa，总风缸泄漏每分钟不大于 20kPa，空压机安全阀有无异常排风。

6）待上述检查正常后，调车驾驶员操作制动阀进行五步闸试验。

7）检查完毕后，检车人员对作业现场进行检查清理，不得遗漏任何工具，由检车人员负责摘走禁动牌。

8）在检车过程中，如果发现燃油箱油位接近或低于 2/5 时，应及时通知工具材料管理员进行加油。

(2) 检查项目

1）检查螺母、螺栓、销子、开口销。

检查要点：以上零件是否松动、脱落、破损、裂痕、失去效果。

重点检查：传动轴、万向节、蓄电池、接地柱、地线及制动系统、发动机、液力传动箱、空压机、齿轮箱吊挂等部件的安装螺栓、安装座的开口销开度不小于 60°。

2）润滑油、发动机油底壳油、液力传动箱、空压机油、静液压系统等。

检查要点：油面高度、油质及泄漏情况。

重点检查：油位应在油尺上下标线之间，无乳化现象。

3）冷却系统。

检查要点：液面高度、泄漏情况及液体质量。

重点检查：发动机运行后保持液面符合标准，注意液体中不能有杂质，也不能有油质。

4）发动机。

检查要点：检查燃油、冷却液、机油、各部分润滑油有无泄漏，各传动带的张紧度及损坏情况。

重点检查：排出油水分离器中的水和沉积物，发动机油底壳中的机油应在油尺上下标线间，注意在驾驶台显示器查阅油温、转速、机油压力等数据。

5）传动装置。

检查要点：液力传动箱、传动箱、车辆齿轮箱、润滑油、传动轴的紧固情况，车辆齿轮箱的润滑情况。

重点检查：传动润滑油应在开机5min后检查，油位在上下标线之间，油质无乳化臭味；车辆齿轮油在开机前检查，油位螺栓为标准值（位于上下油位螺栓之间）。

6）制动部分。

检查要点：各管路的密封、塞门位置，各风缸的排水塞门关闭是否良好（放水放油），单元制动的各紧固螺栓及闸瓦的磨损情况。

检查重点：单元制动的各紧固螺栓及闸门的磨损情况。

7）空压机。

检查要点：润滑油油位、连接件的紧固情况、滤芯、传动带的张紧度及老化情况。

重点检查：检查曲轴箱内的油位，油质正常无乳化，并无漏油。

8）发电机。

检查要点：传动轴紧固情况、有无振动，保持清洁，无水滴、无受潮现象。

重点检查：检查传动轴紧固状态，电机外表保持清洁。

9）减震部分。

检查要点：液压减震器无漏油、紧固良好、V形橡胶无变形老化。

重点检查：检查减震器无漏油，橡胶无老化。

10）蓄电池。

检查要点：有无位移、窜位，接线柱与电线接头有无烧蚀现象及吊挂螺栓的紧固情况。检查蓄电池时，要先断开电源开关。作业时，禁止吸烟及使用明火。不得将金属工具等置于蓄电池的连接线上。防止电解液溅到衣服或皮肤上。

重点检查：检查蓄电池接线良好，无过热、腐蚀，电压符合标准。

11）电气部分。

检查要点：保险是否能正常使用，驾驶员控制面板是否清洁，各按钮、开关、手柄动作功能是否正常，翘板开关是否良好、各种电设备的工作情况是否正常。

重点检查：检查各按钮、开关、手柄动作功能正常。

12）车钩。

检查要点：车钩磨损情况及各联接螺栓是否紧固，车钩三种状态（锁闭、半开、全开）是否灵活及其润滑状况。

重点检查：检查车钩三态。

13）闸瓦。

检查要点：更换闸瓦或调整制动缸行程时，必须先关闭折角塞门，放置铁鞋后再进行操作。工作时与其关联的作业要暂时停止，作业时要谨防滑倒碰伤。

重点检查：检查闸瓦厚度和制动缸行程。

【实践与训练】

学习工作单

工 作 单	电客车调车工作的基本要求		
任　　务	了解调车工作的种类和主要设备，掌握调车工作的基本要求。		
班　　级		姓　　名	
学习小组		工作时间	

知识认知

1. 简述手信号的显示方法。
2. 简述日常检查调车机的要求。

能力训练

按照信号示意图，归纳出调车信号的显示要求。

任务学习其他说明或建议：

指导老师评语：

任务完成人签字：　　　　　　　　　　　　日期：　年　月　日

指导老师签字：　　　　　　　　　　　　　日期：　年　月　日

任务二 调车作业前的准备

【知识要点】

1. 了解电客车调车驾驶员交接班制度。
2. 掌握电客车调车驾驶员作业计划。
3. 掌握轨道车起机前的准备工作。

【任务目标】

1. 熟悉工作流程，能按流程独立进行工作。
2. 熟记作业标准，并能按标准独立作业。

【任务准备】

1. 所需设备、工具

检点锤、手持无线电话、信号旗信号灯、铁鞋、止轮器，灭火器、随车维修工具等。

2. 所需物品

手电、驾驶员手账等。

【相关理论知识】

调车作业计划是规定车列如何解体、编组、取送、甩挂等作业的具体行动计划。调车工作应根据调车作业计划进行。调车作业计划由信号楼值班员根据阶段计划任务、到达情况和存车情况编制，并以调车作业通知单的形式下达给有关调车人员执行。

【任务实施】

1. 班组交接班

1）交班班组的调车驾驶员必须将本班的生产情况（包括机车运用、备用、计划检修任务等）、调车计划完成情况以及故障机车的处理及跟踪等情况进行汇总，并认真填写《调车驾驶员交接班记录表》。

2）接班班组人员应提前15min到达交接地点，认真了解交班班组任务完成情况，并阅读交接班记录表。

3）交接班必须按照指定时间及交班内容当面进行交接。交接内容如下：

① 确认机车整备情况、停放位置及制动状态，安全防护措施是否到位。

② 确认钥匙，数目正确。包括库门、房间以及轨道车钥匙。车门钥匙和电气柜钥匙应整齐摆放在驾驶操作台上，其他操作钥匙摆放位置正确。

③ 确认班组工器具、防护工器具、库内设备、备品备件情况，尤其是铁鞋存放地点及数量。

④ 确认库内以及机车内外卫生情况。

⑤ 共同对机车的状态进行初步检查，包括各个子系统的关键部位情况，确认状况是否良好。

⑥ 确认各项工作记录、工作票、流转票据以及计划和上级下达的文件精神，尤其是行

车方面的计划和指令。

⑦ 交班班组向接班人员详细说明机车出现的故障及处理情况、上级布置的临时任务，以及其他一些安全注意事项。

4）交班班组人员必须将本班尚未处理的事宜及下一班的任务重点和安排建议向接班班组人员交代清楚。

5）交接班应对口交接，所有的交接班内容必须认真记录在《调车驾驶员交接班记录表》上，交接班人员要在交接班记录表上签名，接班人员存在不清楚的情况时，应积极主动地询问。

6）工作计划未完成时不能交接。设备损坏未登记时，也不能交接。

7）对于遗漏事项，交接班的人员都应本着尽快修补的积极态度，尽快取得联系，妥善处理。

8）在交接班过程中若发生突发事件，由交班的班组负责，待接班的班组完全了解情况后，交班的班组方可离开工作岗位。

2. 调车作业计划领取

1）段（场）调车作业由信号楼统一指挥，下达《调车作业计划单》，并通知调车机组有关人员。

2）调车作业必须严格按《调车作业计划单》的内容执行，调车人员不得更改调车计划。

3）调车员去信号楼取回《调车作业计划单》后，必须研究计划内容，做到心中有数，并根据计划中的注意事项制定防范措施，向本班组相关人员传达调车作业内容及注意事项，明确《调车作业计划单》的内容。

4）调车作业前所有调车人员应认真领会调车计划内容，有疑问应及时问清，在完全理解计划内容后方可进行调度作业。

3. 起动前的准备工作

（1）机车检查

1）检查发动机机油、传动箱润滑油、空压机润滑油、燃油箱燃油、冷却水及液压油等是否充足。检查项目及内容按表 7-3 进行。

表 7-3 检查项目及内容

序号	部位名称	检查标准
1	发动机	油位在油标上下刻度线之间，偏高位置
2	传动箱	按传动箱说明书有关条款执行
3	车轴齿轮箱	油位位于高低油位孔之间，偏高位置
4	空气压缩机	油位位于油位表上下刻度线之间，偏高位置
5	燃油箱	见油位表显示
6	冷却水箱	冷却水位于冷却水箱高度的 2/3，最低水位不低于冷却水箱高度的 1/3
7	液压油箱	液位仪高度的 2/3，最低位不低于液温仪高度的 1/3

2）检查燃油管路、机油系统、冷却水管路、空气制动管路、液压管路及传动箱附件等部位有无渗漏现象。管路中的截止阀均应位于正确的工作位置。

3）检查蓄电池接线是否牢固，控制面板上的开关、监控仪表及灯具、刮水器等是否正常。

4）检查空压机、空调压缩机传动带的松紧度。以20～50N的力压传动带，其挠度应为20～30mm。

5）目视检查传动轴螺栓及车轴齿轮箱悬挂拉臂螺栓有无松动。

6）排除油水分离器、均衡风缸、过充风缸等内的污水。

7）检查各主要部件等有无异常现象，发现问题必须及时处理。

8）检查必备的随机工具、随机关键备件等，要求工具齐全、状态或功能良好，并严格按照有关安全行车规章办理。

（2）电器动作试验

1）确认前后操纵台上各开关、手柄在正常状态，确认电气控制箱内的微机换挡控制器的电源开关在打开位，闭合电气控制箱旁边的电源总开关，确认蓄电池电压在DC24～DC28V范围内。

如果车辆进行重联操作，还需将两车之间的重联插头插入插座内，锁紧插头，确认补机的电源总开关在接通位，微机换挡控制器的电源开关在打开位。注意：不允许三台车重联，只允许在两台车之间使用重联线（一根即可）。

2）将点火钥匙插入柴油机起动开关内并扳至运转位，此时发动机故障报警灯亮，同时电铃响，约5s后，发动机故障报警灯熄灭，电铃停响。

如果双机重联，还需注意观察补机的报警显示等是否正常。

3）将驾驶员控制器钥匙插入锁孔内并逆时针旋转90°，解除换向锁定，将换向手柄扳至“前牵”或“后牵”位，将换挡选择开关扳至“自动”位，闭合电气控制柜内微机控制器电源开关，此时操纵台上液晶显示屏显示为“调车工况”、“空挡”，同时可以观察微机控制器上“电源”、开关量输入显示部分“0”、方向“前”或“后”、“自动”。将驾驶员控制器手柄扳至“1”位，微机控制器上“电源”、换向手柄扳至“前牵”或“后牵”位。然后分别将驾驶员控制器手柄扳至“降”位，微机控制器上“降”、“1”灯亮。将驾驶员控制器手柄扳至“保”位，微机换挡控制器上“降”、“1”、“保”灯亮。将驾驶员控制器手柄扳至“升”位，微机换挡控制器上“降”、“1”、“保”、“升”灯亮。完成了以上步骤，说明调速和自动换挡输入正常，可以起机。

4. 起机

1）确认驾驶员控制器的手柄在“0”位，微机控制器开关闭合，确认换挡转换开关在中间位，点火钥匙开关扳至运转位，电铃响，故障报警灯亮，待电铃停响、故障报警灯灭后，再将点火钥匙开关扳至起动位，柴油机起动，此时即松开点火钥匙。若重联操作，则按同样方法起动补机。注意观察主、补机的仪表及报警设备显示是否正常。

注意：重联操纵前，必须确认补机的电源总开关在接通位，补机的微机换挡控制器的电源开关在打开位。

车端重联插座只能连接两台车，不允许三台车同时连接。

2）确认操纵台上的换挡转换开关在中间位，再将驾驶员控制器的换向手柄扳至运行方向位，将驾驶员控制器油门控制手柄扳至“升”位，柴油机转速升高，松手后自动回“保”位，柴油机转速保持不变，扳至“降”位，柴油机转速降低，推回“0”或“1”位，柴油机回怠速位。

3）当关断点火钥匙开关，柴油机即停止工作。

如双机重联，补机发动机应同步停止工作。

5. 制动机检查及试验

发动机起动后，空压机即开始充风，制动阀手把置于缓解位置，对空气制动机进行“五步闸”的检查与试验。

1）检查各风表指示压力应符合以下规定：

总风缸	700～800kPa
均衡风缸	500kPa
制动管	500kPa
制动缸	0kPa

2）减压 50kPa，制动缸压力为 125kPa。制动管泄漏，每分钟不超过 20kPa。

3）将自动制动阀手柄自最小减压位开始，施行阶段制动，直到最大减压位，在制动区移动 3～4 次，观察阶段制动是否稳定，减压量与制动缸压力的比例是否正确。全制动后，当制动管风压在 500kPa 时，制动管减压量为 140kPa，制动缸压力应为 350kPa。

4）单阀缓解良好，通常应能缓解到 50kPa 以下。

5）原弹簧应良好。

6）自阀缓解应良好，均衡风缸及制动管风压应为规定风压。

7）制动管减压量应在 240～260kPa 之间，制动缸压力应在 350～420kPa 之间，并且不应发生紧急制动。

8）均衡风缸压力上升，而制动管压力保持不变，总风遮断应用良好。

9）缓解应良好。

10）均衡风缸减压量应在 240～260kPa 之间，而且制动管不应减压。

11）过充作用应良好。制动管风压比规定压力高 30～40kPa 时，过充风缸上的排风孔处应排风。

12）过充压力应在 120s 后自动消除，不引起轨道车自然制动。

13）制动管压力能在 3s 内降至 0，制动缸压力应能在 5～7s 内升到 400～420kPa，均衡风缸减压量为 240～260kPa，自动撒砂作用应良好。

14）放置 10～15s，制动缸压力开始缓解，并逐渐降到 0。

15）单阀复原应良好。

16）自阀缓解应良好。

17）单阀制动应良好。

18）单独制动阀手柄由运转位逐渐移至全制动位，阶段制动应稳定。全制动位时，制动缸压力应达到 300kPa。检查闸瓦与车轮间隙是否在 4～7mm 范围内。

19）检查阶段缓解作用是否良好。

单独制动阀手柄由全制动位逐渐移至运转位，阶段制动作用应良好。

20）换端操纵并试验以上项目

21）将前操纵台位下部的手动转阀置于缓解位，使用自阀进行一次制动，检查制动系统是否正常工作再缓解，缓解时间不超过 35s。

【实践与训练】

学习工作单

工 作 单	调车前的准备		
任　　务	了解调车驾驶员交接班制度，掌握调车驾驶员作业计划，掌握轨道车起机前的准备工作。		
班　　级		姓　　名	
学习小组		工作时间	

知识认知

1. 简述调车驾驶员交接班内容。
2. 简述调车作业计划的领取及注意事项。

能力训练

结合起机操纵示意图，归纳出调车驾驶员起机前的准备工作。

任务学习其他说明或建议：

指导老师评语：

任务完成人签字：　　　　　　　　　　　　　　日期：　年　月　日

指导老师签字：　　　　　　　　　　　　　　　日期：　年　月　日

任务三　调车作业规定

【知识要点】

1. 了解调车驾驶员作业规定。
2. 掌握调车驾驶员作业安全管理规定。

【任务目标】

1. 熟悉工作流程，能按流程独立进行工作。
2. 熟记作业标准，并能按标准独立作业。

【任务准备】

所需设备、工具：信号灯、信号旗。

【相关理论知识】

参加调车作业人员应做到严格按照调车作业标准，执行调车作业计划，保证及时、准确地完成调车作业。作业中严格执行各项规定，并不断总结工作经验，充分运用调车机及一切技术设备，采用先进工作方法，用最少的时间完成调车任务，提高调车工作效率。

【任务实施】

一、调车作业的一般规定

1. 调车作业的一般要求

（1）作业标准

1）按照调车作业标准，执行调车作业计划，保证及时、准确地完成调车作业。

2）合理安排调车作业计划，保证按电客车运行图的规定时刻发车，不影响接车。

3）及时取送检修的车辆。

4）不断总结工作经验，充分运用调车机及一切技术设备，采用先进工作方法，用最少的时间完成调车任务，提高调车工作效率。

5）必须牢固树立安全生产的思想，正确处理安全与生产的关系，认真学习和执行安全生产的规章制度，保证调车有关人员的人身安全及行车安全。

（2）作业准备

1）调车工作要固定作业区域、线路使用、调车机、人员、班次、交接班时间、交接班地点、工具数量及其存放地点。

2）防溜铁鞋等行车备件应放置在机车固定位置，保证备件数量及质量，以满足调车工作需要。交接班过程中，要对行车备件进行清点交接。

2. 手持无线电话的使用及呼唤应答制度

（1）使用范围

手持无线电话适用于段、场内和正线调车作业时的现场指挥，严禁其他与调车作业无关人员使用或挪作他用。正常情况下，调车作业以调车信号机和调车手信号为主，手持无线电话只是辅助联系和指挥调车的工具。

（2）使用时机

1）电客车处于弯道、看不清调车信号时。

2）段场线、正线推进运行时。

3）车辆较长、压信号调车或看不清楚调车信号时。

4）压信号调车时，动车前要与信号楼值班员联系，听其指挥。

（3）使用要求

1）操作人员必须掌握手持无线电话性能和使用方法，严格按规定操作，必须妥善保管、爱护使用手持无线电话。凡发生设备故障或损坏时，应及时告知车辆检修调度，办理更换签认。

2）接班后，由调车班组负责人向调车人员逐个呼叫、发讯（含信号楼），经双方通话和色灯显示试验良好后，方可使用手持无线电话。

3）信号楼值班员所使用的无线手持无线电话须处于扫描状态，有呼叫信号立即接听。调车作业过程中，严禁关闭无线调车设备或随意转换指定使用频道。

4）使用手持无线电话进行调车作业时，有关岗位应密切配合，确保作业安全。行车（信号楼）值班员必须做好监控。

（4）使用规定

1）严格按规定用语通话，严禁用手持无线电话谈论与作业无关的内容，调车作业标准用语见表7-4。

表7-4 调车作业标准用语

项目	作业含义	标准语音	说明	项目	作业含义	标准用语	说明
1	呼叫调车作业人员	“××”（姓名）		9	停车信号	“停车”	
2	调车作业人员回答	“××”有		10	牵出前无须提钩	“牵出”	
3	确认调车进路开通	“×道”开通	驾驶员鸣笛回示	11	列车整列起动	“起动好”	
4	向有车线挂车推进	“×道”开通连挂		12	牵出前须提钩	“提钩好”	
5	向空闲推进	“×道”开通推进		13	要求减速	“减速”	
6	三车信号	“三车”		14	要求鸣笛	“鸣笛”	
7	二车信号	“二车”		15	要求试拉	“试拉”	然后按规定给信号
8	一车信号	“一车”		16	转线快过道岔报距离	“再走×车（米）”	按规定给信号

（续）

项目	作业含义	标准语音	说　明	项目	作业含义	标准用语	说　明
17	连挂妥当连接风管	“挂妥接管”	按规定给信号	20	一度停车后挂车	“×米挂车”	给黄灯
18	线路检查准备妥当	“×道可以挂车”	按规定给信号	21	向信号值班员请求原路折返作业	“信号楼×道折返作业”	由调车员负责请求
19	送车对位妥当	“对位好”		22	挂距车挡不足10m的车组	“离车挡×米”	驾驶员鸣笛回示

2）调车作业时必须认真贯彻单一指挥的原则，除调车员外，原则上其他人员均不准发射指挥机车的信号命令。当调车员通话或发射信号时，其他人员不得按下通话或信号按钮，避免干扰。

3）调车作业必须下达《调车作业计划单》，若要在调车过程中变更计划，可由信号楼值班员用手持无线电话布置，要求停车传达，有关人员必须复诵，调车负责人向有关人员传达清楚，作业完毕后由信号楼值班员负责根据实际作业情况将《调车作业计划单》（两联）的内容进行更改。

4）现场调车人员应根据作业要求，站在便于前后瞭望的位置，加强联系。不准在建筑物内或离开作业地点遥控指挥作业。

5）连挂前一度停车（距被连挂车辆1m处），再动车时调车员应告知驾驶员距离情况。

6）进入线路作业前，调车员必须先发停车信号，并与当值驾驶员联系，得到当值驾驶员应答后，方可进入作业。

7）在发生危及人身安全和行车安全时，其他调车人员有权随时发出停车信号和用语，调车驾驶员接收到停车信号后应立即停车，停车后有关人员要立即报告原因。

3. 轨道车、电客车停留、防溜及铁鞋存放

1）连接线、牵出线、洗车线、走行线（接发列车时除外）、试车线、咽喉道岔区，禁止停放轨道车、电客车，其他线路存放车辆时，应经信号楼值班员同意方可占用。轨道车、电客车应停在线路两端信号机内端。

2）平板车及轨道车停放在线路上不再调车时，应连挂在一起，并须拧紧两端手闸，必要时应放置铁鞋。因装卸设备需要不能连挂在一起时，应分组做好防溜，中间车组应拧紧其手闸，并在两端放置铁鞋。

3）电客车在列检停留库股道停留时，应施加停车制动。电客车在定、临修线上停留时应连挂在一起，并在两端放置铁鞋防溜。因维修需要不能连挂在一起时，应分组做好防溜，在停放车辆两端放置铁鞋。

4）对于调车作业，摘车时应先做好防溜（列车应恢复空气制动，调车机拧紧手闸，必要时放置铁鞋），后再摘车；连挂时，应在挂妥后再撤除防溜。

5）撤除防溜后，铁鞋应及时放回原位。

6）铁鞋的使用情况、存放地点及铁鞋数量应在交接班时交接清楚。

二、调车人员的要求

1. 调车机运行过程中禁止驾驶员及车上人员的行为

1）超速行驶及跨越车厢。

2）出入库、交会车、洞内行驶或通过靠近线路有较高设施、堆放物及悬挂装置等的路段时探身车外。

3）处理故障。

4）骑坐车帮或在平板车及低帮车的边缘坐立。

5）在车顶或装载的货物上行走或坐立，在装载不平的货物的空隙间停留，往车外抛掷物件。

2. 进入库内作业

1）进入材料总库、检修库、各种机车车辆存放库取送车辆时，应在车库平交道口外一度停车，确认平交道口是否有障碍物或行人。

2）检查库内线路状态、货物及设备堆放状况，应通知有关人员停止影响调车作业的工作和撤消防护标志牌。

3）检查车辆装载货物的加固状态、车门及侧板关闭情况、防溜措施等。

三、调车作业安全管理规定

1. 安全控制点、风险点

1）遇下列情况禁止调车作业：

① 设备（包括上部天车或吊机）或障碍物侵入线路设备限界时。

② 禁止提活钩，溜放调车作业。

③ 列车转向架液压减振器被拆除，并且空气弹簧无气时。

④ 列车制动系统故障时，禁止凭借自身动力动车，禁止两组列车同时在同一条股道上相对移动。

2）组织两列列车在同一股道作业时，应先通知一列列车在指定位置停机待令，向另一列列车驾驶员布置安全注意事项及存车位置情况后，再开放防护信号机放行该列车到指定位置停放。

3）当调车信号机因故障开放不了时，调车员应在得到信号楼值班员通知，并确认进路开通后，方可领车越过该信号机。

4）调车员应在调车正面（驾驶员驾驶侧）正确、及时地显示信号，驾驶员应认真地、不间断地确认信号，并鸣笛回示。没有调车员的开放信号禁止动车；没有鸣笛回示时，调车员应立即显示停车信号；信号显示错误或不清时，驾驶员应立即停车。同时，调车过程中，驾驶员凭信号（旗信号、灯信号、徒手信号）开行列车，并使用无线通信作为辅助调车指挥工具。

5）越出段、场界限调车时，应得到行车调度员同意。

6）机车车辆、车组在段、场内通过平交道前，应一度停车，驾驶员瞭望平交道是否有障碍物或行人，确认安全后方可通过，并严格控制行车速度。

7）调车信号机开放后，需要取消时，信号楼值班员应通知驾驶员及调车员，并得到应答确认列车停车或未动车后，方可关闭信号机。

8）机车车辆原路折返前，行车（信号楼）值班员必须确认进路道岔位置正确，加锁该进路有关道岔后方可允许驾驶员动车。

9）调动无动力列车时，应确认空气制动全部缓解，运行中驾驶员与调车员加强联系，共同确认车辆制动状态。

10）在车辆段回转线（灯泡线）调车时，要严格按照规定速度行车，加强瞭望，遇危及行车安全的情况时，要果断停车；遇有处理不了的障碍物时，要报告车场值班员组织处理。回转线调车速度不得超过5km/h。

2. 调车作业的速度规定

调车作业过程中要严格控制速度，任何情况下严禁超速。各区段调车速度控制见表7-5。

表7-5　调车速度控制表

序　号	项　目	速度/(km/h)
1	空线牵引运行	25
2	空线推进运行	15
3	调动装载超限货物的车辆时	10
4	在尽头线调车时	10
5	在维修线调车时	10
6	在运用库内停车线调车时	5
7	接近被连挂车辆三、二、一车时	8、5、3
8	接近被连挂车辆时	3
9	进、出库时	5
10	段内回转线（俗称灯泡线）调车时	5
11	遇平交道口时	5

【实践与训练】

学习工作单

工作单	调车作业规定		
任　务	了解电客车调车驾驶员作业规定，掌握电客车调车驾驶员作业安全管理规定		
班　级		姓　名	
学习小组		工作时间	

知识认知

1. 简述调车作业的一般规定。
2. 简述对调车人员工作的作业要求。
3. 简述对调车作业速度的规定。

能力训练

由两名作业者，模拟调车作业标准用语。

任务学习其他说明或建议：

指导老师评语：

任务完成人签字：　　　　　　　　　　　　　日期：　年　月　日

指导老师签字：　　　　　　　　　　　　　　日期：　年　月　日

任务四　调 车 安 全

【知识要点】

1. 了解调车驾驶员人身安全作业规定。

2. 掌握调车作业安全规定。

【任务目标】

1. 熟记人身安全作业规定。

2. 熟记调车作业安全规定，并能按规定标准作业。

【相关理论知识】

调车安全和其他作业是相辅相成的，在调车作业过程中应同时遵守其他安全规定，还要具备行车所必备的一些安全理论知识。

【任务实施】

一、人身安全作业规定

1. 调车员在线路上行走的规定

1）调车员应注意两线路之间显示信号，并注意邻线路的机车车辆。严禁在道心、枕木头上行走，不准脚踏轨面、道岔连接杆、尖轨等。

2）横越线路时，应一站、二看、三通过，注意左右机车车辆的动态及脚下障碍物。

3）横越停有机车车辆的线路时，先确认机车车辆暂无移动，然后在该轨道车、电客车较远处通过。严禁在运行中的轨道车、电客车前面抢越。

4）不准在钢轨上、车底下、枕木上、道心里坐卧或站立，不准跨越地沟。

5）在接触轨未断电前，严禁在线路附近或线路上行走。

2. 调车作业人员在调车作业过程中的安全要求

1）指挥调车作业时，不得在车辆走行线及道岔转动部分、钢轨、防护轨及警冲标外方等不安全地点行走、显示信号和停留。应随时注意列车进路上有无人员或障碍物，遇有危及安全情况时，应显示停车信号，紧急停车。

2）遇工作需要必须跨越线路或在线路中行走时，必须注意车辆动态，确认无列车移动或驶近时，方可跨越或通行。

3）必须横跨有停留列车的线路时，应先确认列车不能移动后，方可从打开的电客车车门处或驾驶室绕行。

4）遇地沟或障碍物时，须绕行，不得跨越。

5）上车前，驾驶员应注意确认所攀登车辆的脚蹬、车梯及扶手的状态，不符合安全技术条件不得攀登。

6）上车后，驾驶员应站稳扶牢，不得探身过远，以免挤碰。

7）驾驶员必须在机车、电客车停稳后才能上下车。

8）连挂时，不得在车钩中间穿越，不得探身于两车钩间，注意车的渡板、风挡、端板支架及装载物的状态，以免挤碰。操作手制动机时，驾驶员须站稳扶牢。

9）调车员在摘接车钩、风管及处理故障时，要站稳扶牢，禁止脚踏轨面，应该一脚在轨内一脚在轨外。

二、正线作业安全规定

1. 救援作业

1）调车驾驶员（调车员）应随时保证轨道车状态良好，确保接到救援通知后3min内机车出库，尤其是正线运营时段内的救援任务。

2）调车驾驶员、调车员共同确认救援作业任务、作业区域及注意事项，确认行车调度命令内容，遇到不清楚时要及时与行车值班员、信号楼值班员联系，做到心中有数。

3）电客车在等待被救援的时间内，由当值电客车驾驶员负责全面检查列车，确保列车技术状态良好，并将情况与调车员沟通。

4）连挂作业时，调车员指挥机车进行连挂和试拉。试拉完毕后，由当值电客车驾驶员负责缓解列车制动，并通知调车员可以动车。

5）列车行驶过程中，当值列车驾驶员、调车驾驶员、调车员均要密切关注列车状态，并且互相之间要实时沟通。

6）当被救援列车空气簧无风时，连挂后在行驶过程中应注意限速：直线段≤40km/h，曲线段≤15km/h。

7）待救援作业完毕后，调车员与信号楼补办作业票。

2. 电客车冷滑作业（图7-5）

冷滑是电客车检修完毕后在不带电的情况下，由内燃机车牵引在轨道上运行的一种检测方法，其目的是检查各系统设备安装和性能是否符合设计要求等问题，是热滑试验的准备阶段。

电客车冷滑时，应在电客车两端各连挂一台机车，此时作业由三人进行，并由调车员（副驾驶员）在尾端机车监护。尾端机车应起车，发动机转速为1000～1200r/min，制动机手柄（小闸、大闸）均放在缓解位，调车员随时与前端驾驶机车的驾驶员保持联系，以便随时给予制动以补足制动力。

图7-5 电客车冷滑作业

3. 正线工程车作业

1）调车驾驶员、调车员（副驾驶员）共同确认《工程车出车单》作业内容、作业区域及注意事项，确认行车调度命令内容，不清楚时要及时与行车值班员、信号楼值班员联系，做到心中有数。

2）在转换轨时，调车驾驶员与行车调度值班员用手持无线电话进行通话测试，应时刻保持调车驾驶员与行车调度值班员的手持无线电话在同一频道，保持通信畅通。

3）不论任何情况，在平板车装卸货物时，都必须由施工作业人员完成，然后驾驶员、副驾驶员、调车员共同检查，所装货物是否捆绑牢固，是否超高、超限，是否符合安全规定。如果驾驶员、副驾驶员、调车员觉得货物没有固定牢固或不符合安全规定时，可拒绝开动工程车，并有权让施工人员重新装卸和固定。

4）当平板车上装有高大货物妨碍瞭望时，或连挂两个及两个以上平板车时，机车只能牵引行进，不得推进作业。如果此种情况下需要折返时，可采用机车单机通过站间或段/场折返后重新连挂的方式，也可采用提前将机车两端连挂平板车或平板车两端连挂机车的方式，具体视实际情况而定，此时工程车作业需要三人进行。

5）当平板车两端连挂机车作业时，后端工程车应起机，发动机转速在1000～1200r/min，制动机手柄（小闸和大闸）都应在缓解位，避免造成机车的损坏。调车员在后端机车上进行监护，发现异常情况随时与前端驾驶员用手持无线电话进行联系，确保机车的安全。

6）在牵引、推进平板车作业时，驾驶员、副驾驶员、调车员共同确认前方线路、道岔位置、信号机的显示。对信号、道岔要逐一确认并严格执行呼唤应答制度，此时尾端驾驶室严禁有人添乘。

7）有施工人员时，应确认施工人员的添乘证，并指导施工人员填写登记记录表。作业过程中对照施工区域核对作业计划单。

8）在正线（地下隧道中）工程车运行时应严格按照规定速度行车，严禁超速，保证机车、人员、设备的安全。通过车站时，车速不得超过35km/h。

9）工程车出车前，应准备好随车工具、手持无线电话（至少两个）、信号灯、强光手电、灭火器等用品。运行过程中应随时观察机车状态，做到听、闻、看并填写《轨道车驾驶员手账》。

10）两机车重连时，一定要按照重连操作步骤执行，并随时观察机车显示屏补机运转情况，发现有异常时应及时停车检查。

11）电客车冷滑时，应在电客车两端各连挂一台机车，此时作业由三人进行，并由调车员（学习驾驶员）在尾端机车监护。尾端机车应起车，发动机转速在1000～1200r/min，制动机手柄（小闸、大闸）均放在缓解位，调车员随时与前端驾驶机车的驾驶员保持联系，随时给予制动以补足制动力。

12）发动机的操作技术要求遵守内燃机车使用保养说明书。

13）施工过程中工程车需要退行时，驾驶员应向行车调度值班员报告工程车所处的位置，并说明原因，经行车调度值班员同意后方可退行。

14）在正线工程车行车过程中，应严格执行行车调度值班员所发布的调度命令。驾驶员随时与行车调度值班员保持联系，若有危及行车安全的情况时，应及时向行车值班员请示，严禁随意行车。当站台接到临时调令和通知时，必须停车办理。

15）运行中平板车不得载人。当机车推进平板车运行时，必须严格控制速度，加强瞭望。

16）正线工程车应严格按照《工程出车单》规定的起止时间进行作业，不得擅自更改或延长作业时间（特殊情况需经行车调度值班员同意）。

17）工程车在有道岔车站转线作业时，驾驶员应在道岔区段防护信号机前停车，使用手持无线电话向行车调度值班员报告工程车所处的位置、去向和行车相关的作业，然后按照相应的信号显示并确认道岔位置正确后进行转线作业。

18）调车驾驶员、副驾驶员、调车员在正线运行中，除严格执行本管理规定外，还应认真遵守和执行公司的相关规定。

【实践与训练】

学习工作单

工 作 单	调 车 安 全		
任　务	了解调车驾驶员人身安全作业规定，掌握调车作业安全规定		
班　级		姓　名	
学习小组		工作时间	

知识认知

1. 简述人身安全作业规定。
2. 简述禁止调车作业的情况。

能力训练

归纳出正线作业方法及注意事项。

任务学习其他说明或建议：

指导老师评语：

任务完成人签字：　　　　　　　　　　　　　　　　日期：　年　月　日

指导老师签字：　　　　　　　　　　　　　　　　　日期：　年　月　日

项目八　城市轨道交通车辆运用中常见故障的应急处理

任务一　城市轨道交通车辆故障处理概述

【知识要点】

1. 熟知城市轨道交通车辆故障处理的目的、故障定位准则。
2. 熟知城市轨道交通车辆运用中的故障类型及处理情况。
3. 掌握城市轨道交通车辆运用中故障现象、故障分析及处理流程。

【任务目标】

1. 通过驾驶台上的仪表及车辆驾驶显示单元 DDU 的显示，判断故障处所。
2. 对所出现的故障现象进行故障分析。
3. 完成简单的故障处理。

【任务准备】

1. 所需设备

城市轨道交通车辆模拟驾驶装置。

2. 所需物品

手电、检查锤及必要的工具、物品。

【相关理论知识】

故障处理章节是对驾驶员进行指导，使驾驶员熟悉在故障中的操作步骤。因此，它包含查找及排除两个步骤。

当故障查找与排除复杂时，本节内容不能取代有经验的维修人员的经验。为了帮助驾驶员，列车安装有 DDU（DDU）来显示故障及功能状态。故障分析后目测检查。

一、故障定位基本准则

最简单的故障定位是检查驾驶台上的压力表，车辆驾驶显示单元 DDU 和蓄电池电压表。

二、故障显示

1. 驾驶室显示器

在每个驾驶室的控制台上设有一台带有手动（8 挡）和自动（由光敏元件给出信号）

两种显示器。显示器通过列车通信网络与中央控制单元及其他微机控制系统交换信息。车辆状态信息、过程数据和故障信息由中央控制单元传送给显示器，显示器上设置的控制命令（如驾驶员对故障的确认、对自动报站的设定）则从显示器传送给中央控制单元。

2. 故障显示图标

当故障出现时，在 DDU 面板中故障类型区会出现图标来提醒驾驶员。故障显示图标及含义见表 8-1。

表 8-1　故障显示图标及含义

图　　标	名　　称	说　　明
	EH_pad	应急手柄
	Fault_pad	故障计数区
	Red_Pad	无驾驶模式
	Min_FLT_Pad	轻微故障
	Med_FLT_Pad	中等故障
	Maj_FLT_Pad	严重故障
	EQTok_pad	设备完好图标
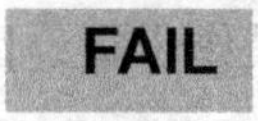	EQTfail_pad	设备有问题图标
	EQTIsol_pad	设备隔离图标
	EQTHscb_pad	HSCB 断开图标
	Speed_limit_pad	60 公里限速图标
	Fpanto_pad	受电弓故障图标

3. 故障信息

故障信息主要包括故障代码、故障名称、故障等级、车辆号、故障设备的名称、故障说明和处理意见等，是当前故障还是已消失故障可在显示器上明确显示，显示器还设有声音提示和驾驶员确认功能，操作者可以从显示器上获取相应的故障处理方法。

三、故障处理方法及要求

1. 故障处理方法

车辆出现故障后，驾驶员要根据故障的严重情况分别处理。一般驾驶台上 TIMS 显示器会显示设备的故障情况、故障等级及对应的故障处理方法和步骤。车辆故障等级分为以下三种情况：

（1）严重故障　乘客必须在下一站下车，电客车必须尽快退出运营。

（2）中等故障　影响运营的故障，电客车完成本次运营后需退出运营，即电客车要在线路的终点退出运营、返段检修。

（3）轻微故障　不影响运营的小故障，电客车完成当天运营后才退出运营，即电客车将在车辆段进行日临时检修。

2. 电客车故障时驾驶员应向行车调度员报告的内容

1）车次号。

2）驾驶员姓名。

3）当前电客车所在方位。

4）电客车故障情况。

5）电客车认为有必要的其他情况。

3. 电客车应急广播的适用情况

1）火灾、爆炸。

2）投毒。

3）发现疑似爆炸物。

4）突发公共卫生事件。

5）电客车改变运行方向。

6）列车延长站停时间。

7）列车越站通过。

8）站台清客。

9）区间停车。

10）区间紧急疏散。

四、电客车脱轨、冲突事故的处理程序

1. 脱轨、冲突的定义

（1）电客车脱轨　电客车脱轨是指电客车的车轮落下轨面。

（2）冲突　冲突是指电客车相互之间或地铁列车与设备发生冲撞（包括追尾、正面和侧面）后招致车辆破损。

2. 事故汇报

事故发生后，驾驶员或车站值班员应立即向总调所汇报，汇报内容包括：事故发生的日期、时间、地点、里程（站名）、车次、车号、当事人姓名、单位（线路/车站）、职务、事故概况，人员伤亡情况，请求救援事项等。

3. 救援组织及指挥

（1）救援组织

1）相关专业的救援队、保健站医生等抢修人员待命。

2）由公司总经理（副总经理）、总调所以及安保、设施、技术、客运等相关职能部门组成救援领导小组。

（2）现场指挥

1）由公司、有关分公司组成现场指挥小组。

2）由现场指挥小组全面负责现场指挥（现场指挥小组成员未到现场之前，由就近车站站长或驾驶员指挥）。

（3）现场处置

1）总调度所下达乘客疏散命令，中断该区段电客车运行。

2）就近协助抢救伤员，向就近车站疏散乘客。

3）车站派工作人员和轨道公安分局共同负责客流的疏散引导。

4）进行脱轨车辆的起复。

5）援救队检查行车设备和设施是否完好。

6）派出救援列车到达事故现场。

7）在抢救结束时，救援列车牵引事故电客车至就近停车线或回库。

8）恢复运行。

（4）脱轨救援

1）使用器具为：救援汽车装载液压复轨器等车辆救援设备。

2）起复分类。脱轨可分为轻微脱轨和严重脱轨，应按脱轨的不同程度采用预定的方法起复脱轨车辆。

4. 电客车冲突救援

1）抢救伤员，疏散乘客。

2）救援。

① 冲突后不发生脱轨时：用轨道交通车辆或调车机与事故电客车连挂后，牵引回库。

② 冲突后脱轨：救援队分离冲突电客车；起复事故电客车；连挂、牵引事故电客车回库。

3）恢复。

1）救援队撤离现场、出清现场。

2）现场指挥小组确认现场无遗留影响行车的人、物。

3）核实行车设施技术状况良好。

4）现场指挥小组通知总调度恢复运行。

【任务实施】

一、故障清单（表 8-2）

表 8-2　故障清单

	故　障
电客车起动准备	按下“唤醒控制”按钮，车辆不能唤醒
	TIMS 的 DDU 没有响应
DDU 显示的故障	钥匙在“ON”位置，驾驶室没有响应
	受电弓不能升起
	辅助逆变器 CVS 工作不正常，无中压
	“所有制动施加”没有激活
	“门关到位”没有激活
	ATC 不能正常工作
	气路压力过低
列车控制	驾驶室照明故障
	应急照明故障
	正常照明故障
	外部指示灯故障
	风窗刮水器故障
	除霜器故障
	风窗清洁器故障
	“灯测试”按钮不工作
	MS 不能在各个位置正常工作
	“CM”模式手动指令无效
	紧急制动缓解故障
	驾驶员按下“驾驶员警惕试验”按钮，制动未施加
	驾驶员按下“汽笛”按钮，喇叭不响
开门/关门	驾驶员按下 DOPB-A 开左门或 DOPB-B 开右门，所有门不打开
	驾驶员按下 DOPB-A 开左门或 DOPB-B 开右门，有一扇门不打开
	驾驶员按下 DCPB-A 关左门或 DCPB-B 关右门，所有门不关闭
	驾驶员按下 DCPB-A 关左门或 DCPB-B 关右门，有一扇门不关闭
连挂/解钩	驾驶员将 MS 放至“WM”位，不能实现车钩连挂
	驾驶员将“解钩”开关扳至“开”位，不能解钩
睡眠模式	驾驶员按下“休眠”按钮，车辆不能休眠
	受电弓不在落弓位置
两驾驶室间通信	驾驶员按下“广播 1”按钮，信息不能传到另一驾驶室
应急通信	驾驶员按下“广播 2”与“对讲”按钮，与乘客通信不能建立
客室广播	驾驶员按下“广播 3”与“对讲”按钮，与乘客通信不能建立

二、故障处理流程清单（表 8-3）

表 8-3 故障处理流程清单

故障系统	故障现象	故障发生地点	应急处理方法
空气制动系统	整列车制动不能缓解	车辆段/停车场	扣车检修，并发备用车上线
		正线	应急操作程序： 1. 通过 TIMS 显示屏及双指针压力表观察制动缸压力（红针），判定是紧急制动还是常用制动状态 2. 如果是紧急制动不缓解，执行以下操作： 1）进行清客 2）使用紧急旁路 3）终止服务，车辆限速 30km/h 回段抢修 3. 如果是常用制动不缓解，执行以下操作： 1）进行换端作业，操作驾驶员控制器尝试缓解。如果不缓解，关闭所有车的 EBCU 2）进行清客，终止服务，等待救援
	整列车不能制动	车辆段/停车场	扣车检修，并发备用车上线
		正线	应急操作程序： 1. 使用紧急制动停车 2. 进行清客，终止服务 3. 等待救援
	一节车制动不能缓解	车辆段/停车场	扣车检修，并发备用车上线
		正线	应急操作程序： 1. 关闭故障车辆 EBCU，若车辆成功缓解，对于四辆编组则运营至终点回段，对于六辆编组则继续维持运营；驾驶员适当增加制动级位满足制动需求 2. 若故障车辆不缓解，则手动关闭故障车辆，终止服务
	一辆车不能制动	车辆段/停车场	扣车检修，并发备用车上线
		正线	应急操作程序： 1. 对于四辆编组则运营至终点回段 2. 对于六辆编组则继续维持运营，驾驶员适当增加制动级位满足制动需求
空气供给系统	空压机故障不能供风	车辆段/停车场	扣车检修，并发备用车上线
		正线	应急操作程序： 1. 一个空压机故障则继续维持运营 2. 两个空压机故障，应尽快进行清客，车辆终止运营，根据总风压力及故障地点决定是否救援回段
车钩缓冲装置	任何部件表面有可见裂纹 连挂状态不稳 气路连接管破损、泄漏	车辆段/停车场	扣车检修，并发备用车上线
	脱钩或断裂	正线	应急操作程序： 1. 进行清客 2. 等待救援

（续）

故障系统	故障现象	故障发生地点	应急处理方法
贯通道装置	棚布裂纹	车辆段/停车场	视实际情况判断是否扣车检修，如果扣车，应发备用车上线
		正线	继续维持运营
	渡板、侧护板、顶板故障	车辆段/停车场	视实际情况判断是否扣车检修，如果扣车，应发备用车上线
		正线	视实际情况判断是否运营到终点回段
门系统	某客室门无法开启	车辆段/停车场	应急操作程序： 1. 安排人员进行维修，争取正点出车 2. 若无法处理且无备用车情况下，此列车可以允许将一个车门隔离出车，但应挂车门隔离标识牌提醒乘客
		正线	应急操作程序： 1. 操作故障车门隔离开关使车门隔离 2. 任一节单侧有一个车门隔离，则继续维持运营 3. 任一节侧有2个相邻车门及2个以上车门隔离，则运营到终点回段
	某客室门无法关闭	车辆段/停车场	应急操作程序： 1. 安排人员进行维修，争取正点出车 2. 若无法处理，尝试手动关门，车门关到位后操作车门隔离开关使车门隔离，在无备用车情况下此列车可以允许一个车门隔离出车，但应挂车门隔离标识牌提醒乘客 3. 若手动关门失败则扣车检修，发备车上线
		正线	应急操作程序： 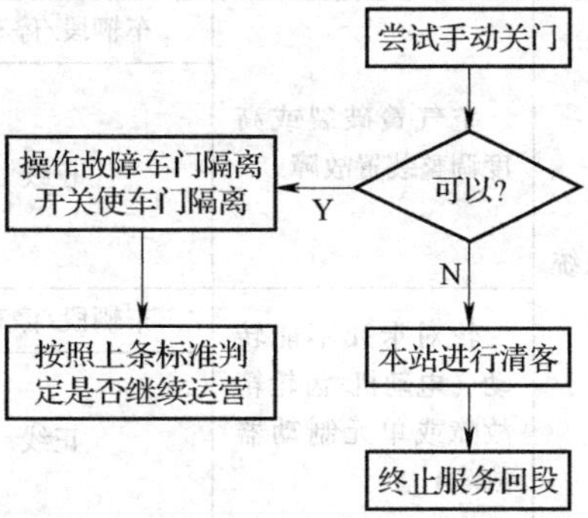
	整列车车门不能开启	车辆段/停车场	扣车检修，并发备用车上线
		正线	进行换端操作开门； 1. 若能顺利实现开门，则进行清客，终止服务回段抢修 2. 若换端操作也不能打开车门，则操作紧急解锁装置打开车门，进行清客，终止服务回段抢修
	整列车车门不能关闭	车辆段/停车场	扣车检修，并发备用车上线
		正线	应急操作程序： 1. 进行清客 2. 进行倒台操作关门，若能顺利实现关门，则终止服务回段抢修；若倒台操作也不能关门，则手动关闭所有门，终止服务回段抢修

（续）

故障系统	故障现象	故障发生地点	应急处理方法
门系统	驾驶室门无法开启或关闭	车辆段/停车场	应急操作程序： 1. 安排人员进行维修，争取正点出车 2. 若无法保证则扣车检修，并发备用车上线 3. 在无备用车的情况下，允许出车
		正线	应急操作程序： 1. 若驾驶室门无法开启/关闭，继续维持运营 2. 建议驾驶员进行简单的故障处理，维修人员可在终点站等候，在电客车折返过程中进行处理
空调/采暖系统	空调机组故障不能通风	车辆段/停车场	在无备用车的情况下，当每节车的 2 台空调机组中通风机有 1/2 故障允许出车
		正线	应急操作程序： 1. 电客车每节车有一台空调机组不能通风则继续运营 2. 电客车中任一节车辆的两台空调机组均不能通风，则运营至终点回段
	整列车空调不能通风	车辆段/停车场	应急操作程序： 1. 安排人员进行维修，争取正点出车 2. 若无法保证正点出车，则扣车检修，并发备用车上线
		正线	运营至终点回段
转向架系统	空气簧破裂或高度调整装置故障	车辆段/停车场	扣车检修，并发备用车上线
		正线	应急操作程序： 1. 进行清客 2. 结束服务回段 3. 限速：直线 40km/h，曲线 15km/h
	轮对卡死不能转动（电动机/齿轮箱故障或单元制动器故障）	车辆段/停车场	扣车检修，并发备用车上线
		正线	应急操作程序： 1. 进行清客 2. 等待救援
车体	风窗/门窗玻璃	车辆段/停车场	应急操作程序： 1. 若玻璃内层完好则可以出车 2. 若玻璃内层单一裂纹长度达到或超过 100mm，则扣车检修，发备车上线
		正线	应急操作程序： 1. 若玻璃内层完好，则继续维持运营 2. 若玻璃内层单一裂纹长度达到或超过 100mm，则运营至终点回段

（续）

故障系统	故障现象	故障发生地点	应急处理方法
VVVF动力系统	AW0/AW1/AW2/AW3情况下电客车保持3/4动力（四辆编组）或5/6动力或2/3动力（六辆编组）	车辆段/停车场	应急操作程序： 1. 检修人员尝试复位 2. 超过正点出车时间仍无法解决时，扣车检修，并发备车上线
		正线	应急操作程序： 1. 按照《故障处理手册》尝试复位 2. 若不成功，在AW0/AW1/AW2情况下可根据运营需要，最多运营一个往返后回段检修 3. 在AW3情况下运营至终点站后回段、场检修
	AW0/AW1/AW2/AW3情况下电客车保持1/2动力（四、六辆编组）	车辆段/停车场	应急操作程序： 1. 检修人员尝试复位 2. 超过正点出车时间仍无法解决时，扣车检修，并发备车上线
		正线	应急操作程序： 1. 按照《故障处理手册》尝试复位 2. 若不成功，在AW0/AW1/AW2情况下运营至终点站后回段、场检修 3. 若不成功，在AW3情况下运营至最近的站后，清客结束服务
	AW0/AW1/AW2/AW3情况下列车保持1/2以下动力	车辆段/停车场	应急操作程序： 1. 检修人员尝试复位 2. 超过正点出车时间仍无法解决时，扣车检修，并发备车上线
		正线	应急操作程序： 1. 按照《故障处理手册》尝试复位 2. 若不成功，在AW1/AW2/AW3情况下运营至最近的站后，清客结束服务
	所有动力单元失去动力	车辆段/停车场	应急操作程序： 1. 检修人员尝试复位 2. 超过正点出车时间仍无法解决时，扣车检修，并发备车上线
		正线	应急操作程序： 1. 按照《故障处理手册》尝试复位 2. 若不成功，在站内出现此种情况，则可以马上结束服务 3. 若在行车过程中出现此种情况，务必行驶至最近的站后再清客

（续）

故障系统	故障现象	故障发生地点	应急处理方法
辅助供电系统	一台SIV故障（适用于4辆及6辆编组列车）	车辆段/停车场	应急操作程序： 1. 检修人员尝试复位 2. 超过正点出车时间仍无法解决时，扣车检修，并发备车上线
		正线	应急操作程序： 1. 按照《故障处理手册》尝试复位 2. 若不成功，检查扩展供电是否启动 3. 若扩展供电成功启动，则运营至服务结束 4. 若扩展供电无法启动，电客车运营至终点后回段
	两台SIV故障（适用于6辆编组列车）	车辆段/停车场	应急操作程序： 1. 检修人员尝试复位 2. 超过正点出车时间仍无法解决时，扣车检修，并发备车上线
		正线	应急操作程序： 1. 按照《故障处理手册》尝试复位 2. 若不成功，检查扩展供电是否启动 3. 若成功启动则运营至服务结束 4. 若扩展供电无法启动，电客车运营至终点站后回段
	所有SIV故障	车辆段/停车场	应急操作程序： 1. 检修人员尝试复位 2. 超过正点出车时间仍无法解决时，扣车检修，并发备车上线
		正线	应急操作程序： 1. 按照《故障处理手册》尝试复位 2. 若不成功，电客车应就近站内清客，并结束服务
TIMS系统故障	头端TIMS显示屏故障	车辆段/停车场	应急操作程序： 1. 检修人员尝试检修 2. 超过正点出车时间仍无法解决时，扣车检修，并发备车上线
		正线	应急操作程序： 1. 按照《故障处理手册》尝试复位 2. 若不成功，列车运营至终点站后回段检修
	TIMS提示LU/CU单元脱机或故障	车辆段/停车场	应急操作程序： 1. 检修人员尝试复位 2. 超过正点出车时间仍无法解决时，扣车检修，并发备车上线
		正线	应急操作程序： 1. 按照《故障处理手册》尝试复位 2. 若不成功，列车运营至终点站后回段检修

（续）

故障系统	故障现象	故障发生地点	应急处理方法
仪表	仪表故障	车辆段/停车场	应急操作程序： 1. 检修人员尝试复位 2. 蓄电池表、网压表、双指针压力表故障，超过正点出车时间仍无法解决时，仍可以上线（有 TIMS 显示）
		正线	电客车运营至服务结束后回段检修
广播系统	广播自动报站功能故障	车辆段/停车场	此情况在段场不适用
		正线	应急操作程序： 1. 按照《故障处理手册》尝试复位 2. 若不成功，改用手动报站，继续运营至服务结束
	广播自动报站与手动报站功能同时故障	车辆段/停车场	应急操作程序： 1. 自动报站功能在段、场内不适用 2. 对于手动报站出现故障时，应执行以下操作 1）检修人员尝试复位 2）超过正点出车时间仍无法解决时，扣车检修，并发备车上线
		正线	应急操作程序： 1. 按照《故障处理手册》尝试复位 2. 若不成功，改用口播报站，继续运营至服务结束
	列车广播报站功能完全消失	车辆段/停车场	应急操作程序： 1. 检修人员尝试复位 2. 超过正点出车时间仍无法解决时，扣车检修，并发备车上线
		正线	应急操作程序： 1. 按照《故障处理手册》尝试复位 2. 若不成功，运营至终点站后回段处理
安全旁路	紧急制动回路无法建立	车辆段/停车场	应急操作程序： 1. 检修人员尝试复位 2. 超过正点出车时间仍无法解决时，扣车检修，并发备车上线
		正线	应急操作程序： 1. 按照《故障处理手册》尝试解决 2. 若不成功，通知行车调度员，获准后使用紧急制动旁路按钮 3. 电客车就近站内清客，结束服务
	客室门安全回路无法建立	车辆段/停车场	应急操作程序： 1. 检修人员尝试复位 2. 超过正点出车时间仍无法解决时，扣车检修，并发备车上线
		正线	应急操作程序： 1. 按照《故障处理手册》尝试解决 2. 若不成功，通知行车调度员，获准后使用紧急制动旁路按钮 3. 按照故障处理手册处理

（续）

故障系统	故障现象	故障发生地点	应急处理方法
安全旁路	警惕按钮故障	车辆段/停车场	应急操作程序： 1. 检修人员尝试复位 2. 超过正点出车时间仍无法解决时，扣车检修，并发备车上线
		正线	应急操作程序： 1. 通知行车调度员，获准后使用警惕旁路按钮 2. 电客车运营至终点站后回段处理
照明系统	1个头灯、1个尾灯同时故障	车辆段/停车场	应急操作程序： 1. 检修人员尝试修复 2. 超过正点出车时间仍无法解决时，电客车仍可以上线
		正线	列车运营至服务结束
	2个头灯、2个尾灯同时故障	车辆段/停车场	应急操作程序： 1. 检修人员尝试修复，只要保证1个头灯、1个尾灯良好即可 2. 超过正点出车时间仍无法解决时，电客车仍可以上线
		正线	电客车运营至服务结束
	一个或一个以上单元交流照明故障	车辆段/停车场	应急操作程序： 1. 检修人员尝试复位 2. 超过正点出车时间仍无法解决时，扣车检修，并发备车上线
		正线	应急操作程序： 1. 按照《故障处理手册》尝试解决 2. 若不成功，电客车运营至终点站后回段处理
开关	VVVF 复位开关故障	车辆段/停车场	应急操作程序： 1. 检修人员尝试复位 2. 超过正点出车时间仍无法解决时，扣车检修，并发备车上线
		正线	应急操作程序： 1. 按照《故障处理手册》尝试解决 2. 若不成功，仍无法牵引，则电客车就近站内清客，结束服务

【实践与训练】

学习工作单

工 作 单	城市轨道交通车辆故障处理概述		
任　　务	熟知城市轨道交通车辆故障处理的目的、故障定位准则，熟知城市轨道交通车辆运用中的故障类型及处理情况，并掌握城市轨道交通车辆运用中故障现象、故障分析及处理流程。		
班　　级		姓　　名	
学习小组		工作时间	

知识认知

1. 简述城市轨道交通车辆故障处理的目的、故障定位准则。
2. 分析轨道交通车辆运用中的故障类型及处理情况。

能力训练

1. 分组设置故障，通过驾驶台上的仪表及 DDU 的显示情况，判断故障处所。

2. 根据教师给出的故障现象，进行故障分析，并总结处理方法。

任务学习其他说明或建议：

指导老师评语：

任务完成人签字：　　　　日期：　年　月　日

指导老师签字：　　　　日期：　年　月　日

任务二 城市轨道交通车辆运用中常见故障处理方法

【知识要点】

1. 了解城市轨道交通车辆运用中的常见故障。
2. 熟知城市轨道交通车辆运用中的故障处理方法及原则。

【任务目标】

1. 通过驾驶台上的仪表及DDU显示，判断故障处所。
2. 通过故障现象进行故障原因查找。
3. 能够对常见故障进行检查处理。

【任务准备】

1. 所需设备

城市轨道交通车辆模拟驾驶装置。

2. 所需物品

手电、检查锤及必要的工具、物品。

【相关理论知识】

一、电客车牵引性能故障时的应急处理原则

对于电客车牵引逆变器的故障，若通过复位操作后故障仍然存在，则此时应按如下原则处理：

1）在定员载荷（AW2）情况下，当电客车动力损失1/4时，电客车可全程往返一次。

2）在定员载荷（AW2）情况下，当电客车动力损失1/2时，电客车应行驶到最近车站并空车返回车辆段。

3）当以空载列车（AW0）牵引一列超员（AW3）并动力全部损失的电客车时，列车可在30‰的坡道上起动，并使列车运行到最近车站，乘客下车后，救援用列车可将空载的故障电客车牵引回车辆段。

二、电客车牵引回路无法建立时的应急处理原则

1）若确认手动模式下警惕装置（DSD）起作用，但牵引回路确实因为警惕继电器（DMTR1）等电路而不能建立，可操作警惕旁路开关，使警惕功能旁路。

2）全车门未全部闭合（DIR1），可通过TIMS显示屏观察是哪些车门未关到位，可将该车门隔离等待回库处理；若紧急需要，确认各正常门已经关闭的情况下操作故障客室门旁路开关，低速运行到下一站。

3）当编组中某列车不缓解时，可关闭车辆两端Ⅰ位侧的B14（带电触点截断排风塞门），使本列车缓解，此时不影响正常运行。

4）当编组中全部车辆不缓解时，一般情况下为发生电气故障。若短时间内不能排除故障，必须关闭所有车辆两端Ⅰ位侧的B14（带电触点截断排风塞门），使所有列车缓解。为防止发生溜车及无制动事件，停放制动必须能够可靠地工作。此时电客车将被救援至车场进行检修。

5）当车辆在运行中发现无任何制动模式时，可采用断开110V电源的方法，使车辆实施紧急制动。

6）虽然通过驾驶操纵台手动缓解按钮进行了停放制动缓解操作，但停放制动仍不能缓解，则此时需使用手动缓解拉线，强迫缓解停放制动。在使用了手动缓解拉线强迫缓解停放制动后，如需实施停放制动，则必须先把总风充至定压，按下驾驶室内停放制动缓解按钮，然后按下放制动施加按钮，施加停放制动。

7）如果检查影响紧急制动的因素均无故障，但车辆紧急制动仍未缓解，此时若有需要，应操作紧急制动旁路开关，强迫紧急制动列车线带电。

三、电客车在区间被迫停车的应急处理原则

1）电客车在区间被迫停车不能继续运行时，应尽量停放在平直道上，尽量靠近车站停车，必须做好防溜措施，做好安慰乘客的宣传，并立刻与行车调度员联系。

2）经行车调度员授权，驾驶员及时判明故障部位和确定能否自己处理，如果在5min内不能修复或不能自行处理时，应申请救援，并做好防护，在等待救援列车期间不得动车。

3）驾驶员如果判明出故障原因，并可以自行修复，而5min后仍未能修复时，应立刻停止修复工作并处理好现场，请求救援。

【任务实施】

一、电客车无法缓解的原因及处理方法

1. 制动电源没有投入

检查处理：检查各车的EBCU空气断路器以及头车BCN、BECN空气断路器是否闭合。如没闭合，将其闭合。

2. 紧急制动回路没有建立

检查处理：按以下步骤进行检查处理。

1）检查驾驶室紧急制动按钮动作（EBSR），释放该按钮。

2）查找ATP设备发出紧急制动指令，查找AIP发出紧急制动指令的原因并排除。

3）驾驶员控制器手柄警惕按钮松开超过6s。

4）动车主风缸压力开关压力不足。

5）施加紧急制动后，紧急制动回路没有重新缓解。列车处于停止状态，将驾驶员控制器手柄打到快速位置。

6）头尾转换开关位置不正确，正确设置头尾转换开关位置，即头尾转换开关于头车必须在“头”位置，于尾车必须在“尾”位置。

7）停放制动不缓解，可按驾驶室内停放制动缓解按钮，以缓解停放制动。

3. 电客车牵引回路无法建立

检查处理：

1）牵引控制电源有没有投入，检查头车 TCN 空气断路器是否闭合。如没闭合，将其闭合。

2）头尾转换开关位置不正确，正确设置头尾转换开关位置，即头尾转换开关于头车必须在“头”位置，于尾车必须在“尾”位置。

3）手动模式下警惕装置作用。不在停车时，应握住驾驶控制器手柄至牵引/制动工况。

4）门选择开关未在中间位。牵引时，此开关应在中间位。

5）全列车车门未全部闭合（DIR1），检查排除故障。

6）紧急制动未缓解（EBAPR），检查排除故障。

7）常用制动未缓解（BRPSR），检查排除故障。

8）停放制动未缓解（PBPAR），检查排除故障。

二、电客车在正线上 5min 内应急故障处理

正线运营电客车发生故障时，驾驶员应首先判明故障原因，确认处理方法，并同时报告行车调度员，得到行车调度员允许后方可进行故障处理。以下故障内容必须在 5min 之内处理完毕，如不能处理完毕，需及时通知行车调度员。

1. 单个车门无法开启/关闭

1）乘客乘降完毕后，重新开启一次。

2）对于单个车门无法关闭，通过 TIMS 确认故障车门位置，报告行车调度员，经授权后手动隔离。

2. 门全关闭指示灯不亮

1）通过 TIMS 确认车门是否全部关闭。

2）如影响牵引，尝试多次拨动头尾转换开关。

3）报告行车调度员，列车清客下线。

3. 单个车门无法关闭

1）重新进行开关门作业。

2）确认车门位置，断开车门控制电源的脱扣开关，进行隔离。

3）恢复车门控制电源的脱扣开关。

4）报告行车调度员，继续运营。

4. 整节车客室门无法关闭

1）重新进行开关门作业。

2）确认本车门断路器脱扣开关是否跳开，车门断路器恢复闭合后，进行开关门作业。

3）报告行车调度员。

5. 整列车客室门无法关闭

1）重新进行开关门作业。

2）确认车门断路器脱扣开关是否跳开，车门断路器恢复闭合后，进行开关门作业。

3）报告行车调度员。

6. 整节车客室门无法开启

1）确认门选择开关位置正确，重新进行开关门作业。

2）确认 TIMS 是否有某节车脱扣开关——本车门断路器跳开，在脱扣开关恢复闭合后，再进行开关门作业。

3）手动打开紧急门，报告行车调度员。

7. 整列车客室门无法开启

1）确认门选择开关位置正确，重新进行开关门作业。

2）确认 TIMS 是否有车脱扣开关——列车门断路器跳开，在脱扣开关恢复闭合后，再进行开关门作业。

3）手动打开紧急门，报告行车调度员。

8. 驾驶室塞拉门无法打开

报告行车调度员，请求在前方车站派站务员协助进行开关门作业。

9. TIMS 显示某车车门系统 MCB 跳闸并且此车所有门报通信故障和响应超时

1）检查相应电器柜中脱扣开关——本车门断路器是否跳开，在脱扣开关恢复闭合后，再进行开关门作业。

2）报告行车调度员。

10. TIMS 系统故障

1）头端 TIMS 显示故障，将显示屏断路器的脱扣开关断开后重新闭合。

2）TIMS 提示 LU/CU 单元脱机或故障。查看 TIMS 获知脱机车辆号，将故障车辆电源断路器、备用断路器脱扣开关断开后重新闭合。

11. 主端空调无法集控，空调停止工作

1）检查脱扣开关空调控制断路器是否断开并恢复。

2）到尾端驾驶室打开空调集控开关。

3）报告行车调度员，维持运营至终点站。

12. 单节车空调不工作

1）检查脱扣开关空调断路器是否跳开并恢复。

2）报告行车调度员，维持运营至终点站。

13. 单节车空调不受驾驶室集控

1）检查脱扣开关 9Q 是否跳开，若跳开，将其恢复。

2）报告行车调度员，维持运营至终点站。

14. 应急通风无法起动

1）检查脱扣开关应急通风断路器、应急通风控制断路器是否跳开，并将其恢复。

2）报告行车调度员，维持运营至终点站。

15. 自动报站故障

手动报站或人工播报，报告行车调度员。

16. 列车广播报站功能完全取消

1）检查脱扣开关——列车广播断路器是否跳开，并将其恢复。

2）报告行车调度员，请求前方车站派站务员协助广播。

17. TIMS 提示“VVVF”严重故障

1）按复位按钮。

2）检查 TIMS 界面是否有其他原因导致故障。

3）尝试恢复。

4）按 VVVF 切除按钮切除故障 VVVF。

5）报告行车调度员，关车重启。

18. 电客车无牵引或保持制动无法缓解

1）主手柄回零、方向手柄回零，按 VVVF 复位按钮。

2）紧急制动、常用制动是否缓解。

3）停放制动、门全关闭灯是否亮。

4）检查头尾开关是否正确。

5）重新尝试三次牵引。

6）检查 TIMS 界面是否有故障。

7）检查脱扣开关电客车控制断路器是否跳开。

8）检查脱扣开关电客车门断路器是否跳开。

9）检查两端驾驶室脱扣开关制动控制断路器是否跳开。

10）报告行车调度员，关车重启。

19. 一节车紧急制动不缓解

1）将主手柄打到电紧急位。

2）查看 TIMS 出发界面是否有故障影响缓解。

3）报告行车调度员。

20. 整列车紧急制动不缓解

1）警惕按钮按下后，警惕蜂鸣器一直响，则报告行车调度员使用警惕旁路按钮。

2）将主手柄打到电紧急位。

3）检查脱扣开关电客车控制断路器是否跳开，将其复位。

4）检查脱扣开关紧急制动断路器是否跳开，将其复位。

21. 一节列车常用制动不缓解

1）通过 TIMS 界面判断故障车辆，关闭该车制动箱断路器脱扣开关。

2）查看 TIMS 出发界面是否有故障影响缓解。

3）报告行车调度员。

22. 整列车常用制动不缓解

1）检查脱扣开关制动控制断路器是否跳开，将其复位。

2）检查脱扣开关电客车车门断路器是否跳开，将其复位。

3）查看 TIMS 出发界面是否有故障影响缓解。

4）报告行车调度员，关车重启。

5）列车救援时，关闭所有制动箱断路器开关。

23. 停放制动无法缓解

1）停放制动指示灯不亮，按停放制动缓解按钮。

2）检查脱扣开关制动控制断路器是否跳开，将其复位。

3）报告行车调度员。

24. 整列车没有常用制动

1）在尽量靠近车站地点紧急停车。

2）报告行车调度员。

25. 空压机起动开关与强起开关闭合后空压机不工作

1）检查脱扣开关空压机控制断路器、干燥器断路器是否跳开，将其复位。

2）到另一端驾驶室起动空压机开关和强起开关。

3）报告行车调度员。

26. TIMS 显示某车 EBCU 响应超时并关闭

1）根据 TIMS 显示检查故障车辆脱扣开关制动箱断路器是否跳开，将其复位。

2）报告行车调度员。

27. 无线电台开机后指示灯不亮

1）检查脱扣开关无线电台断路器是否跳开，将其复位。

2）报告行车调度员。

28. 试灯按钮失效

1）检查脱扣开关试灯断路器是否跳开，将其复位。

2）报告行车调度员，在不影响安全的情况下运营至服务结束。

29. 头灯、尾灯、行车灯均不亮

1）检查脱扣开关直流电源变换器断路器、信号灯断路器是否跳开，将其复位。

2）报告行车调度员，在不影响服务的情况至运营结束。

30. 电笛失效

1）检查脱扣开关及断路器是否跳开，将其复位。

2）报告行车调度员，维持运营。

31. 遮阳帘失效

1）检查脱扣开关遮阳帘断路器是否跳开，将其复位。

2）报告行车调度员，维持运营。

32. 24V 网压表无显示

1）检查脱扣开关 DC24V 电压表断路器是否跳开，将其复位。

2）报告行车调度员，维持运营。

33. 全列车无娱乐信息

1）检查脱扣开关娱乐信息断路器是否跳开，将其复位。

2）报告行车调度员，维持运营。

34. 警惕按钮故障

报告行车调度员，启用警惕旁路按钮。

35. 蓄电池投入故障

1）强制投入蓄电池。

2）报告行车调度员。

三、常见故障查找

1. 电客车准备

1）按下“唤醒列车控制”按钮，车辆不能唤醒，则应检查驾驶室电压表的电压值。

① =0V：A 车和 B 车的电池隔离开关处于“OFF”位。

② <84V：电池过放，使用 BSPB 启动程序。

③ >84V：应检查 A 车和 C 车的 WUSLCB 和 TSKCB。

2）DDU 无响应。如果电客车已被唤醒，应检查 DDUCB 和 MPUCB1。

3）当 KS 处于“ON”位时，如果电客车已被唤醒而驾驶室不能唤醒，应检查TBCB。

4）受电弓不能升起。

① 检查有没有使用车间电源（B 车）。

② 检查紧急制动按钮位是否被压下。

③ 检查 A 车的 PANTCB，B 车的 RPTCB 和 PTCB。

5）辅助逆变器不能按顺序起动。

① 检查 DDU 上的 1500V 电压是否正常。

② 检查车底的接地开关 AICB 是否处于接地位。

6）“所有制动施加”无响应。

① 检查没有电客车被隔离（车底和二位端面板）。

② 在驾驶室检查空气压力大于 0.7×10^5Pa。

③ 在另一驾驶室检查 BSCB。

7）“门关好”无响应（在 DDU 上）。

① 检查 DCPB_A 和 DCPB_B 有无未点亮，所有左右侧的门是否已关到位。

② 如果所有左右侧的门已关到位，指示灯 DCPB_A 和 DCPB_B 都熄灭，用 DCOS 隔离在 DDU 上指示处于打开状态的车门。

③ 如果所有左右侧的门已关到位，指示灯 DCPB_A 和 DCPB_B 有一个熄灭，应检查紧急解锁开关（DDU 上显示箭头）。

8）ATC 不能正常工作。

① 检查 ATCCB1、ATCCB2、ATCCB3、ATCCB4。

② 如果在“CM”模式下，DCH 处于制动区时紧急制动不可能缓解，没有运行的可能性，应将 ATPFS 转到隔离位。

9）气路压力过低。

① 检查至少一个 A 车的 400V 电源工作是否正常。

② 检查每个 A 车的 CPCB、RBCB、BCECB。

③ 检查 A 车低压箱的 CPIVCB（三相）。

④ 检查是否有空气泄漏。

2. 电客车运行

1）驾驶室照明故障。如果电客车已被唤醒且 CLS 处于 ON 位，应检查 CLICB，若 CLICB 没有脱扣，断开后应更换灯管。

2）应急照明故障。

① 如果全列车的应急灯都不亮，且电客车已被唤醒，应检查两辆 A 车的 ELCB。

② 如果只有一个车的应急灯不亮，且电客车已被唤醒，应检查 ELKCB 和 ELICB。

③ 如果只有一只应急灯不亮，应更换灯管或逆变器。

3）正常照明故障。

① 如果全列车的正常照明灯不亮，应唤醒驾驶室，将 PLCS 置于手动位或天黑后置于最大位；电客车唤醒后，400V/230V 电源正常后，检查 NLCB。

② 如果只有一个车的正常照明灯不亮，应检查 NLKCB 和 NLCB1、NLCB2。

③ 如果 3 车 30% 左右的正常照明灯不亮，说明辅助逆变器被禁止/隔离。

④ 如果只有一只正常照明灯不亮，应更换灯管或镇流器。

4）外部灯故障。电客车已被唤醒，已选择当前驾驶室，MS 处于“RMR”位，车端的所有外部灯应该点亮（白色或红色）。若①外部灯都不亮，应检查 INVCB；②白色头灯不亮（即不明也不暗 使用 HLBDS），红色灯点亮，应检查 HLICB；③红色灯不亮，白色头灯点亮，应检查 TLICB。

5）风窗刮水器故障。如果电客车已被唤醒，检查 INVCB，并在 WCCS 处于 INT、速度 1、速度 2 位置时检查 WWCB，此时逃生门和风窗玻璃的刮水器应同时工作。

6）除霜器不工作。唤醒电客车，400V 电源工作正常，将 DWS 置于“ON”位，风窗玻璃温度开关闭合，如有必要，应检查 DWCB。

7）风窗清洁器故障。此时应检查：

① 驾驶室左侧的水箱水位，如果水箱空，应加满。

② 如果电客车已被唤醒，检查 INVCB 和 WWCB。按下 WCCS，逃生门和风窗玻璃的刮水器应同时工作。

8）灯测试无响应。如果电客车已被唤醒，检查 SICB。

9）模式选择无响应。检查两 TBCB：

① 必须仅有一个驾驶室的 KS 处于“ON”位。

② 转到 MS 时，DCH 必须处于惰行位。

③ 转到 KS 时，MS 必须处于“OFF”位。

10）牵引指令无响应（CM）。电客车已被唤醒，已选择当前驾驶室，MS 处于“CM”位，推动 DCH 车辆不起动，此时应检查：

① 门关到位指示灯是否点亮。

② 停放制动缓解指示灯是否点亮。

③ 紧急制动是否缓解（绿色指示灯点亮）。

④ ENCCB 是否脱扣。

如果电客车起动后，牵引指令取消 2s 后常用制动没有缓解，应在 DDU 上检查。

11）紧急制动复位故障。

① 检查车钩装置有没有损坏。

② 检查 EBCB。

③ 电客车静止时，按下 RMPB 缓解 ATP 紧急制动，将 MS 置于“CM”，将 DCH 推到制动区并按下 REBPB。

④ 如果仍然不成功，检查两驾驶室的 EMPB 是否释放并且主风管的压力大于 800kPa。

⑤ 如果发生问题，可用 LMRGBS 旁路压力开关。

⑥ ATPFS 可用于旁路包括紧急制动的所有 ATP 功能。

12）试验“驾驶员警惕试验”按钮，没有产生紧急制动。

① 不要压下“驾驶员警惕按钮”。

② 不要压下“最大折返”按钮。

③ 检查 MS 没有处于“ATO”位。

④ 压下“TDMPB”按钮。

⑤ 如果仍然没有产生紧急制动，需要维修驾驶员警惕继电器 DMR。

13）汽笛不工作。如果电客车已被唤醒，检查：

① 主风管压力大于 0。

② HCB。

③ 隔离阀［C2］未关闭。

3. 开/关门

1）驾驶员按下 DOPB-A 或 DOPB-B 所有门不开

检查 DOCB 或 DOTCB-A 或 DOTCB-B 或 ZVTCB1 或 ZVTCB2 未脱扣。

其他可能的原因：

① 没有选择当前驾驶室。

② 车辆处于运行状态。

③ ATP 没有发出开哪一侧门的指令。

④ 同时按下了关门按钮。

⑤ 将 MS 置于“WM”位后再检查。

2）驾驶员按下 DOPB 后有一扇门不开。

因为以前的问题该车门已由 DCOS 隔离：DDU 上的门图标变为黄色。

3）驾驶员按下 DCPB 所有门不关闭。

检查 DCCB，DCTCB_A 或 DCTCB_B 未脱扣。其他可能的原因：没有选择当前驾驶室。

4）驾驶员按下 DCPB 后有一扇门不关闭。

该车门探测到障碍物超过 3 次。从新打开所有门并再次关门。如有可能，到故障门前用 DCOS 隔离该门。

4. 连挂/解钩

1）不能连挂。为了安全操作，电客车必须在“WM”模式下驾驶。应检查：

① 在两个面对面准备连挂的驾驶室内的 CTCB 未脱扣。

② 解钩按钮未按下、灯亮。

③ 在待救援列车的驾驶室没有被激活。

2）解钩无效。为了安全操作，电客车必须在“RMR”模式下驾驶。应检查：

① CUCB 未脱扣。

② 通往解钩电磁阀［C2］的空气阀没有打开。

③ UNPB 按钮灯点亮。

④ 两车钩的距离是否太远，如果太远，稍微向前移动列车。

5. 睡眠模式

只有受电弓处于降弓位时，电客车才有可能进入休眠模式。如果受电弓处于升弓位，而电客车已处于休眠状态，有以下两种情况，要根据实际情况正确判断处理。

1）电客车已经进入休眠模式，进行低电池电压检测（相当于受电弓处于升弓位但接触网无电）。

2）受电弓已用手动升弓，用于电池自举起动程序，保持现状。

6. 通信

1）驾驶室通信

检查两驾驶室的 ACUCB。

2）应急通信

检查 ACUCB、APUCB、PECUCB。

3）公共广播通信

检查 ACUCB、APUCB、PECUCB。

【实践与训练】

学习工作单

工 作 单	城市轨道交通车辆运用中常见故障处理方法		
任　　务	了解城市轨道交通车辆运用中的常见故障。熟知城市轨道交通车辆运用中的故障处理方法及原则。通过故障现象进行故障原因查找并能够对常见故障进行检查处理。		
班　　级		姓　　名	
学习小组		工作时间	

知识认知

1. 简述城市轨道交通车辆运用中的故障处理方法及原则。
2. 列举城市轨道交通车辆运用中的常见故障。

能力训练

1. 分组设置故障，通过故障现象进行故障原因查找。

2. 根据教师给出的故障现象，进行故障检查处理。

任务学习其他说明或建议：

指导老师评语：

任务完成人签字：　　　　　　　　　　　　　　　　日期：　年　月　日

指导老师签字：　　　　　　　　　　　　　　　　　日期：　年　月　日

项目九　城市轨道交通综合仿真培训系统

【知识要点】

1. 熟知综合仿真培训系统的构成。
2. 熟知综合仿真培训系统的功能。

【任务目标】

通过对综合仿真培训系统构成及功能的学习，掌握其操作方法。

【相关理论知识】

一、综合仿真培训系统特点

1. 整个系统基于局域网技术构建

该方案是网络化的多功能仿真培训、考核系统，系统的所有功能模块都将通过局域网联成动态的、有机的整体，具备统一的登录、验证、管理机制。所有模块均处于教师的监控与管理之下，教师负责整个系统日常维护、教学组织及考核工作。系统配备了快速以太网交换机，能为系统提供网络通信，其网络传输介质具备很强的抗干扰能力。

2. 包含网络化复合型交互演练系统

综合仿真培训系统包含20套网络化复合型交互式演练系统，每套演练系统均采用高性能计算机，性能稳定。

综合仿真培训系统配置以下功能：模拟驾驶演练、非正常行车及应急故障处理。

3. 全三维的模拟驾驶演练模块

（1）总体描述　配备在网络化复合型交互演练系统的模拟驾驶仿真系统，整体构成与实际一致（全三维的形式)，由线路场景与三维电客车仿真模型与后台的列车仿真逻辑构成。

（2）详细描述　在驾驶的过程中，驾驶员可以通过鼠标的左右、上下移动自然地作出环顾四周、抬头低头等动作；列车停车的情况下，驾驶员可以在电客车内漫游、操作设备；在允许的情况下，驾驶员可以打开车门，自然地走出电客车进入到视景，进行非正常情况处理等操作。以上操作过程，应通过鼠标按照实际操作步骤自然地进行，就像在实际中操作一样，不借助任何功能按钮的切换。

（3）城轨电客车全列车三维数字化模型要求　城轨电客车主体、驾驶员驾驶台、驾驶室及内饰、电气设备柜等全部实现三维数字化，设备布局、比例、颜色、质感等与实际列车一致，如图9-1所示。

全三维的模拟驾驶演练模块能够实现驾驶员在数字化城轨列车内的任意漫游、故障处理、相应的电气试验。在全三维的数字电客车内，驾驶员驾驶台上的ATP、HMI等显示屏，

图 9-1 电客车数字化模型

能够随着学员的演练，实时地发生相对应的改变，显示内容、操作方式、内部逻辑及功能与实际列车一致，外形尺寸、分辨率、颜色、菜单结构等与实际电客车一致。

驾驶员驾驶台上操作设备的尺寸、外观、颜色、手感与实际电客车一致，且与实际电客车上的对应设备具有相同的功能与控制逻辑。电客车仿真模型后台包含有电、气路数学逻辑模型的驱动，通过电、气路数学逻辑模型实时、动态的数据接收、逻辑运算、控制输出，当学员在虚拟条件下操控电客车上可操控的设备时，电气、仪表、显示、报警设备能够按照实际的逻辑关系触发或响应。响应的结果、现象与实际电客车一致。

二、综合仿真系统的功能

1. 教学功能

教学模块采用多媒体动画形式进行呈现。通过采用计算机主动讲授、学员交互控制的方式，系统利用多媒体的文字、声音、图片、图像等的多种信息，将电客车的使用、途中应急故障处理、非正常情况下行车办法，以预先制作的数字动画的形式进行呈现，并具备简洁、美观的交互式人机界面，可以方便地进行播放控制，如快进、快退、暂停、声音控制等，实现生动的场景交互式教学。

2. 演练功能

演练内容以任务形式存在。任务包含多种形式的技能培训与考核内容。系统可以由教师提前设置演练任务，也可以由教师实时向操作学员发出故障、天气、事故的设置。学员可进行正常演练、应急故障处理、非正常情况下相应的操作与处理。

3. 考核功能

系统具备完整的考核评价体系。学员的每一次训练都会作为一个训练记录保存在系统数据库中，包括学员信息和训练记录数据，对于有标准操作答案的项目，系统将自动评判出成绩并记录在数据库中；对于电客车操纵、故障处理和非正常情况下行车事故处理等，系统能够将操作记录并上报服务器，教师根据操作记录进行进一步的审阅、评判、管理，最后发布成绩。

三、综合仿真系统的主要设备

1. 驾驶台

驾驶台包含仪表、按钮、开关、指示灯、主驾驶控制器、换向手柄、ATC 显示屏和车载通信等设备，这些设备与实际电客车上的设备具有完全一致的尺寸、外观、颜色、材质和手感，且与实际电客车上的对应设备具有相同的功能与控制逻辑。ATC 显示屏、驾驶台、HMI 具备与实际电客车上完全一致的显示内容、操作方式、内部逻辑与功能，其外形尺寸、分辨率、颜色、菜单结构等与真实电客车保持一致，如图 9-2 所示。

图 9-2　集成式城轨综合仿真系统的驾驶台

2. 信息显示屏

综合仿真系统的信息显示屏采用液晶 LCD 显示屏，大小与驾驶台协调，不低于 19in（1in＝0.0254m），如图 9-3 所示。

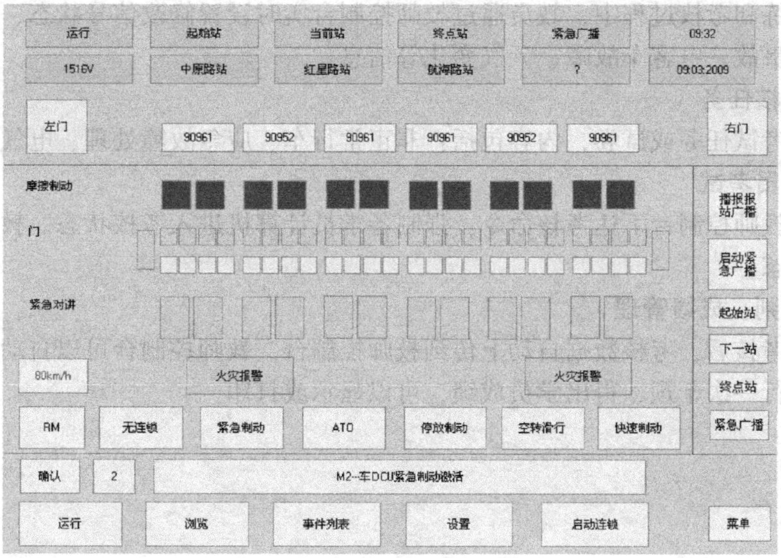

图 9-3　信息显示屏

【任务实施】

一、利用城轨模拟驾驶仿真系统进行模拟驾驶培训

1. 正常情况下模拟驾驶培训与考核

进行电客车操作方法、操作规程与操作步骤的演练，并进行驾驶技巧演练、运营线路熟悉等项目实训，主要包括电客车发车准备、电客车正常运行、途中与调度联络、电客车开关门操作、停车对标、ATP 及 HMI 显示屏的操作设置等。

2. 非正常行车及应急故障处理培训与考核

演练运行中应急故障、突发事件和非正常情况的处理方法、处理规程及处理步骤，包括与车站或调度的联络、故障的排除过程等。

二、利用城轨模拟驾驶仿真系统进行模拟驾驶考核

通过监视控制系统完成对系统的日常维护与管理、应急故障/非正常行车的设置、考核内容的编制、训练/考核过程的实时监控以及通过观摩系统向学员讲解与指导等。

教员通过控制台完成对系统的维护、用户管理、成绩评判、成绩管理、任务设置、故障设置、非正常行车设置、编制考核任务、通知学员考试、实时监控等功能。

1. 任务设置

预制设置任务类型、名称、电客车类型、车次、载重、总重、运行区段、发车位置、任务时间、信号状态、限速状况、进路状况、行车事故、电客车故障、天气变化等信息。

2. 实时设置

在学员训练和考核过程中，教员通过教师控制台实时设置修改信号状态、限速状况、进路状况、行车事故、电客车故障、天气变化等信息。

3. 编制考核任务

教员编制考试任务或试卷，内容包括：非正常行车、应急故障处理、电气试验等。

4. 通知学员考试

教员通过教师控制台下达考核命令，强制各学员计算机进入考核状态。教员也可以结束学员的考核状态。

5. 成绩评判、成绩管理

学员参加考核后，考核数据自动上传到教师控制台，教师控制台可以自动进行评判，也可以由教员进行一次干预，得出学员成绩，可以显示或打印。

【实践与训练】

学习工作单

<table>
<tr><td>工 作 单</td><td colspan="3">综合仿真培训系统的操作</td></tr>
<tr><td>任　　务</td><td colspan="3">了解综合仿真培训系统的构成及功能，熟知综合仿真培训系统的操作过程。</td></tr>
<tr><td>班　　级</td><td></td><td>姓　　名</td><td></td></tr>
<tr><td>学习小组</td><td></td><td>工作时间</td><td></td></tr>
<tr><td colspan="4">知识认知</td></tr>
<tr><td colspan="4">1. 综合仿真培训系统的结构。
2. 综合仿真培训系统的功能及使用方法。</td></tr>
<tr><td colspan="4">能力训练</td></tr>
<tr><td colspan="4">1. 利用模拟驾驶系统，逐人进行正常情况下的驾驶练习。</td></tr>
<tr><td colspan="4">2. 利用模拟驾驶系统，逐人进行非正常情况下的驾驶练习。</td></tr>
<tr><td colspan="4">任务学习其他说明或建议：</td></tr>
<tr><td colspan="4">指导老师评语：</td></tr>
<tr><td colspan="4">任务完成人签字：　　　　　　　　　　日期：　年　月　日

指导老师签字：　　　　　　　　　　　日期：　年　月　日</td></tr>
</table>

附录　城市轨道交通车辆驾驶员职业等级标准

城市轨道交通车辆驾驶员进行电客车的驾驶，承担正线载客运营、站场调车以及车辆在调试、维修等过程中的相关电客车操纵作业。驾驶员分为初级、中级、高级、技师、高级技师5个等级，技能要求依次递进，高级别同时包含低级别的要求。

一、初级

1. 基本要求和电客车的检查与准备

（1）领会图样等技术资料

1）能读懂电客车驾驶员手册。

2）能看懂电客车平面、侧面位置示意图。

3）能看懂电客车设备布置图。

4）能看懂电客车气动设备布置图。

5）能看懂电客车辅助系统原理图。

（2）电客车检查

1）能正确执行电客车检查程序。

2）能检查发现电客车车体外观损伤。

3）能检查发现电客车车门、车窗的损坏。

4）能检查发现外部文字、外部照明的缺损。

5）能检查发现转向架、车钩装置的机械损坏。

6）能检查发现气动设备的损坏、漏气，能确认阀门手柄位置。

7）能确认设备箱箱盖安全锁闭情况。

8）能发现风管的损坏和泄漏。

9）能检查发现车体内装饰、车顶通风、内部照明、乘客座椅的损坏。

10）能检查发现车内安全和应急设备的损坏。

11）能检查确认驾驶室和设备柜内设备情况。

（3）电客车准备

1）能正确起动电客车。

2）能正确进行故障监视和通信设备测试。

3）能正确进行气动设备测试。

4）能正确进行制动装置测试。

5）能完成各种驾驶模式下的驾驶操作和模式的转换。

6）能完成各种闭塞模式下的电客车正线运行。

7）能在停车位置精确停车。

8）能完成正线终点站折返作业、区间折返作业。

9）能正确使用电客车操作设备。

10）能正确使用电客车报站设备和无线通信设备。

11）能检查确认线路限界情况和车站站台情况。

12）能看懂正线信号道岔开通情况。

13）能正确领会调度命令。

（4）调车作业

1）能看懂站场图。

2）能看懂站场调车信号。

3）能看懂站场线路、道岔开通情况。

4）能完成站场调车作业。

（5）其他操作

1）能完成洗车作业。

2）能完成电客车连挂救援操作。

3）能正确操作和使用电客车疏散梯、车门紧急拉手、灭火器等安全设备。

2. 电客车故障排除及维修

（1）故障报告及记录

1）能正确报告、描述、记录电客车故障及相关信息。

2）能正确填写故障报告——《电客车故障报告信息流程》。

（2）故障判断

1）能通过故障显示屏判断电客车故障情况。

2）能根据驾驶室仪表显示判断电客车故障。

（3）故障排除

1）能排除常见门控故障。

2）能排除常见照明故障。

3）能排除常见牵引故障。

4）能排除常见空气制动故障。

5）能排除常见停车制动故障。

6）能正确使用电客车各故障切除开关、旁路开关。

3. 电客车调试

（1）临修、周检电客车调试

1）能配合进行临修和周检电客车调试。

2）能正确填写调试记录。

3）能向检修人员提供相关信息。

（2）月检、双月检电客车调试

1）能配合进行月检和双月检电客车调试。

2）能正确完成牵引试验。

3）能正确完成各速度级的制动试验。

4）能正确填写月检、双月检调试记录。

二、中级

1. 基本要求和电客车的检查与准备

（1）领会图样等技术资料

1）能看懂电客车主回路图。

2）能看懂电客车主要控制回路图。

3）能看懂电客车气动系统原理图。

4）能正确找出相关车型的相关资料。

（2）电客车检查

1）能检查确认电客车的机械损伤并判断其成因。

2）能检查确认电客车车轮踏面的擦伤和剥离情况。

3）能检查确认电客车空气簧或电客车平衡系统故障引起的车体倾斜。

4）能检查确认较隐蔽的空气管路的漏气和堵塞。

5）能检查确认电客车车门关闭不同步。

6）能及时处理检查中发现的一般问题。

（3）电客车准备

1）能正确完成电客车起动及各项测试，并确认电客车主要电器设备工作状态。

2）能正确判断电客车准备测试中的电气故障成因。

3）能处理辅助供电系统故障的紧急起动。

4）能处理受流设备工作条件不足的应急起动。

5）能及时处理电客车准备测试中发现的一般问题。

2. 电客车驾驶操作

（1）正线驾驶

1）能整理、审核电客车运行情况表。

2）能根据车外参照物目测判断车速，并合理安全控制电客车。

3）能根据客流情况合理调整电客车驾驶操作。

4）能根据线路坡道和弯道情况合理牵引、制动。

5）能在风、霜、雨、雪、雾、雷电、积水等恶劣条件下合理驾驶操作电客车。

6）能正确果断地处理运行中的突发事件。

（2）调车作业

1）能完成复杂调车作业。

2）能完成非完整电客车的调车作业。

（3）其他操作

1）能完成切除部分制动装置的电客车驾驶操作。

2）能完成切除部分动力装置的电客车驾驶操作。

3. 电客车故障排除及维修

（1）故障判断

1）能检查、核实电客车故障报告。

2）能根据综合线路图分析和判断电客车故障源及成因。

（2）故障排除

1）能准确判断和处理多个电气叠加故障。

2）能正确处理主回路严重故障。

3）能正确处理电气制动严重故障。

4）能正确处理逆变器严重故障。

5）能采取正确的方法维持故障电客车载客运行。

4. 电客车调试

（1）定修电客车调试

1）能完成定修电客车的原地起动检查和关车试验。

2）能完成定修电客车低速牵引制动试验。

3）能完成定修电客车牵引曲线试验。

4）能完成各速度级的常用制动试验。

5）能完成各速度级的紧急制动试验。

6）能正确填写定修调试记录。

（2）架修、大修电客车调试

1）能完成定修电客车的起动检查和关车试验。

2）能完成架修、大修电客车的牵引试验。

3）能完成架修、大修电客车的各速度级的常用制动试验。

4）能完成架修、大修电客车的各速度级的紧急制动试验。

5）能完成架修、大修电客车的门控电气试验。

6）能完成架修、大修电客车其他辅助设备试验。

7）能正确填写架修、大修电客车的调试记录。

三、高级

1. 基本要求和电客车的检查与准备

（1）领会图样等技术资料

1）能熟练使用综合线路图。

2）能看懂元器件明细表。

3）能根据线路图和元器件明细表查找电客车电气设备零部件。

4）能讲解技术、运营的有关技术文件。

（2）电客车检查和准备

1）能指导工作人员进行电客车的外观、车底、车内、驾驶室的检查。

2）能指导工作人员正确进行电客车的起动操作。

3）能指导工作人员进行电客车准备测试。

4）能指导工作人员及时处理在电客车检查和准备测试时出现的问题。

2. 电客车驾驶操作

（1）正线驾驶

1）能熟练驾驶电客车，安全、正点、合理地完成与驾驶有关的操作。

2）能指导工作人员完成电客车正线驾驶操作。

3）能指导工作人员完成折返作业。
4）能指导工作人员正确使用电客车操作设备。
5）能及时发现电客车运行中的技术问题并提出有效措施。
6）能及时发现电客车运行中的安全问题并提出有效的防范措施。
7）能配合协调正线电客车运行情况。
8）能检查、核实电客车运行情况。
9）能指导工作人员正确处理运行中的突发事件。
（2）调车作业
1）能指导工作人员进行站场调车作业。
2）能组织协调复杂的调车作业。
（3）其他操作
1）能指导工作人员正确完成电客车连挂救援作业。
2）能配合完成不同类型电客车的连挂作业。
3）能指导工作人员正确使用电客车车辆专用操作工具。

3. 电客车故障排除及维修

（1）故障排除
1）能指导工作人员正确进行电客车故障的排除。
2）能根据设备柜故障代码显示判断和排除电客车故障。
3）能利用计算机读取电客车故障记录。
4）能总结和编写电客车故障排除的经验和方法。
5）能绘制电客车故障判断和排除流程图。
（2）电客车维修
1）能正确使用维修工具。
2）能根据电客车综合线路图完成简单的接线。
3）能根据操作规程进行电客车小型零部件的拆卸、安装、更换。

4. 电客车调试

（1）技改调试
1）能参与完成电客车技术改革项目的调试。
2）能作好相关的调试记录。
3）能向规程技术人员提供相关信息。
（2）信号调试
1）能参与完成正线区间、车站、站场的信号设备调试。
2）能作好相关的调试记录。
3）能参与完成 ATO 设备的调试。
4）能参与完成 ATP 设备的调试。
5）能参与完成 ATP 门控设备的调试。
6）能发现调试过程中所存在的问题和安全隐患，并提出有效的措施方案。

四、技师

1. 电客车驾驶操作

（1）领会图样等技术资料

1）能详细讲解电客车主回路图、气路图。

2）能熟练参阅电客车的有关技术资料。

3）能及时收集与本职业有关的资料。

4）能详细讲解有关行车组织的规则、文件、通知。

（2）电客车操作

1）能指导工作人员进行对严重故障电客车的检查，并审核有关记录。

2）能指导工作人员对非正常电客车进行起动。

3）能指导工作人员在恶劣工作条件下的电客车操作。

2. 电客车调试

（1）新车调试

1）能参与新型电客车的设备调试。

2）能参与新型电客车的牵引、制动试验。

3）能作好相关的调试记录。

4）能向技术人员提供准确的电客车相关信息。

（2）新线调试

1）能参与城市轨道交通新线的车辆调试。

2）能完成新线热滑调试。

3）能完成新线线路调试。

4）能完成新线噪声测试。

5）能完成新线其他相关设备调试。

6）能发现调试中所存在的问题并提出有效措施。

（3）电客车维修

1）能进行电客车中小零部件的更换。

2）能参与电客车重大部件的维修工作。

3）能熟练使用维修工具。

4）能正确填写维修记录。

3. 组织管理、技术管理

（1）质量管理

能应用全面质量管理知识对电客车运行服务质量进行控制。

（2）技术管理

1）能正确、完整地收集、整理、填写电客车运行记录及调试记录。

2）能总结解决电客车驾驶、运行以及乘务工作中疑难问题的方法。

3）能完成本职工作中的各种报单、技术资料的整理归档工作。

4）能编写本职技术总结。

4. 培训指导、技术培训

1）能进行初、中、高级工的技能培训。

2）能传授电客车驾驶操作、故障排除及应急处理的技艺。

五、高级技师

1. 电客车驾驶操作

1）能讲解本职所有操作规范、运行组织规则、技术文件，解答疑难问题。

2）能编写有关电客车驾驶、故障排除及应急处理方法的教材。

3）能检查电客车运行情况，并提出改进措施。

4）能利用工具书阅读有关电客车驾驶操作的英文技术资料。

2. 电客车调试、验收

1）能组织指导工作人员进行电客车新车型的调试工作。

2）能组织指导工作人员进行城市轨道交通信号、线路的调试及试运营工作。

3）能检查、核实电客车运行调试报告。

4）能参与电客车新车调试验收工作。

3. 组织管理、技术管理

1）能制定电客车运行管理工作计划和进行工作总结。

2）能参加有轨交通行车组织规则的审定。

3）能参加重大行车事故的分析，并提出具体意见。

4）能参加电客车运行方案、调试方案的审定，并提出有效建议。

5）能完成对电客车驾驶员工作的检查考核和评定工作，发现问题及时解决。

6）能注意收集国内外城市轨道交通车辆的技术资料，了解最新的发展动态。

7）能了解通信、信号、接触网（接触轨）、屏蔽门、轨道（道岔）等与行车有关的运营设备、设施的知识以及它们在车辆运行中的作用。参加上述设备、设施发生故障时电客车运行方案的审定，并提出有效建议。

4. 培训指导、技术培训

1）有本职工作的绝技和绝活。

2）能对高级工和技师进行培训。

3）能传授电客车驾驶、故障排除及应急处理的特殊技艺。

4）能应用微机完成日常技术管理工作。

参考文献

[1] 吴汶麒．轨道交通运行控制与管理［M］. 上海：同济大学出版社，2004.

[2] 张凡，钱传贤．城市轨道交通概论［M］. 成都：西南交通大学出版社，2007.

[3] 毛保华，姜帆，刘迁．城市轨道交通［M］. 北京：科学出版社，2001.

[4] 李建国．城市轨道交通系统概论［M］. 北京：机械工业出版社，2009.

[5] 何宗华，汪松滋，何其光．城市轨道交通车辆运行与维修［M］. 北京：中国建筑工业出版社，2007.